燧人氏

SUI REN SHI

为你钻取

智慧之火

Get the fire of wisdom for you

粤港澳大湾区城市传记系列

燧人氏
SUI REN SHI

澳門傳

『海上敦煌』的传奇历史

胡根 著

SPM 南方传媒
广东人民出版社
·广州·
文化公所
Hall de Culture

图书在版编目（CIP）数据
澳门传 / 胡根著. -- 广州：广东人民出版社，2025. 6. -- ISBN 978-7-218-18661-0
Ⅰ. K296.59
中国国家版本馆 CIP 数据核字第 20253HB715 号

AOMEN ZHUAN
澳 门 传
胡 根 著

出 版 人：肖风华

封面题签：陈永正
策划编辑：汪 泉
特约策划：澳门文化公所
责任编辑：王 茜 李幼萍
装帧设计：奔流文化
责任技编：吴彦斌

出版发行：广东人民出版社
地 址：广州市越秀区大沙头四马路10号（邮政编码：510199）
电 话：（020）85716809（总编室）
传 真：（020）83289585
网 址：https://www.gdpph.com
印 刷：广东鹏腾宇文化创新有限公司
开 本：889mm × 1194mm 1/32
印 张：15.75 字 数：350千
版 次：2025年6月第1版
印 次：2025年6月第1次印刷
定 价：98.00元

1875年的澳门

观音堂（普济禅院）旧照

建于同治年间的澳门岗顶剧院

光绪年间的澳门福隆新街

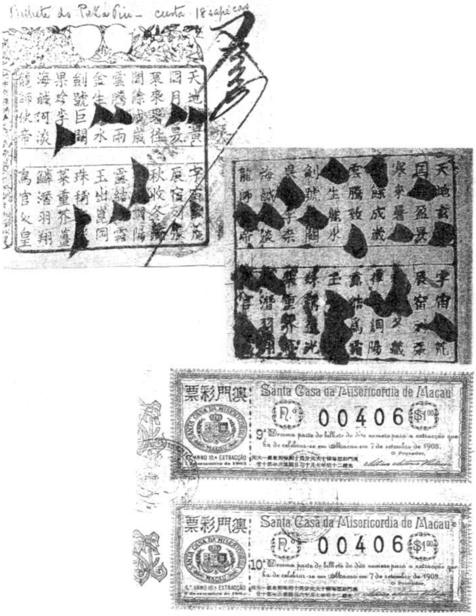

清末澳门的白鸽票（上左、上右）；澳门恒和公司于清光绪二十九年出售的仁慈堂彩票，奖金六万元（下）

始建于明代的“支粮庙”——仁慈堂

七七事变后澳门爱国同胞发起“救灾”募捐

1938年12月澳门四界救灾会理事欢送回内地服务团第二队同志出发时合影

镜湖医院院长柯麟在庆祝中华人民共和国成立典礼上讲话

1967年1月29日，澳督嘉乐庇亲自前往澳门中华总商会签署《认罪书》，当众呈交给工联总会会长梁培，接受了澳门各界同胞提出的所有条件

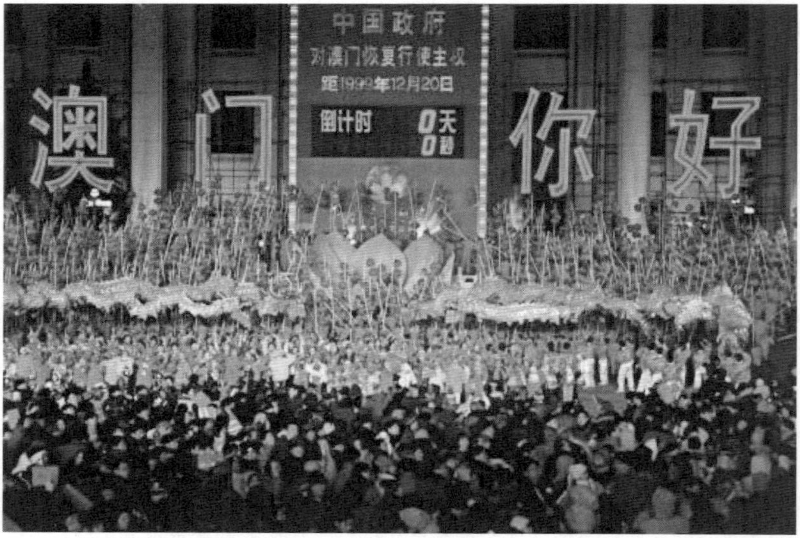

1999年12月20日零时，澳门回归祖国怀抱，图为北京天安门广场的澳门回归倒计时牌呈现历史性一刻

1999年12月20日，中国人民解放军进驻澳门

前　言

许多人认识澳门这座充满传奇色彩的城市，是因为一部杰出的文学作品——《牡丹亭》。这部戏剧描写了官家千金杜丽娘与书生柳梦梅的生死恋，影响力极大。被誉为“东方莎士比亚”的明代戏剧家汤显祖，在这部传世名作中，生动地描写了香山岙那座由“番鬼”建造的“多宝寺”，由僧人主持供奉“多宝菩萨”，每隔三年各地“番鬼”乘船前来寺庙，带着各种宝物向菩萨“祭宝”的情景。那些奇珍异宝中既有猫眼石和祖母绿等宝石，也有珊瑚树和铁树花等珍品，诸多珍宝都是从万里之外运来的。汤显祖笔下的香山岙即是以当时香山县的澳门为原型，既写实又神奇，大大满足了人们的好奇心，也让更多人认识了位于珠江口西岸的这片中西文化交汇之地。

明万历十九年（1591），汤显祖因得罪权贵，被贬谪为广东徐闻县典史，其间到过澳门，见识了许多闻所未闻的新事物。对于《牡丹亭》一剧中的香山岙，汤显祖曾身历其境，他将自己在这神秘之地的所见所闻写进剧中，使《牡丹亭》充满亦真亦幻的魅力。剧中的“番鬼”就是包括葡萄牙客商与传教士在内的外国人，香山岙就是葡萄牙人入居不久的澳门；“多宝寺”则是后来被烧得只剩一堵“大三巴”前壁的圣保禄教堂。

直至今天，很多人只知道澳门是一个博彩合法化的城市，却不了解它在中西文化交流中所发挥的巨大作用；更没想到它是五百年来我国国运的“晴雨表”，见证了中国如何由盛转衰，又怎样由半殖民地半封建社会走向富强繁荣。

中西交通古已有之。汉代张骞通西域，唐玄奘西行取经。他们走的都是陆路，葡萄牙人来华走的却是海路，远航船队不仅带来了西方的科技和商品，也带来了洋枪和火炮。葡人入居澳门之时，资本主义在欧洲萌芽已久，欧洲列强对富饶的中国虎视眈眈。明朝统治者依然沉浸在“万邦来朝”的虚幻现实中，没能潜心学习西方的新思想、新科技，错失了及时追赶世界潮流的大好机会。

进入清代以后，爱新觉罗家族延续明朝的固执思维，与全球工业革命失之交臂，终于酿成民族巨祸。英国人凭借坚船利炮赢得了鸦片战争，1842年逼迫清廷签订城下之盟，割让香港岛，“五口通商”。从此，中国进入多灾多难的时代，外族频频入侵，割地赔款不断。对明清两朝统治者“恭顺”了将近三个世纪的葡萄牙人，也在鸦片战争后逐出清朝海关官员，完全占领了澳门。

意识到中华文明危在旦夕，爱国知识分子无不忧心如焚，纷纷寻找富国强兵救亡之路。清末思想家和实业家郑观应，在澳门龙头左巷郑家大宅写出了《盛世危言》，指出中国社会多方面落后于西方。他首次提出“商战”的理论，认为要改变中国落后的局面，仅靠军事力量与西方竞争是远远不够的；必须实行君主立宪制度，从政治、经济、教育、舆论和司法等多方面对中国社会进行改造。

诞生在澳门的这部不朽名著，足足影响了两代伟人：1894年，孙中山《上李鸿章书》就采用了《盛世危言》的观点；上书遭权臣李鸿章冷落，他愤而发愿推翻清朝、振兴中华。后来，十四五岁的湖南少年毛泽东在乡下务农期间被《盛世危言》这本书深深地吸引住，因而决心恢复学业，继而投身社会政治活动。

澳门对孙中山的影响，又何止一部《盛世危言》？他年少时在这座城市耳濡目染诸多新事物，对中国落后于世界潮流有深刻的认识。孙中山12岁随母亲来到澳门，后转搭英轮远赴檀香山，“始见轮舟之奇，沧海之阔，自是有慕西学之心，穷天地之想”[①]。在香港求学期间，他经常利用假期返回澳门，与好友杨鹤龄、陈少白、尢列抨击时弊，谈论救国之道，合称“四大寇”。在香港西医书院毕业后，孙中山选择到澳门议事亭前地设“孙医馆”悬壶济世，在草堆街开办中西药局，继而成为镜湖医院首位义务西医。后来，他又从澳门走上职业革命家之路，最终推翻了延续两千多年的封建帝制。

从资产阶级民主革命时期到新民主主义革命时期，澳门默默地发挥着独特而又不可忽略的作用。1822年，这里诞生了中国第一份外文报纸——《蜜蜂华报》。19世纪末的戊戌变法运动中，维新党人在这里创办了《知新报》，宣扬新政。澳门周边的香山

① 蒋永敬：《孙中山与辛亥革命》，台湾商务印书馆，2011，第48页。

县其他地区，还涌现出我国近代工业化先驱唐廷枢、民族实业家徐润、民国首任总理唐绍仪、首位赴美留学生容闳、华侨巨商陈芳，以及一大批政治、经济、科技、军事和文化名人。

抗日战争时期，日军占领了广东和香港，但对“中立国”葡萄牙管治下的澳门网开一面；澳门居民发起了名为“救灾”实为救亡的运动，筹集物资、资金支援抗日前线，一批又一批爱国青年北上奔赴抗日前线，不少人喋血沙场，为国捐躯。中华人民共和国成立后，澳门同胞积极支援内地抗美援朝战争；改革开放时期，澳门同胞又为国家新时期的发展提供了可贵的支持。

不同肤色、不同语言、不同宗教信仰的人群，错杂相处了四百多年，彼此以开放包容的心态，不断破除种种交流的壁垒，使澳门成为中西文化互融互通的“海上敦煌”。

这正是澳门献给祖国乃至这个世界最宝贵的文化遗产！

目录

混沌初开

- 史前的澳门居民
- 古代贸易歇脚点
- 澳门为何有那么多福建人？
- 澳门的外文名字
- 大宋遗风

地名中带“门”字的，一般是因河川地势得名，历史悠久；澳门这个名字出现得相对较晚，该地直至明代后期仍称为“香山岙”，是香山县的一部分。

那么，“澳门”是怎么来的呢？

远古时代没有文献，探索澳门的起源，就要先考察与澳门有关的地理及水文环境。

珠江口西部的古代香山地区，也就是澳门所在的地方，这里的水域散布着大小岛屿63个，分为10个岛群，犹如一把珍珠撒在南海之滨。今天澳门境内的路环和氹仔两岛，与大横琴岛、小横琴岛、芒洲岛（大冈岛）、香洲仔岛（内岛）、石栏洲岛（水岛）同属横琴岛屿。考古发现，澳门及周边的岛屿都遗留着先民群居的痕迹，多处海岛都出土大量的渔网网坠，表明先民“靠海食海”，捕鱼为生。

秦汉、魏晋至初唐时期，澳门所在的香山地区大部分仍是海岛，还没有冲积平原。在数不清的海岛之中，澳门并不起眼；那时路环岛已开始有人类活动，20世纪的考古发现证明了这一点。

唐代后期，气候逐渐稳定，香山地区逐渐出现小规模的冲积平原。到了北宋，“香山寨”就设在香山地区的小榄。南宋绍兴二十二年（1152），划南海、番禺、新会、东莞四县的海中岛洲建香山县，县治设在石岐。整个宋代，香山地区大部分仍是海岛，但石岐和小榄等地已形成冲积平原。到了元代，石岐西北的象角和横栏一带已淤积成平原。明代中叶，香山地区的成陆范围不断扩大，先民开始加强对土地的开发和经营。

到了清代，海岸沉积作用增强，香山地区原本的海湾也沉积成平原。如坦洲（现属中山市）在宋代原是盐场，到清代已淤积成滩，坦洲与前山一带的海水已经淡化，盐场被迫废弃。清初，其南部的蜘洲、沙栏、白蕉等地仍是孤岛，至18世纪才与珠江三角洲相连，出现了新的村庄，即今天珠海市的西部。

由于珠江出海口的沉积泥沙偏向西部堆积，珠江口西部的海湾与岛屿众多，有利于沙丘和沙堤的发育。环珠江口区域的文化遗址，多集中在沙堤和沙丘上，经调查发现的沙丘遗址有100多处。自20世纪30年代以来，环珠江口区域已发现超过300处先秦时期的遗址和遗物点。

考古学家发现，环珠江口地区虽然广泛分布沙丘遗址，但沙丘遗址的文化层之间普遍出现没有文化遗物的间歇层；加上沙丘遗址很少发现建筑物遗址，所以有学者提出"季节性聚居地"的观点。也就是说，这一带是古人类的季节性聚居地，居民在秋冬季捕鱼旺季到海岛或沙丘聚居，在春夏季捕鱼淡季和台风侵袭时，又迁回内陆居住。

随着跨学科合作研究的发展，有古地质学学者注意到，遗址的形成与史前环境和气候变迁可能有关：沙丘遗址是一种固定的聚居遗址，上述"间歇层"并非人类季节性迁移所致，而是与古生态环境的变化密不可分。距今一万年以来，珠江三角洲地区发生过几次海进和海退的气候交替事件，不同时期的海平面和气温都发生变化。海退时期，海岸、海湾沙丘和沙堤出露于海平面以上，人类得以居住，并以捕鱼为生；到了海进时期，海平面上升淹没沙丘，人类不得不迁离沙丘到内陆另觅居住地。

随着时间推移，珠江口西部的海岛很快连成陆地板块。从澳门北部的古代香山县其他地区一直到广州，很多土地都是泥沙沉积而成的。

珠江口海岸线的巨大变迁，可从地理学方面的研究略窥一斑：1937年，中山大学地理系教授吴尚时发现了广州七星岗古海岸遗址，人们惊讶地看到珠江口海岸线变化之大。在此之前，地理学家们普遍认同意大利距今海岸50公里的“波河下游海蚀遗迹”为海面从大陆退出的最大里程者。七星岗古海岸遗址距离今天的海岸超过100公里，突破了世界古海岸线与现今海岸线最大距离为50公里的说法。

要知道，澳门距离广州才约145公里，广州古海岸线的“海退陆进”，也能从另一个侧面反映澳门古代地理环境的变化。

史前的澳门居民

史前没有文字记载，但考古学能以实物提供无可辩驳的历史佐证。

1972年起，香港考古学会在路环岛的黑沙海滩、黑沙海滩北、竹湾、九澳、路环市区等地进行考古调查，其中在现今黑沙公园发现丰富的史前至唐宋时期的文物。黑沙海滩发现的古人类活动遗物较丰富，计有陶片、蛎石、石纺轮、砾石尖状器、有沟蛎石等。黑沙海滩北发现有陶片、有肩石锛、环砥石等；九澳发现有陶片、石网坠等。1977年秋，香港考古学会再次在黑沙遗址进行考古发掘，出土完整的石英环块以及原材料；并发现从史前到明清时期不同的文化遗存，其中包括两个新石器时代的文化堆积。根据文物的特性，推断最早的文化遗物年代距今约五千年。

1995年初，港澳联合考古队在黑沙公园内发掘出玉石环玦的成品、半成品、原材料、制作工具和废弃品，首次揭示黑沙遗址为玉石作坊遗址。该遗址还出土了大量的陶片，为澳门史前考古乃至环珠江口地区史前考古提供了珍贵的参考资料。

2006年冬开展的“黑沙遗址考古发掘研究计划”，对黑沙史前玉石作坊进行有针对性的科学考古发掘调查，获得四项重要收获：一是首次发现四千年前的村落房址，部分地基保存较完整；二是探明村落房址的玉石作坊颇具专业集群性；三是首次发现石英水晶饰物窖藏；四是充分了解玉器研究史的重大问题情况。

此外，在路环村出土多件新石器时代的残石英环、玉髓刮削器、石器及陶片，证明路环在距今约四千年前已有人类活动，而且这些人的智能层次还不低。

这些史前考古的成就，不仅是环珠江口大湾文化遗址的重要发现，也证实了澳门与长江及黄河文明的历史文化渊源，为研究距今七千至六千年前中国南部沿海的史前文化类型，提供了非常重要的数据。

新石器时代我国内陆的陶器，多以几何图形纹饰为主，反映出农耕文明的特点。澳门黑沙彩陶则基本上以点与线表现主题，表现的是水的形态，反映了澳门早期居民对海洋的崇拜。学术界认为，这些考古学成果显示，澳门作为新石器时代环珠江口彩陶文化的代表是毫无疑问的；同时，澳门还可作为中国南部沿海早期适应海洋文化的代表，充分显示了内陆农耕文明来到中国南部沿海地区的变异与印记。[①]

是什么原因令内陆农耕人群迁移到珠江口的澳门，成为早期的渔民，并创造出灿烂的新石器文化呢？至今还没有更多证据解释这一点，只能推断是气候和生活环境变迁所致。

2006年，香港中文大学中国考古艺术研究中心、香港大学饶宗颐学术馆及澳门民政总署联合发掘澳门黑沙遗址，在四千年前的玉石作坊层位发现了房址遗迹，出土罕见的轮轴机械文物——辘轳轴承器。以辘轳轴承器构成的轮轴机械，与玉石饰物制作中的管钻技术有莫大的关联，显示了古人类的高超智慧。考古学界指出，这是到目前为止对东亚地区新石器时代轮轴机械最系统的研究，对中国古代科学技术史具有重要的意义。

黑沙辘轳机械玉石作坊的发现，也从古玉石文化的角度，证实了古代澳门与太平洋西岸文化的共同性。这种玉石文化的共同性，源自具有相同文化特性的地域内部的文化交流与结合，是中国新石器时代地方早期文化纷纷形成的表现。澳门黑沙文化遗址的考古发现，显示此地既有大陆农业文化的影响因素，也受到海洋文化的熏陶。[②]正如考古学家指出，早期人类文化的扩散，一般是以沿河流两岸推进的方式进行的。近几十年中国南部的考古发现，以大量的事实证明，长江中下游的稻农作业和内河渔业的

---

① 吴志良、郑德华主编：《中国地域文化通览·澳门卷》，中华书局，2014，第3页。

② 吴志良、郑德华主编：《中国地域文化通览·澳门卷》，中华书局，2014，第3页。

向南传播，正是通过长江水系与珠江水系的网络完成的。[1]

现在我们知道，澳门的史前文化与环珠江口地区的史前文化是同源的。国学大师饶宗颐认为，黑沙遗址对澳门的社会文化意义，可比肩于澳门世界文化遗产；黑沙遗址就是澳门古文化根源的宝库！

下面，让我们一起回到两千多年前的百越时代。

---

① 吴志良、郑德华主编：《中国地域文化通览·澳门卷》，中华书局，2014，第4页。

古代贸易歇脚点

澳门古称濠镜澳，早在春秋战国时期，已属百越海屿之地。

公元前221年，秦王嬴政灭六国统一中原，结束了春秋战国五百多年诸侯割据的局面，建立了中央集权的秦帝国。嬴政认为自己德高三皇、功过五帝，乃自称“始皇帝”。为了方便管理国家，秦帝国实行“书同文、车同轨”，统一度量衡；与此同时，还分别派出大军北击匈奴、南征百越。

在秦代，百越可不是什么乐土。

由于地势险要、交通不便，岭南被中原人视为蛮夷之地。公元前222年，秦将任嚣领兵攻打岭南，公元前214年统一岭南。澳门所在的区域划入秦帝国的版图，属南海郡番禺县。当时的澳门还叫作香山澳。任嚣首任南海郡尉，节制南海、象郡、桂林三郡，包括今天广西的部分地域。

史载任嚣带来了五十万大军。那年代南北交通不便，任嚣手握重兵，只消切断岭南到中原的通道，即可南面称王。

然而天不假年，任嚣统揽岭南最高行政军事权力才几年时间，就一病不起了。公元前206年，任嚣在番禺（今广州）病故，临终前把军政大权移交其副手赵佗。

不久，秦始皇在巡视途中暴毙，秦朝政权交接出现变数，继而又爆发了农民起义。在中原乱成一片之际，拥兵自重的赵佗稳守岭南，静观其变。直至秦帝国轰然倒塌，刘邦建立汉室，赵佗依然是岭南的实际统治者。

赵佗主政南越国，虽然私下称帝，但名义上仍属汉室疆土，汉高祖还册封赵佗为南越王。赵佗死后，南越逐渐衰败并发生内乱，掌权者不想归附汉朝。汉武帝派路博德和杨仆二人率领大军，分为水陆两路南征，于公元前111年一举灭了南越国。

秦始皇、汉武帝先后几次派往征服岭南的大军，除了作战官兵，还有工匠、后勤人员、囚徒等。这些北方人来到岭南就落地生根了，无异于中原人口大规模地迁移至岭南，同时也输入了先进的生产技术。

在南越国时代，岭南地区政局相对稳定，经济得到迅速发展，并与海外进行贸易。到了汉代，由于实行休养生息的政策，手工业、农业和商业日渐蓬勃，广州已成为全国九大繁荣都市之一，还开通了与东南亚国家、印度、波斯诸国的海上交通路线。

晋元熙二年（420），澳门属新会郡封乐县。隋开皇十年（590），废新会郡，澳门改属宝安县。唐至德二年（757），废宝安县，澳门改属东莞县。在南宋时期，澳门归香山县管辖。

进入魏晋南北朝时期，中原地区战事频繁，而岭南地区则保持相对安定，大批移民南下，推动了岭南的开发，社会经济的发展促进了对外贸易的繁荣，给扶胥港（位于今广州黄埔）的建立提供了必要与可能的条件。

唐朝建立后，统治者对社会经济进行了一系列改革，出现了《开天传信记》所描写的“河清海晏，物殷俗阜。……财物山积，不可胜较，四方丰稔，百姓殷富”的开元盛世。特别是大运河的开通，使江南的经济发展超过以往任何时期。唐朝时古斗村已发展为南海镇，后更名为扶胥镇。为减轻广州内港的压力，扶胥港发展成为广州外港，是中外船舶进出广州的必经之地，且能为远航船只提供淡水、食品及日用品。扶胥港既是中外商船的停泊场所，也是进出口商船的检查站，广州成为全国最大的对外贸易口岸。

唐宋时期，广州港往来贸易的商品极为丰富，包括瓷器、丝绸、茶叶、香药、玻璃器皿等，其中以瓷器出口和香药进口最为大宗。频繁的经贸往来不但深刻影响了海内外贸易双方的生产生活，还促进了东西方的文化交融，带来巨额税收。唐开元年间，朝廷在广州设立市舶使，宋代则设市舶司，管理海外贸易。[①]

这时的澳门仍是一个默默无闻的渔村，却有一个得天独厚的条件：与珠海湾仔之间的河道是一个天然的避风港，常年有不

① 倪明：《黄埔千年古码头　海丝万里不扬波》，《广州日报》2022年7月27日A6版。

少渔船或商船停泊于此。澳门位于珠江口西侧，北距广州约145公里，东距香港约60公里，所有驶往广州的外国船舶都要经过此处。

当时，外国人来华贸易，交易完毕后必须离开中国内地。澳门成为国际贸易中心之后，葡萄牙人和其他外国客商在这里临时居留，等待来年贸易季才返回马六甲和欧洲。在岸上搭建茅棚作为临时居所的水上人家，也越来越多。

说白了，澳门就是古代外国客商来华贸易的一个歇脚点。

澳门为何有那么多福建人？

不少人都注意到，港澳两地都有为数不少的福建籍居民。由于澳门开埠比香港早，福建人在澳门的历史要比在香港长得多。

早期的澳门居民，主要是渔民和客家人，以捕鱼和农业种植为生。他们之中不少人来自福建，皆因闽人自古有“贩海经商”的传统，大量福建人在澳门进行商贸活动。而宋元交替的大变故，又让大批福建人南迁广东，其中一部分在香山落户，就此定居下来。

学术界研究显示，福建人大量移居香山，与宋末元初的朝代更迭有关。其中一个重要的原因，是大批福建人被宋室雇作水手，因为宋朝皇帝和大臣们南下走的是水路。

南宋末年，政局动荡不安，最后的两个统治者在张世杰、陆秀夫的支持下来到泉州，并雇佣了许多泉州籍水手组成一支大规模船队到达香山、新会一带的沿海地区。张氏等人“奉帝幸香山，以马南宝宅为行宫，复驻浅湾”，张世杰败于元将后，南宋移民流散于此，后定居下来，其中闽籍遗民不少。[①]

这下子大家都该明白了：南宋王朝灭亡后，很多福建水手流落在广东，一部分就此留在香山县，落地生根。

南宋末年，也有部分闽人自发地迁入香山县地区。《香山县乡土志》卷七就有许多类似的记载，如：“仁良都南湖郑族。莲塘始迁祖芑，宋以状元官广州郡。乾道壬辰年七月由福建莆田县徙香山，卜居莲塘……分居城内东里、深巷、厚兴街、基边、张溪、东丫、库涌、柏山、沙溪等处，丁口约七千余。”“良都长洲黄族，始迁祖献，字文宪。先世闽之福州人，避乱徙新宁潮境乡……遂卜居长洲；所娶平岚林氏女为继室。生子佑，孙广派，定籍良都，析居城北，分支大墩、麻洲、外界涌等处。丁口约万余人。”“仁都邑城高族，原籍闽之莆田。始祖师曾，官保昌县丞，遂家南雄……其后分支城南麻洲、马头街、治东、节尾新村、白庙、城西长塘街、隆都、豪兔、岐坑、大石、兜青，恙良都长环、尖涌、寮后、北宫、磨刀等处，丁口七千余人，徙顺德马滘、洪简者亦成巨族云。”[②]

这些福建氏族自南宋迁入香山后，不断生息繁衍，至明代已

---

① 曹改平：《福建移民与澳门早期开发》，《牡丹江师范学院学报（哲学社会科学版）》2011年第3期。

② ［清］佚名：《香山县乡土志》卷七。

发展成为香山巨族。福建人向香山地区的迁移一直延续到明初，如："四都林屋边林族，始迁祖孟七，明初由福建至榄边。分支山洲杭、陂头、窈窕、沙堋下、大岭各乡，丁口三千余。"①以上史料充分说明福建人很早就来到香山地区，并参与澳门早期的开发活动，成为澳门地区最早的移民之一。

《澳门纪略》对此亦有相关记载："其商侩、传译、买办诸杂色人多闽产。"②当时附近居民多操闽南方言，福建移民在澳门从商的人数可观，他们从事引水、翻译等职业，充当中外贸易活动的中介，是澳门早期社会经济发展的贡献者。

由于澳门的地理环境及经济特点，农业并不发达，但也有一部分福建移民从事农业生产活动。他们移居澳门后，主要在离岛及近郊的土地上从事农业生产活动。如氹仔卓家村就是一个农民渔民的聚居点，有许多珠江三角洲一带的农民前来垦殖沙田。

除了中国古籍记载，外国人留下的著述也提到澳门早期的福建籍居民。葡萄牙史学家白乐嘉在《西方开拓者及其对澳门的发现》一书中指出："在葡萄牙抵达澳门之前，半岛上已住有少数渔民。在今天普济禅院即观音堂一带，是当时西江泥沙冲积的地方。寺院极古，但无实录可考。我们只知，此寺院的初期，是一间小祠堂，属于福建移民所有。这些初期的居民，有的姓沈，有的姓何。他们居住在此，赖西江冲积的肥土美

---

① ［清］佚名：《香山县乡土志》卷七。

② ［清］印光任、张汝霖原著，赵春晨校注：《澳门纪略校注》，澳门文化司署，1992，第24页。

壤，从事种植为生。”[①]

渔业也是早期福建移民在澳门从事的主要行业之一。澳门濒临海洋，发展海上捕鱼业得天独厚，不少福建人初来澳门主要依靠捕鱼为生。这些来自福建沿海的渔民，在澳门定居后，进一步促进了澳门捕鱼业的发展。

福建人向澳门移民自宋元一直延续到清后期，他们对澳门华人社会产生了重大影响。早期福建移民融入当地粤语社会，而他们带来的闽文化因素也融入澳门华人社会，促进了澳门汉文化的成长。[②]

明代中叶以后，澳门迅速发展成为远东国际贸易中心，尤其是对外贸易经济发达，福建人至澳门从事海上经贸活动，或者以此为跳板，流移海外。正如《〈明史·佛郎机[③]传〉笺正》所言：“闽粤商人，趋之若鹜，久之，其来益众。”[④]在葡萄牙人

---

① 转引自曹改平：《福建移民与澳门早期开发》，《牡丹江师范学院学报（哲学社会科学版）》2011年第3期。

② 曹改平：《福建移民与澳门早期开发》，《牡丹江师范学院学报（哲学社会科学版）》2011年第3期。

③ 佛郎机：法兰克语Frank，音译成波斯语Frangi、Firingi，或者音译成马来语Peringgi、Parangui之后，再转译成汉语，而波斯语及马来语的这些音译词则是转译自阿拉伯人最早对法兰克人的称呼。明朝史籍中，“佛郎机”多用于称葡萄牙人或葡萄牙国，有时也用于称呼葡萄牙人使用的炮铳。（毛佩琦：《上穷碧落下西洋　动手动脚觅新知：读黄庆华〈中葡关系史〉》，《博览群书》2007年第9期。）

④ 转引自曹改平：《福建移民与澳门早期开发》，《牡丹江师范学院学报（哲学社会科学版）》2011年第3期。

早期经营和开发澳门的过程中，有不少福建人参与经营活动，对澳门的经济发展产生了较大的影响。

不得不说，福建人天生就有营商的基因，不少人就此发家致富。

入清以后，对外贸易中最为热门的是茶叶与生丝，其中又以茶叶贸易最为火爆。欧洲人喜爱的武夷茶产于福建武夷山，厦门作为福建对外贸易的唯一口岸，便成了中国与欧洲贸易的主要商港，厦门商人也成为中国当时最富裕的海商。乾隆年间，朝廷实行“一口通商”政策，以广州作为中国对欧洲人贸易的主要港口。中国茶叶贸易中心从厦门转到广州，在厦门经营对外贸易的行商也随之进入羊城，成为广东十三行的主要成员。梁嘉彬在《广东十三行考》中提到，十三行的主要富商都是厦门商人，所以，闽南商人实际上就是中国当年最富裕的商人团体。[①]

明清之际，欧洲人努力寻求与东方通商贸易的机会。由于航海技术的发达和商品流通的需要，中外贸易处在一个前所未有的大发展时代。海禁结束后，勤劳智慧的福建人得天时地利，在中国沿海各个口岸寻找海上贸易商机。

广东实行海禁时，葡萄牙人被逐，曾转至闽浙沿海一带进行贸易。葡萄牙人到漳州海面进行贸易，与漳州人为其导航有关。明嘉靖年间名臣庞尚鹏在一份奏疏中这样提到澳门：“其通事多漳、泉、宁、绍及东莞、新会人为之，椎髻环耳，效番

① 梁嘉彬：《广东十三行考》，广东人民出版社，1999。

衣服声音。”①

这说明在澳门开港之前，福建的漳州人和泉州人、浙江宁波人和绍兴人、广东东莞人和新会人较为活跃，他们效法外国人的装束，能够用“番语”与葡萄牙人沟通商谈。那年代没有什么外国语学校，水手们都是在与外国人接触过程中慢慢去学外语的，福建人堪称其中的佼佼者。

郑成功父亲在澳经商

在历史上，从事国际贸易致富的闽籍澳门居民很多，下面介绍一位鼎鼎大名的闽籍澳门商人。

1557年葡人定居澳门以后，开辟了以澳门为中心的三大国际贸易航线：东到日本，南联东南亚诸国，西进印度、波斯以达地中海，对外贸易的繁荣，吸引了广东、福建的商人，其中福建商人主要是来自晋江的海商。福建沿海正值倭寇骚扰，许多闽南海商，尤其是曾与葡萄牙人有贸易往来的晋江商人转赴澳门，逐渐形成了重要的商业阶级和阶层，如泉州海商集团首领李旦、黄程、郑芝龙、郑芝虎。

这里所说的郑芝龙，就是后来从荷兰人手中收复台湾的郑成功之父，他与澳门有一段特殊的渊源。

郑芝龙是福建南安人，早年曾来澳门追随母舅黄程，广交各

① ［明］庞尚鹏：《题为陈末议以保海隅万世治安疏》，载［明］陈子龙等选辑《明经世文编》卷三五七，中华书局，1997，第3835页。

国海商，并学会了葡萄牙语和经商的本领。郑芝龙后来加入天主教，教名为尼古拉。他最初随海商李旦出海贸易，受到李旦的赏识，李旦将他收为义子。李旦死后，郑芝龙继承了他在日本的部分财产和部众，成为闽粤沿海一带有名的海商集团头目，外贸船队经中国台湾、日本及东南亚各地。郑芝龙在澳门开设商行，经营进出口货物物资，从晋江各地招募150名织锦工来澳门从事锦缎生产出口业。也有大批晋江商人随郑芝龙船队来澳门经商，据估计："崇祯初年，住居澳门的泉州晋江商人有一千多人（当时澳门总人口只有三万多人）。"①

葡萄牙人与福建人因海商业务而结为伙伴，在航海和贸易活动中互为依托，彼此得益。所以澳门成为国际贸易中心后，福建商人和福建移民大批移居澳门，也是顺理成章的事情。时至今日，澳门同胞中的闽籍居民人数比例甚大，很大程度是基于以上历史因素。

明嘉靖三十三年（1554），明朝政府对葡商开放广州贸易；明万历八年（1580）以后每年开放两次。早年葡人到广州进行贸易出入均要接受严格的盘查，且要遵从非常严格的管束制度。例如葡商非贸易时不得离开船只，只许白天上岸行走；入夜后，所有的葡人必须回到船上休息。此外，到广州贸易的船只与人数也有严格的限制和规定。

① 曹改平：《福建移民与澳门早期开发》，《牡丹江师范学院学报（哲学社会科学版）》2011年第3期。

于是，广州与澳门之间便出现一种新的行业——“揽头”，而且多数是福建籍人士。朝廷之所以管束严格，是由于葡人经常性且越来越大规模地进入广州贸易，带着洋枪洋炮，语言不通，一旦与当地人发生冲突可不是闹着玩的。于是有中国官员提出，不要让葡萄牙人到广州贸易，全部贸易应该在澳门进行。[①]

葡萄牙人进入中国内地受到广东官府限制，他们便寻找“揽头”前往广州进行贸易。“揽头”实际上就是葡商的代理人，多数由福建人充当，故此亦称“闽揽”。明末清初屈大均的《广东新语》也曾提及：澳门葡人“每舶载白金巨万，闽人为之揽头者分领之，散于百工”。[②]

可是，葡人这种通过代理人贸易的方式也存在着弊端：有“闽揽”仗着葡萄牙人的势力，动辄“聚集千人，排列刀铳，满载番货，突入省地”，并在“省会之区，纵横如沸”。他们既不交纳船钞，也不交纳进出口货税，而且“骗饷漏税”。一旦广东政府对违法乱纪的代理商进行抓捕，澳门葡人就向广东省的官员们投诉，并指责广东政府无权惩治这些葡商代理人。由于广州贸易的正常市场秩序被这些澳门葡商代理人破坏，而且给广东省城的安全带来严重隐患，广东政府不得不宣布关闭广州贸易

① 吴志良、汤开建、金国平主编：《澳门编年史》，广东人民出版社，2009，第437页。

② 中国第一历史档案馆、澳门基金会、暨南大学古籍研究所合编：《明清时期澳门问题档案文献汇编》（六），人民出版社，1999，第586页。

市场，改令华商载货至澳贸易。[①]

“闽揽”事件只不过是一段小小的插曲，但由此可知明代粤澳经贸往来密切，福建商人在澳门商贸交往活动中具有相当重要的地位。

入清以后，福建仍有不少商人赴澳门经商。据外国人的记载统计，1831年在澳门停泊的船中，来自福建厦门的有80艘，来自福建漳州的有150艘。其中有不少到澳门或经澳门转贩南洋地区的福建商人，也有部分人定居澳门，从事中转贸易活动。澳门作为一个重要的商业贸易城市，吸引了东南沿海大批商人，有的更成为当地重要的商业力量与支柱。[②]

妈阁庙与望厦村

伴随闽籍人士迁移至澳门的，当然少不了他们的乡土文化，妈阁庙（另见下节）和望厦村反映了闽澳之间存在的文化历史渊源，颇有代表性。

望厦村在历史上曾有“望下”“旺下”“旺厦”等称呼。相传“望厦”这个地名的来由是：村内居民多数来自福建厦门，他们思念故乡而将这个聚居地取名“望厦村”，意为“遥望厦

---

① 吴志良、汤开建、金国平主编：《澳门编年史》，广东人民出版社，2009，第438页。

② 曹改平：《福建移民与澳门早期开发》，《牡丹江师范学院学报（哲学社会科学版）》2011年第3期。

门”。另一个名字“旺厦”，则有期望厦门兴旺发达之意。

望厦村的历史可追溯至明洪武十四年（1381），当时它隶属香山县恭常都。至于望厦村的开村时间，据汤开建教授考证，在明嘉靖二十七年至三十二年之间（1548—1553）。

在望厦村发生过两次重大事件，在史书中留下浓浓的一笔：

一是清道光二十四年（1844），清政府钦差大臣、两广总督耆英与美国政府特使顾盛在普济禅院签下《望厦条约》。该条约又称《中美五口贸易章程》，是清政府与美国签订的第一个不平等条约，主要内容为美国在通商、外交等方面，享有与英国同等的权利。换言之，英国通过鸦片战争获得的特殊权益，除割地赔款外，美国轻而易举全部获得；而且在关税、司法权和领海权等方面，对中国的危害更甚。

二是清道光二十九年（1849），澳葡总督亚马留（João Ferreira do Amaral）下令拆毁了中国海关“关部行台”和望厦村内的香山县县丞署，驱逐了清朝的海关官吏和县丞等，正式侵占了澳门。亚马留还积极推行殖民扩张政策，不顾华人居民的感情，在修筑马路的过程中平毁了许多中国人（包括望厦村民）的坟茔。

掘祖坟，对中国人而言是莫大的耻辱，有血性的男儿岂会坐视不理？正是这个原因，同年8月22日，亚马留在关闸附近被望厦村民沈志亮等人刺杀。在澳葡当局的压力下，清政府处死了沈志亮，葡萄牙人也乘机强占了整个澳门（另见后文）。

澳门的外文名字

“澳门”这一地名的葡文拼写为Macau，据说是来自“妈阁”的谐音，与福建有关。

妈阁庙是一座供奉海上女神的庙宇，早在葡萄牙人抵达澳门之前已经存在，福建籍居民出海前常常到此上香膜拜，祈求妈祖护佑。

妈祖即我国道教传说中的天妃、天后，北宋建隆元年（960）诞生于福建莆田湄洲岛一个姓林的大户人家，祖父和父亲都做官。她一出生就不哭不闹，故取名林默，又名林默娘。默娘天生富有灵性，知天文，能预言祸福，乡人视为菩萨转世。北宋雍熙四年（987）农历九月初九，年仅28岁的林默娘因救助渔民而不幸遇难。湄洲岛民众传说：有人看到湄峰山上有彩云冉冉升起，云端有一穿着艳红华服的年轻女子，在一只彩凤和阵阵悦音伴随下，缓缓归天。从那以后，凡是发生海难，升天为神的林默娘就会穿着一袭红装救助受难的渔民。

古代没有现代发达的气象科学，水上人家靠海吃海，身家性命只能托付海神。

自此，海边人家便纷纷开始供奉林默娘的神像，尊称其为“娘妈”。渔民出海前例必焚香膜拜，祈求风调雨顺、航行安全。后来，妈祖更成为护航、治愈疫病、消灾解困的神祇；加上历代统治者的扶持，妈祖屡次受到加封。元代，妈祖因保护漕运安全被封为“天妃”。明代，郑和说自己七次下西洋均仰仗妈祖保佑，妈祖因而再次被加封为“天妃”，奉祀她的庙称“天妃庙”或“天妃宫”。到了清代，妈祖又被改封“天后”，妈祖庙升格为“天后宫”。

福建人自宋代开始移居香山县。来自妈祖故乡的仙游郑氏和莆田郑氏在香山发展较快，后来发展成为当地望族，他们成为香山妈祖信仰的积极传播者。由于这种文化属性与航海关系密切，妈祖信仰在澳门传播迅速。明朝以后，妈祖信仰在澳门十分发达，现存的妈祖庙就有八座。故此，妈祖阁实际上就是中国海洋文化在澳门的象征。

相传葡萄牙人首次抵达澳门港口时，看到岸上建有一座庙宇，向当地闽籍居民打听这是什么地方。闽人以为问的是庙宇名字，便回应：“妈阁”。葡人听到的是闽南语的“妈阁”，因而把澳门称作“Macau”，即“妈阁”的闽南语音译。

供奉妈祖的庙宇何以被称为妈阁庙呢？在闽南语中，“娘妈”是对上辈女性含有敬意的亲切称呼，故此这座纪念娘妈的建筑物叫“娘妈角庙”，妈阁庙乃其俗称。妈阁庙最初由福建移民建造，因为他们将妈祖视为航海保护神来祭拜，闽籍商人乃集资修建妈阁庙。据学者实地观察，妈阁庙内那块被称为“洋船石”的摩崖石刻，其上所雕刻的正是闽式“大眼鸡”海船，两旁船首锚孔绘着圆形的“大眼鸡”眼球图案，说明五百年前福建海船已经来到澳门。

妈阁庙最早兴建的年份，当于明宪宗成化年间（1465—1487）。据《澳门妈祖阁五百年纪念碑记》载：

> 澳门初为渔港，泉漳人莅止，懋迁聚居成落。明成化间创建妈祖阁，与九龙北佛堂门天妃庙、东莞赤湾大庙鼎足辉映，日月居诸，香火滋盛，舶舻密凑，留殖繁增，澳门遂成中西交通枢要。[①]

1840年第一次鸦片战争以后，清政府被迫开放沿海多个通商口岸，大批华人涌入澳门，其中不乏闽人。清道光二十七年（1847）黄宗汉的《香山濠镜澳妈祖阁温陵泉敬堂碑记》云：

> 濠镜向有天后庙，自明至今，多历年所凡吾漳泉两地之贸易于澳门者，咸感戴神灵，而敬奉弗怠焉。彼此

① 曹思健撰：《澳门妈祖阁五百年纪念碑记》，1984年7月。

均沐恩波，前后累沾惠泽。昔泉堂既置业设，当为春秋祀事记，今漳兴堂亦捐金购屋，为岁时祭品需，统计闔郡共鸠集洋银四千九百十大圆。

碑中所说的“温陵”是泉州的古称，“泉敬堂”则是澳门泉州商人的组织。这段碑记反映了自明朝以来，妈祖阁便是澳门漳、泉、潮商人心目中的朝拜圣地，也反映了闽南商人与澳门妈祖阁的密切关系。

大宋遗风

宋朝都城与澳门相距数千里之遥，本来很难把宋赵王室与澳门联系起来。

然而，历史偏偏就是那么奇妙。

据《香山县志续编·舆地·氏族》[1]载，北宋时期人口逐渐移入香山地区。南宋绍兴年间设立香山县后，开始有宋朝官宦移居香山。宋室南渡后，部分宗室子弟迁徙至广东，定居香山地区。如黄梁都赵族，其迁粤始祖赵若举就是宋朝宗室成员。

宋朝末年，元军大举南下，宋军不敌，向珠江口西岸撤退。据史料记载，宋将张世杰的军队曾驻扎在澳门。会不会有些人因

---

① 汪文炳、张丕基总纂，厉式金主修：《香山县志续编》卷三《舆地·氏族》，香山黄映奎墨宝楼，1923年刊刻。

伤病留下呢？谁也说不准。

享国319年的大宋王朝，最终灭亡于广东，也留下了许多遗迹：香港的宋王台、澳门的永福古社和宋王壁、新会崖门的宋元海战古战场遗址，还有分布在澳门和珠海等地的赵氏家族、赵氏宗祠。

澳门与珠海交界的十字门水道，曾爆发过一场大规模的海战；宋军与元军血战一个多月后，不敌而向珠江口败退。大家都知道陆秀夫背负幼帝赵昺蹈海殉国的典故，却很少人知道，在此之前，宋朝最后一位有封号的皇帝端宗（赵昰），据说曾驻跸于与澳门一水之隔的横琴岛。相传澳门沙梨头的永福古社，就是纪念这位小皇帝的；无独有偶，宋端宗的陵墓也叫作永福陵。

是耶非耶？这一说法由于缺乏证据，只能作为参考资料。

宋末元初，受战乱影响，很多人从内陆不同地方迁徙至香山地区。他们之中大部分来自南雄珠玑巷，也有一部分是随军队入粤而定居香山地区的氏族。

澳门赵氏家族

赵氏在澳门是一个望族，其中一个分支据说是宋太宗的后裔，在望厦村立有家庙，而且有族谱可查。

《澳门掌故》作者王文达指出："望厦村内昔日之赵家庙……其不称宗祠而都称家庙者，盖以赵氏为宋朝宗室，乃宋太宗赵光义之后裔也，故其门榜以'赵氏家庙'四字。"[1]入清以

---

① 王文达：《澳门掌故》，澳门教育出版社，1999，第134页。

后，赵氏家族的赵元辂、赵允菁“父子登科”更成为佳话。直至今天，澳门依然保留着大量与宋赵有关的遗址，不但有赵家巷，还有被澳门文化局收购作为文物保护的赵家大屋。

对于澳门赵氏家族与宋朝皇室的关系，澳门史学界曾作过全面的研究。主要研究成果包括王文达的《澳门掌故》、汤开建的《明代澳门地区华人居住地钩沉——兼论望厦村妈阁庙及永福古社之起源》、谭世宝的《关于开埠前澳门半岛上的“村”的传说探真》、陈树荣的《浙江浦江赵氏何时始居澳》、刘羡冰的《华人的传统教育》、莫景泰的《望厦赵氏家族对澳门的影响》、林广志的《清代澳门望厦赵氏家族事迹考述》、赵新良的《赵氏家庙兴建始末考》等等。研究成果显示，赵氏家族不但与宋朝皇室一脉相承，而且在18至19世纪对澳门事务、中葡事务和澳门教育事业发展都曾发挥过巨大的影响，是一个名副其实的望族。

时光已流逝逾千年，沧海桑田，斗转星移，人世间变迁甚大，要证明澳门赵氏是源于宋朝宗室，较有说服力的证据只能是族谱或家谱。根据《赵氏家谱约钞》记载，澳门赵氏家族与宋朝宗室可能有一脉相承的关系：

第一世赵元俨（赵光义第八子）

第二世赵允良（赵元俨第三子）

第三世赵宗绛（赵允良长子）

第四世赵仲矿（赵宗绛第十一子）

第五世赵士翮（赵仲矿长子）

第六世赵不玷（赵士翮次子）

第七世赵善近（赵不玷次子）

第八世赵汝仙（赵善近第五子）①

第九世赵崇康（赵汝仙长子）

第十世赵必斑（赵崇康长子）

第十一世赵良胜（赵必斑长子）

第十二世赵友直（赵良胜第七子）

第十三世赵季忠（赵友直第四子）

第十四世赵同伦（赵季忠次子）

第十五世赵格信（赵同伦长子）

第十六世赵致文（赵格信次子）

第十七世赵诚富（赵致文第三子）

第十八世赵正和（赵诚富次子）

第十九世赵崇佐（赵正和长子）

第二十世赵必华（赵崇佐长子）

第二十一世赵良佑（赵必华长子）

第二十二世赵友璧（赵良佑长子，号英玉，同母亲刘氏由上册②迁居澳门）

---

① 《宋史》卷225表16记载赵汝仙为赵善寄之子，卷227表18记载赵汝仙为赵善俟之子，《宋史》关于赵善近之记载与《浦江赵氏家谱》异。疑为家谱在抄载过程中出现错误，待考。此处暂以家谱为准。

② 据林广志考证，“上册”为“上栅”之误，参考其《清代澳门望厦赵氏家族事迹考述》，《澳门历史研究》2004年第3期。

第二十三世赵季泰（赵友璧长子，号豫庵）

第二十四世赵同义（赵季泰次子，号镜江）

第二十五世赵元宽、赵元辂（字任臣，号九衢）、赵元佳、赵元熙、赵元儒、赵元熠、赵元源、赵元淇

第二十六世赵允菁（字孔坚，号锜如）、赵允治（字孔修，号黼堂）、赵允学（词卿）等共二十九人

第二十七世赵勋（字宗屏，号封石）、赵宗炜（彤阶）、赵宗敏（逊夫）、赵缙（字宗昌，号昼堂）等[①]

有学者注意到，《宋史》所载赵氏皇室世系的列表，与《赵氏家谱约钞》记载略有出入。究竟是家谱在抄载过程中出现笔误，还是其他原因所致？这还需学界进一步考究。

不过单从家谱来看，赵氏家族也并非“一步到位”迁移到澳门的，中间经历了许多波折。据考证，赵氏定居望厦大体经历了三次迁移：第一次是在北宋灭亡后，作为宋朝宗室，赵士翩父子等人扈从宋高宗南下，随朝廷南迁，赵士翩、赵不玷父子也在浙江浦江定居；第二次迁移是在明初，赵友直于明洪武十九年（1386）担任香山知县；第三次迁移则是赵友璧由香山县良字都

① 赵新良：《赵氏家庙兴建始末考》，《澳门历史研究》2008年第11期。

迁移至恭常都境内望厦村。[①]

关于赵氏定居望厦的时间，澳门学者王文达认为“源于明初洪武十九年”。明洪武年间，赵友直死于香山知县任内，家人开始在当时香山县良字都上栅定居，良字都在香山县东南20里，不属于澳门范围；而望厦在恭常都境内，在县南120里。赵氏在洪武年间仅占籍香山，并未进入澳门望厦。

据清光绪四年举人梁尚举所撰《赵氏家庙碑记》载：

> 考赵氏本宋宗室，系出浙江金华浦江县，其先彦方公宦游闽粤，作宰香山，遂占籍焉，数传至英玉祖，使卜居香邑之澳门。[②]

第二十二世赵友璧随母迁居当时恭常都内的望厦，赵氏这才开始在澳门定居。

在澳门定居下来后，赵氏家族以宋朝宗室后裔自居，始终秉持儒家的思想和行为，世代走科举之路。《赵氏家庙碑记》记载“世序相承，以孝友传其家，诗书世其业”“家世业儒”。[③]

① 赵新良：《赵氏家庙兴建始末考》，《澳门历史研究》2008年第11期。

② 转引自赵新良：《赵氏家庙兴建始末考》，《澳门历史研究》2008年第11期。

③ ［清］梁尚举撰：《赵氏家庙碑记》，载佚名《家乘略钞》，澳门历史档案馆藏本，第18页。

入清以后，曾出现赵元辂、赵允菁父子相继中举的佳话，名闻遐迩，“父子登科”牌匾长期悬挂于赵氏大屋内。

赵允菁是澳门赵氏家族的一位佼佼者，他于1801年成为嘉庆辛酉科第四名举人，担任广东始兴县教谕等官职，还培养了大批饱学之士。“出其门者多高才，捷足登巍科，居显仕。”[①]赵允菁更是一位爱国者，曾会同地保调查澳葡私占官地的情况，使赵氏在政界也颇为出名。广东巡抚郭嵩焘曾提到“何、赵、沈三姓为大族，皆自明以来世居澳中者也”[②]。由此可见，赵氏当时已成为澳门的大家族之一。

1849年葡萄牙人封闭中国海关，驱逐清朝官员，又平毁坟茔扩建马路，激起华人的义愤。在著名的“沈志亮刺杀亚马留”事件中，赵氏家族成员也充当了特殊的角色。

据《赵氏家谱约钞》记载：赵允菁长子赵勋，字宗屏，号封石，澳门赵氏第六代，道光辛巳年（1821）进取郡庠，丁亥年（1827）补增，壬寅年（1842）入贡，在赵氏家族中颇有地位。“西洋夷酋哑吗叻肆恶横行，毁关掘墓，公挺身递禀督宪徐公广缙，驻轿面谈约一时之久，暗约义士沈志亮、郭泰安枭哑吗叻之

① 《赵氏家谱约钞》，载佚名《家乘略钞》，澳门历史档案馆藏本，第57页。

② 《广东巡抚郭嵩焘查明澳门前后大概情形折》，载中国第一历史档案馆、澳门基金会、暨南大学古籍研究所合编《明清时期澳门问题档案文献汇编》（二），人民出版社，1999，第755页。

首，以泄天朝之愤而伸地府之冤。”[①]

这段文字记载了赵封石在刺杀行动之前，曾与两广总督徐广缙面谈，并秘密约晤沈志亮等人，最终促成了刺杀亚马留（又译哑吗叻、亚马喇等）的义举。案发后，沈志亮一口咬定是自己动手的，承担了杀人的全部罪责。虽然在澳葡当局压力下，徐广缙不得不在前山处死沈志亮，但这一事件仍反映了澳门居民勇敢反抗殖民主义的大无畏精神。这段记载的可信程度较高。有文献记载，徐广缙挥泪处死沈志亮后，曾派人向沈家送去2000两银子。

澳门营地大街赵家巷二十四号的赵家大屋，距今约有一百四十多年的历史，被社会各界认定为具历史文化价值的建筑物。由于年久失修，澳门文化局曾就为赵家大屋提供修复支援事宜，向文化遗产委员会咨询意见。该委员会建议，保护赵家大屋和发挥其文化效益的最适当方式，是由特区政府整体取得大屋的业权作修复和活化。2021年，特区政府以800万元收购赵家巷二十四号的建筑物，即赵家大屋。

澳门文化局方面解释，建于19世纪中的赵家大屋具历史价值，赵家过去一直对澳门教育工作贡献良多，希望将大屋活化后供居民使用，借此弘扬中华传统教育文化，也让居民感受昔日大宅的建筑艺术特色。由于赵家大屋所在地段大部分为国有土地，小部分为私人业权，政府只是购买小部分建筑物，便可完全控制

① 《赵氏家谱约钞》，载佚名《家乘略钞》，澳门历史档案馆藏本，第59页。

整座赵家大屋的业权，便于日后的修复活化工作。

长期研究澳门华人社会的澳门科技大学社会和文化研究所所长、中国历史研究院澳门历史研究中心常务副主任林广志教授，对特区政府购买并活化赵家大屋表示欢迎和支持。他在根据澳门收藏家协会会长吴利勋收藏的《家乘略钞》《赵书泽堂家谱》所撰的论文中指出，赵氏自称“宋室分支”，因历朝做官而南迁，明洪武十九年（1386），第十二世赵友直“作宰香山，遂占籍焉”；明崇祯十五年（1642），第二十二世赵英玉“始卜居于香邑之澳门”，在望厦立有家庙。

对赵氏家族成员在澳门的事迹与贡献，林广志教授用下面这段话概述：

> “人可死而书不可死”之执着。赵氏子孙“以孝友传其家，诗书世其业”。二十五世赵元辂于乾隆丁酉科中式，为广东乡试第十八名举人；其子赵允菁于嘉庆辛酉科中式，为广东乡试第四名举人。乾隆庚子三月，赵元辂赴春闱，“考死”于京师广州会馆，年仅四十二岁。弥留之际，以“人可死而书不可死”诫其子孙。赵允菁也“七上礼闱”，至道光丙戌科会试，乃以“大挑二等”授南雄始兴教谕，兼文明书院山长，后升任平州学正，教化泽被澳门乃至广东地区。[①]

---

① 《林广志受托整理赵氏家谱文稿史料》，《澳门日报》2022年2月14日。

濠镜澳·马交·澳门

- 中国海神庇护的港湾
- “濠镜”源自“蚝镜”
- 葡人来澳

澳门有过很多名字，中文名计有香山澳、香山岙、濠镜澳（或蚝镜澳）、濠江、镜海、濠海、莲岛、马交等。

在16世纪，西方人对“澳门”的写法不一：Amagua、Amachao、Amacao、Amaguao、Amaguam、Machoam、Maquao等，葡萄牙文最终写成Macau，英文则为Macao。

大家不妨先留意一下：这些外文拼写中，很多都带有“Ama”，即中文“阿妈”的音译，关于这点我们在下面还会细讲。

现在我们称这块地方为澳门，英文拼写为Macao。那么多的名字，究竟哪个才是最早出现的呢?

中国海神庇护的港湾

葡萄牙人称澳门为Macau，英国人则称之为Macao，粤语音译“马交”。

其名由来据说有二：一说以澳门之西端妈阁庙（Amangao，闽语音译为Ama）而得名，另一说则以澳门北端有马交石而得名。一般研究澳门历史的学者多采用第一说，即源自妈阁庙。清代学者汪兆镛认为：葡人初入中国，便在妈祖阁附近锚泊，并以停泊地点称澳门为“马交”；葡文拼写为Macau，英文拼写为Macao。

《利玛窦中国札记》也指出澳门得名与妈祖的关系：

> 他们（广东人）把临近岛屿的一块地方划给来访的商人作为一个贸易点。那里有一尊叫作阿妈（Ama）的

偶像，在阿妈湾内。[①]

利玛窦和罗明坚合著的《葡汉辞典》，则记录了澳门在16世纪末的中外名称：“Macao＝蚝镜澳”。

瑞典学者龙思泰曾经说，澳门远在葡萄牙人到此定居之前，就以安全的港湾而著名。因在娘妈角炮台（Bar Fort）附近有一座供奉神像的庙，所供奉的女神称为“阿妈”（Ama），所以外国作家称之为“阿妈港”（Amagao，Port of Ama）。有学者认为，Macao最佳的中文对应词应为“妈港”，意指“中国阿妈之港”，而且直接指向一个确定的本义，即“中国海上女神阿妈庇护的港湾”。

葡语Macau的发音接近粤语“马交”，也接近“妈阁”，所以多数人认同这一观点。香山地区民间早已流传“未有澳门，先有妈阁”的说法。16世纪初葡萄牙人首次踏足这块土地，询问岸边的澳门居民这是什么地方，在彼此语言不通的情况下，将“妈阁”地名误为澳门半岛的名字，是完全有可能的。

传说中宋代的福建莆田湄洲岛女子林默娘成为“海上女神”，福建渔民在澳门建立“娘妈像”，盖起了娘妈角庙，后来又改称天妃庙、妈祖庙、妈阁庙。史料显示，澳门早期的居民不少都是福建莆田或泉州人，妈祖庙、望厦便是佐证。

---

① ［意］利玛窦、［法］金尼阁著，何高济等校：《利玛窦中国札记》第2卷，中华书局，1983，第140页。

1548年出版的明代《（嘉靖）香山县志》，开始有正式的文字记载澳门附近水域及岛屿的情况：

> 九星洲山九峰分峙，多石岩、石屋、灵草，石上溜水甘美，为番舶往来所汲，曰天塘水。……小横琴山下有双水坑，大横琴山幽峻，为寇所伏；深井山即仙女澳也，亦名井澳，在横琴下；三灶山三石似名，与横琴相对，皆抵南番大洋，元末海寇刘进所据。明初寇平，后居民吴进深通番为乱。洪武二十六年平定。[①]

这段文字说明，元末以来已有番舶到这一带岛屿停泊，补给淡水。亦显示这里对外交通便利，可到达“南番大洋”，即东南亚国家和阿拉伯国家。在元末或明初洪武年间，即葡萄牙人抵达以前，澳门附近的海外贸易已十分活跃，这也解释了为何这一带水域能吸引葡萄牙人前来进行贸易。

西欧古地图集最早的绘制者亚伯拉罕·奥特利乌斯于1584年至1595年间绘制的中国地图，已标注澳门地区为“Macao”，显示澳门是西方人较早认识的中国城市之一。[②]

不过，无论是“Macau”“Macao”还是“马交”，都只是

---

① ［明］邓迁修，黄佐纂：《（嘉靖）香山县志》。

② 吴志良、郑德华主编：古地图一，载《中国地域文化通览·澳门卷》，中华书局，2014。

外国人的叫法，不是澳门真正的中国名字。

明代剧作家汤显祖的名著《牡丹亭》中提到“香山岙”这个地名，“香山岙”就是澳门的古称。

明末清初屈大均在《广东新语》中这样提到“蚝镜”与“澳门”：

> 凡番船停泊，必以海滨之湾环者为澳。澳者，舶口也。香山故有澳，名曰浪白，广百余里，诸番互市其中。嘉靖间，诸番以浪白辽远，重贿当事求蚝镜为澳。蚝镜在虎跳门外，去香山东南百二十里。有南北二湾，海水环之，番人于二湾中聚众筑城。自是，新宁之广海、望峒、奇谭，香山之浪白、十字门，东莞之虎头门、屯门、鸡栖诸澳悉废，而蚝镜独为舶薮。……澳有南台、北台，台者山也，以相对，故谓澳门。[①]

清康熙二十四年（1685）官方绘制的《香山县图》，是《广东广州府舆图》的一部分。原图册附注“澳门亦名濠镜澳，在城东南一百二十里前山寨关闸之外”。图中清楚绘画了关闸、城墙

① 转引自中国第一历史档案馆、澳门基金会、暨南大学古籍研究所合编：《明清时期澳门问题档案文献汇编》（六），人民出版社，1999，第584页。

和教堂等澳门地标。[①]

清代印光任、张汝霖所著《澳门纪略》有比较具体的解释：

> 濠镜澳之名，著于《明史》。其曰澳门，则以澳南有四山离立，海水纵横贯其中，成十字，曰十字门，故合称澳门。或曰澳有南台北台，两山相对如门。
>
> 番人停泊以湾，湾之所以即名澳，故合称澳门。[②]

这里提到了“澳门”中文名的来源。

《澳门纪略》又提到：“东西五六里，南北半之，有南北二湾，可以泊船。或曰南环。二湾规圆如镜，故曰濠镜。”[③]

当澳门还是香山县南部一个渔村时，人们管它叫香山岙；因国际商贸逐渐兴旺，又出现濠镜、濠镜澳、澳门等名字。

入清以后，澳门已属海上丝绸之路重镇，中外交往频繁，有那么多名字很容易造成混乱。故此，中国官方文书渐渐以“澳门”为准，葡萄牙官方确定沿用Macau，英国人则按照英语发音习惯定为Macao。

---

① 吴志良、郑德华主编：古地图三，载《中国地域文化通览·澳门卷》，中华书局，2014。

② ［清］印光任、张汝霖原著，赵春晨校注：《澳门纪略校注》，澳门文化司署，1992，第57页。

③ ［清］印光任、张汝霖原著，赵春晨校注：《澳门纪略校注》，澳门文化司署，1992，第60页。

『濠镜』源自『蚝镜』

澳门许多中文古名，如濠镜、濠镜澳、濠江都与“濠”有关，其实“濠”乃源自珠江口盛产的“蚝”。

国际贸易利润巨大，不但外国商人趋之若鹜，澳门附近水域不少居民也从中分得一杯羹。他们本以捕鱼耕作为生，但见那些长相怪异、语言不通的夷人出手阔绰，愿以大价钱购买丝绸、瓷器和茶叶等土产，不由他们不心动。附近岛民很快就发现，和夷商做生意很划算，做一笔生意所赚的利润已胜过全年捕鱼耕作的收入。少数岛民尝到甜头之后，一传十、十传百，吸引了更多人参与经商，澳门附近水域顿时热闹起来。

珠江口西岸河网密布，古时陆路交通不便，客运或货运多用船只。澳门对开的十字门，可通往物产丰富的中山、顺德、番禺等地，广州和广西的船只亦可顺流而下抵达澳门。外国商人发现这是一个理想的贸易点，很快就有一部分东南亚商人进入澳门，与广东商人互市贸易。

明代海禁从洪武开始，几乎贯穿有明一代，甚至全面禁海，洋人不能来华，中止了一度十分火热的中外贸易。华南和华东沿海地区的货物卖不出去，舶来商品运不进来，地方政府也无法从中“抽分”（即抽取贸易税），民间难免怨声载道。

经权衡得失，到了1530年，明廷终于准许广东重开番舶贸易。于是，东南亚各国商船又重新驶入广东水域进行贸易。据嘉靖《广东通志》，这些番舶停泊的地点主要在上川岛，香山县浪白、蚝镜和十字门，东莞鸡栖，香港屯门等地。①这里提到的“蚝镜”，又称“蚝镜澳”，就是今天的澳门。

“蚝镜”是澳门古代的别称。蚝，是珠江口盛产的一种贝类，用途甚广：肉可食用，壳可作建材，“蚝镜”则属于一种特别的透光材料。清人张心泰在《粤游小志》提到：“粤产蚝镜，取饰窗户，可代玻璃，谓之明瓦。”②

古代没有玻璃，也没有电灯，房子总不能整天黑乎乎的吧？聪明的粤人细心地打磨出薄薄的蚝壳片，层叠起来，制成既防水又可透光的“明瓦”，室内顿时亮堂起来，这就是“蚝镜”的来历。直至玻璃大行其道之后，广东沿海仍有不少地方用这种传统工艺制作“明瓦”铺砌在房顶采光。

---

① ［明］黄佐纂修：《（嘉靖）广东通志》。

② ［清］张心泰撰：《粤游小志》。

可是，“蚝镜”又怎会成了澳门的别称呢？中外学者对此曾作过不同的考据，比较为人接受的是“形状说”。清人印光任、张汝霖在《澳门纪略》卷上《形势篇》是这样解释的：

有南北二湾，可以泊船。或曰南环。二湾规圆如镜，故曰濠镜，是称澳焉。①

“规圆如镜，故曰濠镜”，也就是说，南北二湾形状有如分成两半的蚝壳，所以称之为“濠镜”。但是，这仍未能解释“蚝”与“濠”的差别，即使这两个字的粤语发音相同。

戴裔煊在《〈明史·佛郎机传〉笺正》内有进一步的解释，他认为“濠镜”的正确写法应作“蚝镜”。蚝镜是蚝的外壳的一部分，平滑如镜，濠镜澳得名是因其形似镜之故。②

《永乐大典》卷11907《广州府志》载：“沙螺，一名西施舌，其味亚于香螺，惟番禺县沙湾村所产。香螺、龟脚螺、刀鞘螺、脂甲螺、鹦鹉螺、拍掌螺、红螺、马甲柱、蚝镜、瓦屋。”这条材料明确指出，“蚝镜”本身就是一种动物，同香螺、红螺、马甲柱一样，都是水生动物。

---

① ［清］印光任、张汝霖原著，赵春晨校注：《澳门纪略校注》，澳门文化司署，1992，第66页。

② 戴裔煊：《〈明史·佛郎机传〉笺正》，中国社会科学出版社，1984，第53页。

由此可见，“濠镜”源自“蚝镜”。依此推理，“濠镜澳”的正确古称应为“蚝镜澳”。如今，“濠镜”“濠镜澳”都不再使用，成为历史名称了。

葡人来澳

葡萄牙人在1513年左右就在珠江口活动，为什么直至1557年才在澳门定居下来？其间那四十多年，他们干什么去了？

首先，我们看看葡萄牙人是如何进入珠江口活动，又是如何逐步踏足澳门并且在澳门定居的；同时，也看看澳门如何从一个普通的渔村，逐渐成为国际贸易的重要港口。

15世纪末，葡萄牙开启了大航海时代；葡萄牙航海家达·伽马于1498年绕过非洲南端的好望角，抵达印度西南岸，这一年是中国的明弘治十一年。1510年，葡萄牙人占领了印度果阿，并在那里设了总督府。但是，葡人并未停止东扩的步伐，于1511年攻占马六甲，开始独霸印度乃至南亚的海权。为了取得世界香料市场的贸易权，葡人先后到达暹罗（今泰国）、缅甸和今中南半岛其他地区。

1513年，葡萄牙航海家乔治·欧维士（Jorge Álvares）[①]抵达珠江口东岸的Tamão岛[②]，在岛上立了一根刻有葡萄牙王室纹章的石柱。欧维士这次到中国的首航，给葡萄牙人带来了“与中国贸易可行”的确定讯息。

可是，葡萄牙人早期并非是在澳门与中国商人进行贸易，而是在粤西沿海的电白。明正德年间，西起电白海面，东至上、下川岛这一区域，经常聚集着大批帆船，还有穿梭于船队与陆地之间的船艇。这里是外国商船的重要贸易区，中外双方选择这一片远离广州的地方进行贸易，究其原因，一是葡人由马六甲出发航行到中国，电白海域是他们接触的第一片靠近中国大陆的海域；二是明朝政府基于安全的考虑而做出这选择——上川、电白一带距离广州较远，又是历来的“商渔聚集”之地，在这里进行对外贸易既利于贸易的开展，又不影响到省城广州的安全。

葡萄牙人在1513年就与中国通商，但直至1557年才定居澳门，其间这四十四年里其实发生了很多事情：

葡萄牙人的贸易船队是有武装的，装备了欧洲最先进的燧发枪和火炮，实际上就是一支海军陆战队。在远离欧洲大陆的亚洲、有公权力监督和双方实力接近的情况下，葡人会和当地人或其他外国商人公平做买卖。但在茫茫大海之上，官府鞭长莫及，

---

① 乔治·欧维士（Jorge Álvares），又译欧华利、欧维治、阿尔瓦雷斯或阿尔发勒斯，是第一个经海路踏上中国土地的葡萄牙人。

② Tamão岛，史学家曾指出该处可能为香港的屯门，后经证实并非该处，近年有澳门史书指为东涌，也有学者认为是上川岛。

谁的拳头硬谁就有理，所以亦商亦盗的贸易船队并不罕见。贸易船队指挥官若发现对方富有而又软弱可欺，就会命令船员们动手劫货劫财，掠卖男女，甚至杀人越货。

须知那是个资讯不发达的年代，葡萄牙人与当地人难以正常沟通，他们在船上又列装了洋枪洋炮，无论是葡人强行登岸武装侵略，还是双方一言不合打起来，消息传到朝廷，总是对葡人不利的。葡人枪炮虽然十分犀利，但毕竟猛虎不及地头虫。在广东境内先后发生过屯门海战、西草湾之战，葡人都被明朝军队打败，损失惨重，不得不放弃了侵占中国疆土、以武力谋取商业利益的念头。

与此同时，葡萄牙人在浙江及福建沿海的贸易，也面临各种风险和变数：葡国远东舰队首领索萨的船队在金门湾与海盗相遇，爆发海上冲突，双方互有死伤；前往双屿港途中，船队又遇上风暴，沉船四艘，死了百多人，损失了大批货物。其后，葡萄牙人的船队在双屿港进行走私贸易时遇到官兵缉捕，葡人代理被杀，货物被没收，葡人货主损失惨重。此时华东沿海倭寇、海盗活动猖獗，再加上葡人添乱，朝廷派官兵大加挞伐，葡萄牙人做生意越来越艰难了。

1521年，明朝政府正式宣布断绝与葡萄牙的往来，下令“禁绝番舶”，全面禁海，完全断绝海舶贸易。这样一来，广东的海上贸易全部停止，即使有外国人声称“朝贡”，也限定在福建的漳州和泉州一带。由于中外贸易有一定需求且有利可图，仍有不少外国船只偷偷进入闽浙沿海，与当地人进行走私贸易。

浙江沿海靠近京畿重地，广东则远在南部边陲，朝廷比较放心。所以，明嘉靖元年（1522），两广总督林富奏请重开广东番舶贸易，朝廷考虑后随即由兵部批复，允许有通贡贸易关系的国家来广东贸易，但仍禁止与葡萄牙人贸易。同年，明朝政府撤销浙江市舶司和福建市舶司，仅存广州市舶司对外贸易，广州成为中国唯一对外贸易大港。

现存第一部《香山县志》，是由香山知县邓迁主持编纂的。这部县志显示，当时的明朝政府在澳门地区并未设置任何行政建制；又提到与澳门相关的岛屿有浪白、大吉山、小吉山、九澳山，水道则有十字门，并称“其民皆岛夷也”。[①]也就是说，在明嘉靖二十七年（1548）前，澳门的氹仔岛、路环岛及十字门一带已有外国贸易商人在此停泊或临时居住。

中外贸易得益的是双方，由于粤西地方偏远，华商与东南亚外商交易始终不便。几年后，朝廷觉得洋人的威胁渐渐减少，加上林富请开广东番舶贸易之后，广东沿海西起台山、东至东莞都湾泊了东南亚各国的商船，香山亦在其中。

明朝政府禁止与葡萄牙人贸易，但中国人分不清外国人的样貌与国籍，葡萄牙人便扮作暹罗人，混杂在番舶中与中国商人做买卖。故《明史·佛郎机传》称：“自是，佛郎机得入香山澳为市。”[②]

---

① ［明］邓迁修，黄佐纂：《（嘉靖）香山县志》。

② ［明］张廷玉等撰：《明史·佛郎机传》卷三二五。

明嘉靖十四年（1535），有夷商以重金贿赂明朝政府的备倭指挥黄庆，希望将贸易地点移至香山之蚝镜。黄庆得了好处，请准上司之后，遂“移舶口”于蚝镜，也就是澳门。《澳门纪略》在这里也记了一笔：“澳之有蕃市，自黄庆始。”[①]

其实，黄庆没有批准澳门开“蕃市”的权力，默许开市的是朝廷。在此之前，朝廷已同意两广总督林富的奏请，重开广东对外贸易。

葡萄牙人进入澳门，是在明嘉靖三十二年，也就是1553年初至1554年初。据史料记载，就在这一年，有“夷商”声称因船只触风破损，希望借濠镜这块地方晾晒浸水货物。历来流传甚广的一个说法是：明朝政府的海道副使汪柏收了葡萄牙人的贿赂，答应让这些“夷商”上岸，自此便不断有外国商人进入澳门。不过，他们此时尚未在澳门定居下来，而是在澳门搭建一些茅棚遮风挡雨，居住一段时间，做完买卖就开船离开，往往连茅棚也拆掉。

这些“夷商”应该就是葡萄牙商人，澳门内港停泊商船的沙梨头，葡语名称为“Patane”。这一葡语地名沿用至今，显示最早进入澳门的“夷商”是葡萄牙人。

那么葡人在澳门定居究竟是否与汪柏收受葡人贿赂有关呢？我们在后文还会另外分析。

明朝初年的海禁政策，尤其是明太祖朱元璋厉行海禁，与倭

---

① ［清］印光任、张汝霖原著，赵春晨校注：《澳门纪略校注》，澳门文化司署，1992，第64页。

寇频频侵扰东南沿海有很大关系。倭寇组成海盗集团入侵中国东部和东南沿海，烧杀抢掠，无恶不作。明朝政府采取怀柔和绥靖措施无效，为了维护国家安全，转而制定强化海防建设、禁止私通海外并限制朝贡贸易等一系列政策。

不过，海禁政策导致了大面积的停市，商道不畅，严重影响了民商生计。不少人冒险出海与外国商船贸易，遇到朝廷执行禁海令的官兵，也不再束手就擒，而是坚决反抗。事情发展下去，有的民商竟与倭贼为伍，抢劫商旅与民财。因此，活跃于东南沿海的倭寇，已不单纯是日本人，也有中国的贩海私商和海盗。更严重的是，亦商亦盗的葡萄牙人此时也掺和进来，甚至与倭寇及中国的贩海私商、海盗联合起来，共同对付明朝政府执行禁海令的官兵。

这样一来，局势越来越严峻了。

明嘉靖初年，我国沿海商品经济逐渐繁荣，民间对外贸易需求越来越大。可是，明朝政府未能顺应时代潮流开放口岸，加强外贸管理，反而严厉禁海，无异于逆时代潮流而行。这样做既不能扑灭倭患，也影响了沿海民商的生计，还自断税收财路，是愚蠢的闭关锁国政策。

长期从事海外贸易的沿海人民生活大受影响，广东地方政府也失去了大量贸易税收入。黄佐说："正德十二年，西海夷人佛郎机亦称朝贡，突入东莞县，火铳迅烈，震骇远迩残掠甚，至炙食小儿。海道奉命诛逐，乃出境。自是海舶悉行禁止，例应入贡诸番亦鲜有至者。贡舶乃往漳泉，广城百贸萧然，非旧制矣。”[①]其中尤以海外贸易较为发达的香山地区所受影响更为巨大。

据黄佐《广东通志》记载：

> 广民本多贫，然鱼米本贱，而又有番舶贸易之利，故家虽无十金之资，而用度自足负担者。苟持一钱出市，可以得饱。盖操利易而物价平故也。近年以来，地方日窘，利源日遏，市贾萧条，贫者十九。[②]

朝廷严厉的海禁政策，用粤语形容就是“斩脚趾避沙虫”，虽然赶跑了葡萄牙人，也将其他国家的商船拒之门外。澳门一带水域的海上贸易完全中断，洋货运不进来，中国的土特产也卖不出去。过去畅销无比的丝绸、瓷器和茶叶等商品，一下子大量滞销，价钱暴跌。农民和商人损失惨重，地方政府也没了税收，广东经济与民生顿时皆陷入困境。

在此关键时刻，广东著名学者和改革家黄佐决定设法要求政府改变政策，解除海禁，恢复和发展广东的海舶贸易。明嘉靖八年（1529），黄佐撰写了《代巡抚通市舶疏》（即《林富奏疏》），以巡抚林富的名义向朝廷奏报，要求解禁并恢复海上

---

① ［明］黄佐纂修：《（嘉靖）广东通志》卷六十六《外志三·蕃夷》。

② ［明］黄佐纂修：《（嘉靖）广东通志》卷二十《民物志》。

贸易。

黄佐（1490—1566）是香山（中山）石岐人，曾撰《广东通志》《（嘉靖）香山县志》等书。他在《粤会赋》中这样描述中外贸易的盛况：

> 百粤之会，是为南海。……万里帆樯，蛮烟蜑雨，胡贾鼎来，所居成聚。……实泉货之渊薮，夷夏之都会也。……岛舶之来，有粲其宝，锴镣、镄钔、璠玙、瑾瑔、玑琲、瑟琴、玳瑁、玛瑙、玻璃、珊瑚、琉璃、龟筒、鹤顶、犀角、象齿、猫睛日耀，鸦鹘霞绮，流黄空青，缥碧紫英……盖广南之富，传自古昔。

他以巡抚林富名义给朝廷的奏疏中指出，中国与东南亚国家存在历史悠久的朝贡贸易关系。明朝根据各国的不同情况，分别规定贡期为两年、三年或五年一次，指定广东等省为朝贡的贡道。朝贡品一般为本国的特产，如各种香料、海珠、宝石、稀有动物和手工业产品等。明朝政府接受贡品后，依例给予“赏赐”，诸如丝织品、瓷器、金银和钱钞等。一般来说，赏赐远比贡品价值高得多，令各国贡使兴高采烈、满意而归。

这种朝贡关系，实质上是一种官方贸易关系。各国贡使定期到中国来，除了完成官方朝贡外交礼仪之外，还附载货物进行贸易。这种贸易的商品数量，远远超过朝贡物品的数量。

黄佐说，这种朝贡贸易，“送迎往来，懋迁有无，柔远人而宣盛德也”。

在远东封贡体系中，繁荣富强的中国像磁石般紧紧吸引着周边国家；在双方以朝贡关系维持的频繁交往过程中，中国在政治经济和文化方面对远东各国产生了重大影响，促进了这些国家的繁荣与进步。但是，“至正德十二年，有佛郎机夷人，突入东莞县界，时布政使吴廷举许其朝贡，为之奏闻，此则不考成宪之过也。厥后狎狡，章闻朝廷准御史邱道隆等奏，即行抚按，令海道官军驱逐出境，诛其首恶火者亚三等，余党闻风慑遁。有司自是将安南（越南）、满剌加（马六甲）诸番舶，尽行阻绝”。[①]

用今天的眼光回眸，闭关锁国令中国无法加入全球化的良性循环，是巨大的政策失误，遗患无穷。

禁海时期的开港

早在明宣德八年（1433），郑和已结束了第七次下西洋。有人可能会问：明朝厉行海禁，为何会有如此大规模的船队周游列国？其实这并不矛盾，郑和下西洋肩负着朝廷的特殊使命，民间私人船只仍不准出海。不过，海上贸易有利可图，在贪官污吏和地方豪强的暗中支持下，海上走私活动依然频密，且以广东为

① ［明］黄佐纂修：《（嘉靖）广东通志》卷六十六《外志三·蕃夷》。

甚。弘治初年“广东地方，私通蕃舶，络绎不绝”。[①]

其后随着倭寇祸患加剧，明朝海禁政策愈加严格，嘉靖年间尤甚。隆庆年间政府调整海禁政策，允许民间船只赴海外通商贸易；但有明一代，基本上都是禁海时间为多。

郑和完成七下西洋壮举六十五年后，欧洲大陆的葡萄牙人达·伽马才率领船队首次绕过非洲好望角，成功抵达亚洲的印度。东西方船舶制造和航海技术的发展，促成了欧亚大陆的通航通商，使贸易全球化成为可能。以葡萄牙、西班牙为首的西方世界加快向远东探进，努力开拓新兴贸易市场，寻求与东方国家发展经贸关系。

葡萄牙远东舰队占领印度西南海岸后，葡萄牙王室于1508年派遣一支舰队远航马六甲，并指示舰队首领塞格拉“必须探明有关秦人（中国人）的情况”。这说明，葡萄牙王室对这个神秘的文明古国有浓厚的兴趣。

那么，他们究竟从何处得知有关“秦人”的模糊资讯呢？可以断定就是今天马来西亚的马六甲。

五百年前的马六甲，已是一个相当繁盛的贸易集散地，很多商船往来于中国与东南亚之间，马六甲是环南海国际贸易圈的重要港口之一。塞格拉率领的葡萄牙船队首航马六甲，与中国海商有了初步接触，并了解到中国人的一些生活习惯与性格，留下了“良好印象”。经过初步的接触，船队带回的精美中国商品令西

---

① 《明英宗实录》卷一〇六，正统八年七月辛巳条。

方人大开眼界，也让葡萄牙国内对中国有更深的了解，对华通商的意愿更加炽烈了。

葡萄牙人占领马六甲不久，很快与明朝中国海商建立了贸易合作关系。1513年，葡萄牙王室商务代表乔治·欧维士受命租船载货，随中国船长蔡老大的船队抵达广东沿海的 Tamão 岛，成为首批到达中国沿海的葡萄牙商人。受朝贡贸易体制的限制，欧维士一行被禁止上岸，但在中国商人的协助下，他们得以卖掉所有货物，并“获利甚丰”。

1516年，葡萄牙探险家拉斐尔奉葡印总督之命又率领 30 名葡萄牙人和马来人乘坐中国海商的帆船，前来广东沿海贸易。此次航行其与中国海商的合作十分愉快，获利达 20 倍之多。在返程后，他说：“中国人愿意同葡萄牙人友好相处，他们是非常好的人。”

然而，葡萄牙人对华贸易并非一帆风顺，相反还出现不少问题。

明正德十二年（1517），由葡萄牙人托梅·皮雷斯（Tomé Pires）率领第一个打着葡国王室名义的使团抵达广东屯门，要求入京觐见。使团船队共有8 艘船，每艘船上都有中国人担当领航员。使团的主要通事即翻译火者亚三，原名傅永纪，江南洞庭东山人，明正德初年流寓东南亚，经商致富。火者亚三凭着对明朝官场处事习惯的熟悉，一路为葡国使团打点各层官员，最后葡国使团获准进京觐见。

然而，进入广东沿海后，葡人亦商亦盗的双重身份并没有改变，部分商人在广东沿海参与了扰乱社会的不法行动。据《明武宗实录》记载：

> 两广奸民私通番货，勾引外夷，与进贡者混以图利。招诱亡命，掠买子女，出没纵横，民受其害。[①]

这批勾结当地人的葡商的不法行为还包括：一是在屯门擅自构筑炮台、堡垒、哨所等工事。二是为垄断对华香料贸易，阻挠暹罗、北大年苏丹国、柬埔寨等国商船的正常贸易。三是擅违则例，不服抽分（税）。这些不法行为，逐渐成为广东海疆安全的重大隐患。

早在葡萄牙人来华之前，东南亚国家已和明朝建立起朝贡形式的贸易关系，乃系获得明廷册封的属国。而葡萄牙是未获册封之国，葡萄牙人却居然在中国境内违法构筑工事，侵犯明朝朝贡国，阻扰合法贡使，而且不服从抽税。这类举动无异于侵犯中国主权，当然会触怒明廷。

在葡萄牙贡使入京觐见的同时，满剌加国使臣也到达了京城，控诉葡人侵吞的事件。广东地方官员也在奏疏中历数了葡商在广东沿海的种种不法行径。因此，朝廷官员担心葡萄牙人会因与各国商人抢生意而爆发武装冲突，危及本国安全，提议拒绝葡国使臣的贸易要求。亦有监察御史建议，葡萄牙人必须归还满剌

① 《明武宗实录》卷一四九。

加疆土之后，方许朝贡。

在朝贡国与“未册封国”葡萄牙之间，明朝皇帝选择了前者。

明正德十六年（1521）农历七月，登基不久的嘉靖皇帝宣布断绝与葡人的交往，降旨“如佛郎机者，即驱逐出境；如敢抗拒不服，即督发官军擒捕”。随后又下令囚禁葡国的使团成员，直至满剌加复国。

至此，葡商首次谋求合法贸易的企图遭遇挫折。葡萄牙船队首领西蒙·德·安德拉德的傲慢，又加深了明朝社会对葡人的不信任，甚至愤怒，导致广东沿海水兵与来华葡国贸易船队不断发生冲突。其中以1522年西草湾之战规模最大，战况最为惨烈，葡商在此役中人员伤亡、财产损失惨重。

西草湾之战后，广东地方政府为了杜绝商盗混迹，下令“自是将安南、满剌加诸番舶尽行阻绝”，致使明朝与东南亚国家的朝贡贸易基本停顿。

然而，海上国际贸易利润巨大，公开贸易被禁，葡萄牙人就与中国民间海商从事走私活动。在中国民间海商的协助下，葡萄牙人在浙江及福建沿海建立了许多走私贸易点。走私贸易利润巨大，所有参与者都有好处：在这种走私贸易活动中，陪同葡人的华人作为中间人或翻译，收益巨大。沿海地方官吏们也从中大获其利，因为他们允许双方贸易，买卖货物，从中收受巨额贿赂。由于明朝中国海商在闽浙沿海地区有广泛的官商人脉，活跃在闽浙的葡人“非藉漳、泉之民，虽不禁之而亦不来也”。因此，在中国海商的协助下，葡人虽失去广东市场，却在闽浙沿海“发现了50多个优于广东的港口”。[①]

这一时期，中国和欧洲的海上丝绸之路贸易额急剧增加，规模日渐庞大。

葡萄牙人费尔南·门德斯·平托对当时葡人在宁波双屿的活动有如下记述：

> 宁波（Liampo）港由两个对峙的岛屿组成，相隔约两里路。到1540年或1541年，葡萄牙人已在其地建造了一千多所房屋……这是一个大约有三千人的殖民地，其中有葡萄牙人一千二百名，其余是各国的基督教徒。葡萄牙人的贸易总额在三百万葡元以上。绝大多数贸易都是以来自日本的银锭进行交换的，宁波的葡萄牙人在两年前就与日本建立重要的通商关系了。
>
> 这个殖民地有它自己的政府，包括一名稽核，几名高级市政长官，一名主管死者与孤儿的官员，几名警官，一名市政厅书记员，若干名卫队督察官、赁借官，以及一个共和国所应设置的其他各级官员——有四名公证人，他们的职责是起草契约合同等……有两所医院和一座慈善堂……因此人们常说，这个殖民地是葡萄牙人

① 陈文源：《明朝中国海商与澳门开埠》，《中国史研究》2018年第2期。

在东方所有殖民地最富、人口也最多的一个。①

1548年，葡萄牙人与中国、日本等海商联手，在浙江宁波共同开辟新的海上贸易港区——双屿港，从事国际贸易。

如果这样继续下去，就没今天的澳门了。

可是，双屿港违背了明朝政府的海禁政策，注定成不了气候。

更要命的是，葡萄牙商人和地方势力形成了利益共同体，活跃于闽浙沿海。他们扮演着亦商亦盗的角色，时而从事走私贸易，时而联合抗杀官兵，劫掠沿海，不仅严重冲击了明朝的贸易体制，造成大量财税流失，而且扰乱了东南沿海的社会秩序。②

这已经危及国家安全了！

在这种情况下，明朝政府采取强硬的行动作为回应。浙江巡抚朱纨指挥明军赶跑了葡萄牙人和其他海商，并用木石填塞双屿港，这个远东最大的国际贸易港口顿时成为历史。

明嘉靖二十八年（1549），葡萄牙船队纠合当地海匪侵扰东山岛，在如今福建东山岛的走马溪与明朝军队发生激战。浙江巡抚兼福建军务提督朱纨命漳州知府卢璧出兵平乱。“二月二十日，卢璧率兵伏于西屿布袋澳，以商船诱敌船进入走马溪，经激

---

① 万明：《中葡早期关系史》，社会科学文献出版社，2001，第54页。

② 陈文源：《明朝中国海商与澳门开埠》，《中国史研究》2018年第2期。

战，全歼葡萄牙侵略者及汉奸李尖兴为首的海匪计239人。”①

这是明军继上一年摧毁浙江宁波双屿港之后的又一次海上大胜。葡萄牙人在浙江和福建接连吃了几场败仗，被迫折返广东沿海，另寻落脚点。

对华贸易受挫，葡萄牙王室明白不能凭借武力硬来，便开始转变态度，要求赴华的航海人员务实行事。他们主要从中国的地方官入手，采取灵活的现实主义态度，力求重新打开对华贸易的大门。

明嘉靖三十三年（1554），由浙江重回广东沿海的葡萄牙商人，终于获得广东海道副使汪柏准许，以纳税两成的条件，进入广东各口岸自由贸易。由此，葡人先是住在澳门附近的浪白澳，过了几年，逐渐在澳门定居下来。

有些人老是想不明白：几年前明朝官兵还和葡萄牙人在闽浙一带激战，怎么突然就让他们在澳门定居下来呢？

---

① 东山县地方志编纂委员会编：《东山县志》，中华书局，1994，第656页。

葡人怎样取得居澳权？

- “行贿说”与“协定说”
- “香料说”
- “打海盗说”
- 剿匪、抽税、龙涎香，明廷一举三得

明朝政府严厉的海禁政策之下，葡萄牙人居然获准在澳门定居，史学界对此有多种说法，在这里归纳为“行贿说”“协定说”“香料说”和“打海盗说”四种主要的说法。[①]

一是“行贿说”。多年来，人们一直沿用这样的说法：有人指责汪柏收取了葡萄牙人贿赂后，私自允许葡人入居澳门，最终导致葡萄牙人占据了这块天朝土地。《广东通志》有这样一段记载澳门开埠的文字：

> 嘉靖三十二年，舶夷趋濠镜者，托言舟触风涛缝裂，水湿贡物，愿暂借地晾晒，海道副使汪柏徇贿许之。时仅棚垒数十间，后工商牟奸利者，始渐运砖瓦木石为屋，若聚落然。[②]

这是“行贿说”的主要依据，然而，事实与这一说法有很大偏差。

二是“协定说”。20世纪初，葡萄牙史学家布拉加（J.M. Braga）根据葡国远东舰队首领莱奥内尔·德·索萨（Leonel de Sousa）致葡国王子的信函内容，认为澳门开埠是索萨与汪柏和平协定的结果，因而提出了“协定说”。

---

① 陈文源：《明朝中国海商与澳门开埠》，《中国史研究》2018年第2期。

② ［明］黄佐纂修：《（嘉靖）广东通志》。

三是“香料说”。该说法认为，当时的朝廷急需大量龙涎香，因而有限度地开放海禁，葡商因此逐渐移居澳门。这种说法是有一定根据的，因为龙涎香很受明朝宫廷欢迎，而这种香料只有葡萄牙商人能够提供。

四是“打海盗说”。该说法认为16世纪50年代，葡萄牙商人协助明朝政府剿灭珠江口的海盗，从而获准入居澳门。许多西方学者一直坚持这一说法。

以上四种说法，哪一种更靠谱些？

明朝政府没有颁布批准葡萄牙人入居澳门的正式文书，无论是“行贿说”“协定说”“香料说”，抑或是“打海盗说”，都找不到法律依据。然而，上述四种说法各有出处，也各有道理。那么，到底哪一种才是明廷做出如此重大决定的关键呢？

下面我们根据史料逐一分析。

『行贿说』与『协定说』

无论是“行贿说”还是“协定说”，核心人物都是广东海道副使汪柏，这两种说法所依据的史料有很多都相同，所以在这里一并讨论。

1513年，葡萄牙人欧维士首次在珠江口Tamão岛登岸。自此之后，葡人游离于广东、福建和浙江等地四十余载，直至1557年才获准在澳门定居。其间这四十余年里，葡人曾与倭寇及海盗合流，在中国沿海做走私生意；他们曾偷偷在广东境内私筑炮台和工事，被明朝政府驱逐过，也和明军打过仗。但是，明朝政府最后竟批准葡萄牙人租居澳门，这不得不说是一百八十度的转变。

人们不禁好奇地问：这四十余年间究竟发生了什么呢？

前面提到，布拉加在20世纪初，根据葡国远东舰队首领莱奥内尔·德·索萨致葡国王子的信函内容，认为澳门开埠是索萨与汪柏和平协定的结果，因而提出了“协定说”。

布拉加引用的《莱奥内尔·德·索萨于1554年协议的第一个葡中和约》信函，其中提到广东海道官员与葡萄牙人订立通商条约的细节：

> 海道为一大吏，形同我们的海军上将。他统管沿海口岸一切事物，财务、军事，无所不包。每遇重大事件，他时有亲临解决。至于此次议和，我未与他达成任何税率或协议，因为国王给我的规定中无此内容。商议的结果是，我们必须遵照习惯按百分之二十纳税并按国王的恩准在华完纳。至于上述百分之二十的关税，我只同意支付百分之十。海道答复我说他无法压低税率，因为这是皇帝规定的税则。①

索萨这段话，实际上已揭开了历史真相。

汪柏虽然集海防、市舶、夷务权力于一身，上面索萨那段话却证明一个事实：汪柏是按照朝廷规定去和葡萄牙人商讨通商细则的，连20%的贸易税率也是皇帝的旨意，而不是汪柏受贿之后擅自允许葡人登岸定居澳门。

那么还有一个问题：汪柏有没有收受葡人的贿赂或者礼物？

---

① 金国平：《莱奥内尔·德·索萨与汪柏》，载《中葡关系史地考证》，澳门基金会，2000，第39页。

因为外间盛传汪柏收了葡人一千两重金，才答应让他们登岸的。

翻开尘封的档案，我们看看当年的葡萄牙舰队统领莱奥内尔·德·索萨给葡萄牙王子写的信函内容。

莱奥内尔·德·索萨本人并未亲自与汪柏商谈，因为他是舰队的统领，按规定不得弃船登陆。不过，他曾与一位“已被提名荣升海道”“上船抽税的官员”欢宴船头。这位荣升海道的官员，显然就是汪柏了。具体操办此事的人是谁呢？信函显示，是索萨船长委托的“正人君子”西蒙·德·阿尔梅达（Simão de Almeida）及一名“穿针引线的正派商人”。

这个“正人君子”西蒙·德·阿尔梅达长袖善舞，精通与华人打交道之术。此人不但负责与中国官员接触，商谈通商事宜，对各级官员的打点费用也由他自掏腰包。索萨船长在信函中向葡萄牙王子报告：“我还得知他曾向海道手下人及官员送礼……”[①]

向明朝官员送礼，看来已是一种定例。汪柏与葡萄牙使者会面，也会收下见面礼，价值不得而知，但无千两之明数。起码，葡萄牙人内部也没有提及这份“见面礼”到底是什么、价值多少。

不过有一点可以肯定，汪柏并非收了葡人贿赂才允许他们登岸定居，二者之间没有因果关系。在当时的特定条件下，葡人就

---

① 金国平：《莱奥内尔·德·索萨与汪柏》，载《中葡关系史地考证》，澳门基金会，2000，第40页。

算没有送礼，汪柏也必须遵照朝廷旨意，让他们登岸做生意。

现在我们可以推断出一个结论：不能将葡人入居澳门简单归咎于汪柏受贿，事情远非这么简单。形成“葡人入居澳门”这一历史事实，原因是复杂多样的。汪柏的确是个关键人物，但明朝初年厉行海禁，他上头还有朝廷，轮不到他胡来，更不是一千两银子就可以“开埠”的。汪柏胆子再大，就算收了贿赂，也不敢擅自做主，把澳门“租借”给外国人。

因此，“行贿说”不能成立。

“协定说”同样难以令人信服。以当时葡萄牙在远东的军事实力和经济实力而言，固然不可能凭借武力“征服”中国，连朝贡资格也不受明廷认可。既然是这样，他们凭什么与堂堂大明王朝订立外交和贸易的协定？

美国学者查·爱·诺埃尔（Charles E. Nowell）在总结葡萄牙在东方建立霸权的情形时认为，“部分是靠武力征服，部分是靠外交手腕”。他的话似乎蕴含着两重意思：除了靠武力，1557年“澳门开埠”则是中葡外交协商的结果。

以葡萄牙当时的实力，不足以“征服”中国；而外交协商也需要有足够的实力支持，葡萄牙人到底凭借什么作为外交谈判的筹码？

关于澳门开埠，《广东通志》记载：

> 夷船停泊，皆择海滨地之湾环者为澳。先年率无定居，若新宁则广海、望峒，香山则浪白、濠镜澳、十字

> 门，若东莞则虎头门、屯门、鸡栖。嘉靖三十二年，舶夷趋濠镜者，托言舟触风涛缝裂，水湿贡物，愿暂借地晾晒，海道副使汪柏徇贿许之。时仅棚垒数十间，后工商牟奸利者，始渐运砖瓦木石为屋，若聚落然。自是诸澳俱废，濠镜独为舶薮矣。①

16世纪中到过澳门的费尔南·门德斯·平托，在他所撰的《远游记》第221章中有这样一段话，简介了葡人入居澳门的过程：

> 第二天早晨，我们自上川岛出发。太阳落山时抵达往北六里格处的另一岛屿。该岛名为浪白澳。其时葡人与华人在岛上交易，直至1557年广东官员在当地商人的要求下，将澳门港划给了我们做生意。②

广东官员“在当地商人的要求下”，就能将澳门港划给葡萄牙人做生意？这简直就是开玩笑。

这种没有根据的“协定说”，同样不能成立。

---

① ［明］黄佐纂修：《（嘉靖）广东通志》。

② 金国平：《Macao、Macau诸名考异》，载《中葡关系史地考证》，澳门基金会，2000，第2页。

『香料说』

在15至16世纪的国际贸易中，用途广泛的香料是极其重要的商品，龙涎香则集中国宫廷万千宠爱于一身。

龙涎香是一种固态蜡状的可燃物质，燃烧时产生独特而持久的香气，令人心旷神怡。龙涎香的英文名称为Ambergris，在欧洲又有“灰琥珀”“琥珀香”“撒克”或“黄色的香料”等多种名称，被用作香水的定香剂。龙涎香又是一种名贵的中药，可治疗咳喘气逆、心腹疼痛等症。作为一种极为珍贵的药材和香料，龙涎香最早的记录可追溯至汉代，属于朝贡御用之物。

所谓的龙涎香，其实是抹香鲸无法消化而吐出的异物。抹香鲸喜欢吃深海中的巨乌贼，乌贼的肉质柔软，颚片和内骨骼却难以被消化，通常会残留在抹香鲸胃中。这些不容易消化的食物残渣，会被抹香鲸肠道中分泌的物质包裹起来，时间久了，累积的分泌物体积越来越大，最终被排出鲸的体外，这就是龙涎香的由来。

15世纪末欧洲国家开启“地理大发现”，远航船队穿梭于欧亚之间，找到龙涎香的机会大增。当时的澳门是东西方海商进行国际贸易的交汇处，商人们知道这种海上垃圾般的物质竟与黄金等价，就千方百计搜罗，然后运到能卖出最高价钱的澳门贩卖。

龙涎香之所以能在澳门卖出高价，皆因朝廷在澳门以北的香山县其他地区设有验香所和常驻的官员。香山验香所的唯一职能，就是收购龙涎香和其他宫廷所需物资，并检验其品质优劣与真伪，然后押运往京城。

明代到过澳门的文学家汤显祖，其名著《牡丹亭》中就有一首《香山验香所采香口号》：

不绝如丝戏海龙，大鱼春涨吐芙蓉。千金一片浑闲事，愿得为云护九重。

文内的“大鱼春涨吐芙蓉”，正是形容抹香鲸如何吐出龙涎香。题目中的“香山验香所”则指向明廷在香山设置的购香所，其负责采购宫廷所需的龙涎香和其他香料。“验香所”为什么设在香山？因为其设置地距离澳门很近，葡萄牙人在海上捞获龙涎香，或在其他地方搜购得这种明朝宫廷所需的香料，就会通知香山验香所的官员见面交易。

可能有人会问：物以稀为贵，那中国海域又是否出产龙涎香呢？

其实，中国海域并非没有抹香鲸，只是能遇上的机会非常少。因为抹香鲸是群居动物，生活在1000米以下的深海区，极少游近浅海。我国古代渔民作业通常在沿海浅水区域，没有必要花上几天时间到外海捕捞鱼虾，接触到抹香鲸的机会微乎其微。况且抹香鲸不在中国人的食谱上，受捕捞技术限制，当时也无法捕杀这种体型庞大的鲸鱼。当然，更没有中国人会专门驾船到外海，冒着极大风险去寻找抹香鲸吐出来的这种异物。

相对而言，远航的船只更有机会捞到龙涎香。在印度、古晋[①]、马六甲等地海上作业的渔民或海商，也有可能捞到龙涎香。基于市场规律，这样贵重的商品，最终还是流向需求量大而且出得起大价钱的目的地——香山验香所。

1554年10月13日，嘉靖帝命户部购入龙涎香。“世宗喜用龙涎香。查是香出苏门答剌国，西有龙涎屿，峙南巫里（Lamuri）大洋之中……每一斤值其国小银钱一百九十二枚，准中国铜钱九千文。”[②]《印度香药谈》中说：龙涎香在华人中价值连城，是葡萄牙人将龙涎香贩往中国的。1斤合20盎司，可售1500克鲁扎多。华人说此物对同妇女交欢具有特效，可健脑补胃。[③]

据《明世宗实录》载：“嘉靖三十四年三月，司礼监传谕户

① 古晋，今马来西亚沙捞越州首府。——编者注

② ［明］朱国桢：《大政记》。

③ 吴志良、汤开建、金国平主编：《澳门编年史》，广东人民出版社，2009，第100页。

部取龙涎香百斤，檄下诸番，悬价每斤偿一千二百两，往香山澳访买，仅得十一两以归。”[①]明嘉靖三十四年即1555年。笃信道教的嘉靖皇帝为求长生不老，广觅龙涎醮制“万岁香饼”，内府奉旨远赴闽粤访买。宫廷要求户部提供一百斤龙涎香，而且出至每斤一千二百两银子的天价，却只买到不足一斤[②]。由此可见，海禁措施不但赶绝了夷商，也掐断了宫廷急需用品的货源。

在香山设立验香所，本是为了满足皇帝及宫廷所需。故此，购买龙涎香已不再是普通的交易，而是关系到最高统治者的个人健康利益。在海防安全和皇帝龙体康泰之间，朝廷有条件地选择了后者。

16世纪三四十年代，东南亚主要国家或遭占领，或是政局动乱，加之中葡商人走私贸易猖獗，加速了传统朝贡贸易的式微，致使广东“市井皆萧然”，地方财政严重匮乏。朝廷在闽粤觅购龙涎香“久之无所得”。于是主事王健提议，“宜于海舶入澳之时，酌处抽分事宜，凡有龙涎香投进者，方许交商货买，则价不费而香易获，不必专官守取”。[③]此建议得到朝廷的允准，并责令“广东抚按官于沿海番舶往来处所设法寻买，并将海船抽税事宜议奏”。明朝政府在广东沿海实施有限度的开海政策，对于葡

① 《明世宗实录》卷四五四，嘉靖三十六年十二月己未条。

② 明朝十六两为一斤，一斤大约相当于现在的596.8克。——编者注

③ 《明世宗实录》卷四五四，嘉靖三十六年十二月庚辰条。

商的禁例也开始松动。[①]

在上述一连串商业流程中，澳门充当了极其关键的集散地角色。

香山验香所是直接为朝廷服务的，代表的是最高统治者的利益。为了方便采购龙涎香等御用物资，征得朝廷同意后，有条件地把澳门作为葡萄牙人的定居点，这似乎是顺理成章的事情。

可是，这是汪柏允许葡人居澳的关键性因素吗？

朝廷实行海禁政策，严重影响了沿海民商的生计，也断绝了地方政府的一项财源。从海上国际贸易中抽税，对广东地方政府而言，一直都是相当重要的收入。他们不敢为了地方税收而要求朝廷放宽海禁，不过，为了方便替宫廷采购龙涎香和其他御用物资，而允许葡萄牙人暂居澳门，则是一个挺不错的理由。而更关键的一点，是葡萄牙人勾结中国沿海的海盗、倭寇，对海防安全造成巨大的隐患。为了拆散这一联盟，加上采购龙涎香和其他宫廷用品、增加贸易税收等附加因素，明朝政府才最终决定让葡萄牙人居澳从事国际贸易（详见下节的“打海盗说”）。

我们再看看当时的澳门，只不过是南海边陲的一个小渔村，既不接近中原腹地，军事上也无险可守。朝廷只需在前山驻扎一支千人左右的军队，加强海防，并扼住陆路咽喉要道，便可保万全了。

---

① 陈文源：《明朝中国海商与澳门开埠》，《中国史研究》2018年第2期。

基于这样的考虑，明朝政府允许葡萄牙人暂居澳门。

在这个过程中，明朝政府的海道副使汪柏，充当了一个上传下达的角色。葡萄牙人不知就里，还向他行贿重金，要求这位官员给予他们在澳门居留的便利。早已洞悉朝廷旨意的汪柏，收下葡人重礼之后心中暗笑，顺水推舟地答应了葡萄牙人的请求。

如未得到朝廷的同意，汪柏这个小小的地方官，怎敢冒着违反朝廷禁令的风险，不但开放海禁，还让外国人入居香山澳？

“香料说”虽然有一定根据，但明朝宫廷不可能单纯为购买香料，就轻易放宽海禁这一国策。还有，为什么只对葡萄牙人放宽政策而且允许他们在澳门定居，却没有对其他国家的商人放宽政策？

『打海盗说』

我们应该承认，即使没有中方的正式文件，“打海盗”仍是明朝政府允许葡萄牙人合法居澳的关键性因素。

凭葡萄牙海商船队的火力配置，打海盗的确是绰绰有余。可是，中国史料却没有葡人协助明廷打海盗的记载，更没有葡人因打海盗而获得澳门居留权的证据。相反，却有大量关于葡萄牙海商勾结海盗的史料。葡萄牙人自己的“打海盗说”也有很多漏洞，没法自圆其说。从16世纪中叶到19世纪中叶这三百年间，葡萄牙人虽然对外宣称“澳门是中国皇帝为酬谢他们打海盗赏赐给他们的”，但每当中国官方因为他们的不安分之举而对他们采取严厉制裁措施，如封锁澳门、停止贸易、断绝接济，甚至威胁要驱逐他们出澳门时，无论是葡萄牙人自己，还是他们的“高参”和在北京的“外交代表”——在北京供职的耶稣会士，都不敢说澳门是中国皇帝赏赐给他们的。19世纪30年代末中英冲突初期，英国人向澳葡当局寻求庇护时，澳葡当局也坦言相告：澳门的主人是中国皇帝，没有北京朝廷的谕旨，葡萄牙人不敢，也无权收留英国人。[1]

由此可见，“澳门是中国皇帝为酬谢他们打海盗赏赐给他们的”这一理由，只是葡萄牙人自己的说法。如果有皇帝诏书或官方批准文书，他们早就拿出来了。

葡萄牙人定居澳门之前，不少人亦商亦盗，曾与明军交过多次手，朝廷还明令禁止与葡萄牙人交易。葡萄牙人在广东混不下去，这才转移到浙江和福建沿海，但又因勾结倭寇和海匪劫掠行商，被明军采取军事行动驱逐。可见，在明军眼里，这些葡萄牙人就是海盗。

让葡萄牙人帮助打海盗的说法，主要来自葡萄牙学者。

为了和中国人做生意，葡萄牙人往往混迹其他外国使团之间，冒充其他国家商人从事贸易。中国人难以分清哪些是葡萄牙人，哪些是荷兰人或阿拉伯商人，葡萄牙人便常常蒙混过关，赚得盆满钵满。

部分西方学者认为，葡萄牙人获明朝政府准许在澳门定居，是因为葡人曾协助朝廷打海盗。例如1621年，澳门圣保禄学院院长、耶稣会士卡布列托尔·德·马托斯（Gabriel de Matos）

---

① 黄庆华：《中葡关系史（1513—1999）》，黄山书社，2006，第4页。

声称：

> 官员将此港（澳门）给他们进行贸易。几年来，他们已了解到这些商人为守本分、诚实之人，所以允许他们入广东贸易。葡萄牙人为中国立下的汗马功劳确认了澳城其港、其地的让与。这汗马功劳便是歼灭了一股骚扰广州的剧盗。为此目的，他们（华人）将葡人迁徙至距广州较近的这一港口。对此，本澳较年长的居民言之凿凿。①

1613年，广东海道接报指澳门葡人私筑城墙及炮台、收留倭寇、买卖华人子女，违反明朝法律。这位海道便率大批明军从两侧包围澳门，并派出大量船只封锁海上通道，还向澳门葡人下达了一道手谕，列出五条禁令：

> 一、禁蓄养倭奴。
>
> 二、禁买当地男女。
>
> 三、禁兵船骗饷。
>
> 四、禁接买私货。
>
> 五、禁擅自兴作（建筑）。

---

① 金国平：《“海盗说”溯源》，载《中葡关系史地考证》，澳门基金会，2000，第65页。

澳门兵头若昂·库尼亚见势头不妙，连忙召集澳门葡人到议事亭商讨对策，最后决定由熟悉华情的劳伦索·卡瓦略出面，以万分恭敬的语气给中国官员回话。在辩解之余，他特意提到葡萄牙人当年帮助明朝打海盗的功绩：

> 六十多年来我等被视若中国子民，遂得以安居乐业、成家立室、养育子孙。我等从未有违王法之举。从前，一名叫Charempum Litauqiem的海盗与该省的官员及国王作对。他犯上作乱，准备夺取广州。于是，中国官员招我等前去与他们并肩作战。我们出银两、人手、船只与军火。敌众我寡，但我等毫无畏惧，奋不顾身杀敌，将其全歼并俘获九艘船只。我等将船上俘获之物如数上缴官员。后王室大法官获一冠帽、通事获一银牌奖赏。因此，我等颇受敬重，加上我们的功劳，向来将我们视为良民。我等丰功伟绩在官员处有稽可查。[①]

1613年时所说的“六十年前”，应该是1553年左右。在明朝大军水陆两路一起进逼的危急形势下，相信葡人不会无中生有、邀功免灾。所以，这段史料有一定可信性。

在葡萄牙历史文献中，“打海盗说”可谓俯拾皆是，成为一

---

① 吴志良、汤开建、金国平主编：《澳门编年史》，广东人民出版社，2009，第327页。

种主流观点。

既然如此，我们不妨看看当年在广东水域发生过什么事情。

葡萄牙人在浙江及福建沿海的贸易据点被摧毁后，折返广东上川，伺机再次入华贸易。葡萄牙人在上川与海盗为伍，相互庇护：盗寇有求于葡人的精锐火器以壮胆，葡萄牙人则需盗寇壮势，二者形同狼狈。

提起葡萄牙人“打海盗”，其实十分讽刺，因为葡人曾与海盗为伍，包括著名的匪首何亚八。据史籍《天下郡国利病书》记载：“贼首何亚八、郑宗兴等纠合番船前来广东外洋及沿海乡村肆行劫掠，杀掳人财，拒伤官兵。”①

为了剿灭横行一时的何亚八匪帮，明朝广东政府决定“分而治之”，对拥有精锐火器的葡萄牙人采取“抚”，答应让他们来华通商。对何亚八匪帮，则全力清剿。这实质上是一出离间计，把外来的葡人和本地海盗分拆开来，然后集中力量对付何亚八匪帮。

葡萄牙人火器精锐，与地头虫匪帮联手，实在不易对付。何况葡萄牙人万里迢迢来华，无非是为了寻找贸易机会；只要答应让他们通商，这些葡人自然不再与何亚八之流为伍。

明嘉靖三十三年（1554），何亚八匪帮又进入广东打劫。两广总督鲍象贤遂命海道副使汪柏为总指挥，指挥王沛、黑孟

① 转引自金国平：《莱奥内尔·德·索萨与汪柏》，载《中葡关系史地考证》，澳门基金会，2000，第47页。

阳等统领兵船为东、西哨，随往剿捕。西哨兵船在广海卫三洲湾（上川岛）附近击败何亚八，斩首一百余级，指挥王沛生擒何亚八。[①]

据《明世宗实录》记载：明嘉靖三十三年八月二十七日，因平定东莞巨盗何亚八集团有功，海道副使汪柏升俸一级，指挥王沛赏银十两。[②]

由此可知，汪柏既是允许葡萄牙人入居澳门的谈判代表，又是剿灭何亚八匪帮的军事行动总指挥，这绝非偶然。何亚八匪帮在广东沿海肆虐已久，明军一直拿他们没办法，为何这时突然神勇起来大获全胜？如果说汪柏离间葡萄牙人与何亚八在先，指挥剿灭何亚八在后，获胜的关键就不难找到了。

那么接下来的问题是：汪柏率领明军进攻何亚八之际，葡萄牙的武装商船在哪里？有没有参战？帮的是哪一方？

据索萨船长给葡萄牙王子的信函透露：当时他正率众船停泊“上川诸岛”，故上川岛当时停驻了很多葡萄牙的武装商船。有人认为，上川岛之战亦是因为有葡萄牙武装商船的参战，遂能将强大的何亚八集团击败。但到目前为止，尚未在汉语文献中发现葡萄牙人直接参与平剿何亚八行动的资料。可以肯定的是葡萄牙武装商船在明军剿灭何亚八的军事行动中，即

---

① 吴志良、汤开建、金国平主编：《澳门编年史》，广东人民出版社，2009，第90页。

② 《明世宗实录》卷四一三，嘉靖三十三年八月己未条。

使没有与明军共同“捣贼巢穴”，调转炮口对准昔日的盟友，至少也没有帮助何亚八。否则，难以解释汪柏率领的军队为何如此顺利获胜，也难以解释朝廷为何在葡人居澳问题上突然来了个一百八十度的转变。

世界上没有永久的朋友，也没有永久的敌人。何况，葡萄牙人面对的是巨大的商机。

明崇祯元年（1628），澳门议事会“委黎多”（理事官）完成的呈崇祯皇帝的《报效始末疏》中，有一段很重要的话：“迨至嘉靖三十六年，历岁既久，广东抚按乡绅悉知多等心迹，因阿妈等贼窃踞香山县濠镜岙，出没海洋，乡村震恐，遂宣调多等捣贼巢穴，始准侨寓濠镜。”明嘉靖三十六年（1557）是明朝允许葡萄牙人定居澳门的年份，葡人这份《报效始末疏》提到这件七十多年前的旧事，表明葡人曾参与“捣贼巢穴”，朝廷始准他们“侨寓濠镜”。[①]

这时，何亚八匪帮早已灰飞烟灭，葡萄牙人打的当然是另一帮海贼。“委黎多”《报效始末疏》提到的“阿妈等贼”，著名学者汤开建教授认为，很可能即是指一批信仰“妈祖（天妃）”女神的福建海盗（或盘踞阿妈港的海贼）。因为这批占据濠镜澳的海盗供奉的神像是阿妈（Ama）女神，故葡人将他们称为“阿

---

① 吴志良、汤开建、金国平主编：《澳门编年史》，广东人民出版社，2009，第415页。

妈贼”。[1]

1628年，澳门议事亭上书葡西联合王国国王费利佩三世（Felipe Ⅲ）说：澳门或称天主圣名之城议事亭，通过它的理事官克里斯托万·费雷拉（Cristóvão Ferreira）——战时曾多次出任守备司令，尤其在1622年击溃荷兰人的战役中出任指挥，和平时曾任“委黎多”及出使日本大使——禀呈国王陛下，因该城居民于1557年击溃一横行中国沿海的漳州巨盗，所以从伟大中国国王处获一“Chapa（金札）”，将他们现居住的港口及地赐给了他们。[2]

汤开建教授认为，澳门议事会文件指的“漳州巨盗”，当即《报效始末疏》中的“阿妈贼”；澳门议事会文件称葡人击败漳州巨盗的时间为1557年，《报效始末疏》称，明嘉靖三十六年，葡人捣毁盘踞濠镜的“阿妈贼”的巢穴；澳门议事会文件称中国国王把澳门这个港和地区赐给他们，《报效始末疏》称“始准侨寓濠镜”，并没有称是中国皇帝的准许，以前引文字推测，则应是广东地方官员的准许。如果是中国皇帝准许葡萄牙人“侨寓濠镜”，就不会有明万历九年（1581）两广总督陈瑞上任时，还“因葡萄牙人无国王的准许便在中国港口定居而勃然大怒”。但是，在接到礼物后，陈瑞又说：“该地一切均可照旧。”这一切均可说明1557年

① 汤开建：《委黎多〈报效始末疏〉笺正》，广东人民出版社，2004，第5页。

② 汤开建：《委黎多〈报效始末疏〉笺正》，广东人民出版社，2004，第52页。

准许葡人居住澳门的只是广东地方政府，并非中国皇帝。[1]

梳理至今，“葡人居澳”之谜逐渐揭开了。

明廷“以夷制夷”之策

还有很多葡文文献，都把“打海盗”作为葡萄牙人入居澳门的法理依据，同样没有确证。不过，葡萄牙人拥有先进的火炮，在海战中往往占有很大优势；明朝政府禁止葡人来华贸易，就等于把他们赶到走私集团和海盗一边，加剧了中国海防治安恶化。

明朝政府采取“分而治之”的策略，关键是满足了葡人的通商利益，起码让他们保持中立。这样一来，明军得以集中力量对付何亚八等匪帮，无须顾忌葡人的炮火。虽未有确证证实葡人对昔日的盟友反戈，但面对明军大举进击，葡人的袖手旁观大大削弱了何亚八集团的力量。明军得以迅速剿灭多个海盗集团，达到平靖海疆的目的。作为补偿，明朝广东政府放宽了对葡人的厉禁措施，允许他们从上川移到接近澳门的浪白澳从事贸易，最后进入澳门定居。

这样的解释似乎更加合理，能同时揭开多个历史谜团。

---

① 汤开建：《委黎多〈报效始末疏〉笺正》，广东人民出版社，2004，第52页。

剿匪、抽税、龙涎香，明廷一举三得

综上所述，葡萄牙人入居澳门，并非单凭行贿、买卖香料、协助明廷驱赶海盗或外交协商，就可以成事的。综合因素而非单一因素起作用的可能性似乎更大些。

“打海盗”是其中一个关键因素。

明廷当时急于清剿何亚八匪帮，为了拆散何亚八与葡萄牙人的军事联盟，承诺让葡人通商。汪柏出面与葡萄牙人洽商，既是履行中方的承诺，也符合朝廷的政治及军事利益。无论汪柏有没有受贿，都不是造成葡萄牙人入居澳门的决定性因素。然而，在这一过程中，身为朝廷命官的汪柏收受葡人厚礼或重金，虽然没有枉法，却留下数百年的骂名。

明朝政府允许葡人居澳，还有一个重要的经济原因，那就是贸易税。众所周知，“番税”为广东地方财政及军饷的重要来源，海禁政策断了这条财路，影响了沿海民商生计。更糟糕的是，这就把葡萄牙人推到海盗集团一边，令本已不平静的海防平添变数，地方军费负担剧增。除此之外，由于禁海和驱逐葡人，朝廷所需的龙涎香和其他舶来品都没了来源。

要解开这个死结，上上之策便是抚夷通商。在得到朝廷的授意之后，汪柏只是和葡萄牙人接触了一两次，就达成了葡人移居澳门并通商的协议，完成了朝廷交付的使命：为广东地方政府增加税饷且得以购入宫廷所需的龙涎香；既平定了何亚八匪帮，又令拥有犀利火炮的“澳夷”降伏纳贡。

这正是“一子落，满盘皆活”。

当然，做出这一明智抉择的不仅仅是汪柏，他只不过是出面与葡萄牙人洽谈具体事宜的广东地方官员。他与莱奥内尔·德·索萨见面后，可能还暗中得意：轻而易举就“摆平”了葡萄牙人，完成了朝廷的使命，自己还获得一笔厚礼。

那么，莱奥内尔·德·索萨与汪柏之间有无所谓的“秘密协议”呢？对此，莱奥内尔·德·索萨本人在信中有十分明确的答案：

至于此次议和，我未与他达成任何税率或协议，因为国王给我的规定中无此内容。商议的结果是，我们必须遵照习惯按百分之二十纳税并按国王的恩准在华完纳。至于上述百分之二十的关税，我只同意支付百分之十。海道答复我说他无法压低税率，因为这是皇帝规定的税则。此问题，他需禀报朝廷。[①]

汪柏在纳税百分比问题上尚需请示朝廷，在允许葡萄牙人入居澳门这样事关重大的问题上岂敢擅作主张？所以，拨开历史的迷雾后，可以否定“海道副使汪柏徇贿容许葡人居澳”的片面说法了。

汪柏代表明朝地方政府出面，与葡方代表索萨的间接接触，首先遵从了剿灭广东海盗何亚八集团的政治军事韬略，其次是满足嘉靖皇帝寻购龙涎香的需要，再次是有利于增加广东地方贸易税和解决军饷问题。

至于广东海道副使汪柏有没有收受葡萄牙人的厚礼或重金？至今为止，史料上都找不到确凿的证据，更无“一千两”的出处。但可以断定的是，汪柏并非收取了葡萄牙人贿赂之后才让他们居澳，他根本没有这样做的权限，也没有这样做的胆量。

明朝政府批准重开海禁之时，贸易地点并不是澳门，而是澳门以西30多公里的浪白澳。对中外海商来说，浪白澳不是一个理想的贸易地点。首先，这里距广州太远，交通不便，沿海又有海盗及倭寇出没，威胁商旅；其次，广东夏秋两季常有台风，对船舶往来不利；再次，浪白澳是个荒僻的海澳，“水土甚恶”，粮食、蔬菜和淡水供应远不如繁华都市，而且也没有可供居住的房

① 金国平：《莱奥内尔·德·索萨与汪柏》，载《中葡关系史地考证》，澳门基金会，2000，第39页。

屋，外国商人和海员难以久驻。所以，外国海商都希望将香山县南端的濠镜澳，即澳门作为较理想的贸易地点。[①]

浪白澳与澳门距离不远，都是珠江口西岸的岛屿。让葡人居澳，对采购龙涎香和经贸反而有好处，所以更换地点也没费什么周折。

最后要指出的是：明嘉靖三十三年（1554）剿灭何亚八集团后，葡萄牙人与其他各国商人并未获得进入澳门居住的权利，只能在澳门港做生意，顶多可以搭篷作临时贸易点。明嘉靖三十六年（1557）葡人帮助广东政府驱逐了“窃踞香山县濠镜岙”“出没海洋，乡村震恐”的“阿妈等贼”（漳州巨盗老万集团）后，葡萄牙人才正式获得“始准侨寓濠镜”的特权。[②]

葡萄牙人虽然获准在澳门居住，但明朝政府对葡人进入内地活动仍有不少限制。自明嘉靖三十三年（1554）对葡商开放广州贸易以来，时断时续，隆庆末年以来一直对葡商开放；明万历八年（1580）以后，每年开放两次。早年的交易会，葡人到广州贸易出入受到严格的盘查，且要遵从非常严格的管束。明天启以后，澳门葡人不断加紧澳门城垣和炮台的建设，虽几经拆毁，但至明天启六年（1626）时，澳门的军事防御体系完全建成。中国地方官员一直怀疑澳门葡人修建城垣和炮台是准备在中国扩张领

① 费成康：《澳门四百年》，上海人民出版社，1988，第12页。

② 汤开建：《委黎多〈报效始末疏〉笺正》，广东人民出版社，2004，第57页。

土，对葡人经常性且规模越来越大地进入广州市场参加贸易之举深表忧虑。有中国官员反对葡商在广州的贸易，甚至提出葡人不要到广州贸易，全部贸易应在澳门进行。[①]

然而，明朝皇室此时正集中精力处理来自北方的军事威胁，无暇南顾葡萄牙人这些小事了。

---

① 吴志良、汤开建、金国平主编：《澳门编年史》，广东人民出版社，2009，第437页。

“海上敦煌”

- 朝贡贸易
- 夷夏之分
- 葡人觐见一波三折
- 中西文化交流重镇
- 天朝异化之角

15至16世纪的欧洲，出现了文艺复兴、启蒙运动和商业革命，促进了封建主义的解体；开始了远洋航行和殖民扩张，进行原始的资本积累。葡萄牙人远航来华，是在郑和七下西洋之后。此时西方工业革命尚未兴起，中外经济、科技和军事的差距还不是那么大，中国的国力依然强盛。中国封建统治者的闭关锁国，防备的不是欧洲人，而是倭寇、海盗和反叛势力。

明嘉靖三十六年（1557），汪柏代表明朝政府允许葡萄牙人在澳门居留，这是瓦解广东海盗集团与葡人勾连的政治韬略下的举措，显示明廷首要打击的是何亚八海盗集团。

这段时期，中西文化正迫切需要冲破重重藩篱与阻隔实现交流会通。澳门作为中西交往的重要桥梁、海上丝绸之路的重镇，除转口来自五洲四海的商货外，更突破了当时封建统治阶级闭关锁国的政策。中西文化跨越数万里海疆，在珠江口的澳门汇聚一堂，加深彼此间的了解和认识，形成“西学东渐，东学西传”的人文奇观。澳门所发挥的作用，是其他地区所难以比拟的。

朝贡贸易

葡萄牙人越洋来华，是为了做生意，明朝统治者却对国际贸易没有兴趣。

封建王朝重农轻商，认为商人唯利是图、贪财薄义，故此，商人的社会地位低下。这一点也可从古代史看出端倪，自司马迁的《史记·货殖列传》以后，正史中便再也没有商人的地位了。葡萄牙人东来寻求贸易机会之际，我国封建主义仍在全盛时期，加上明朝闭关锁国的海禁政策，他们刚开始就难免碰一鼻子灰。

在当时特定的社会环境下，外国人和中国人贸易只能私下进行，也就是走私贸易。若要和朝廷接触，除非是进贡，以博取赏赐。在打开中国市场的过程中，一些乖巧的外国商人发现：中国的统治者对做买卖没有兴趣，却很喜欢外国人向皇室进贡，营造“万邦来朝”的盛世景象。朝廷收取了外国商人的贡品之后，通常会赏赐一些绫罗绸缎、瓷器、漆器、茶叶和手工艺品等，这些皇室馈赠礼物的价值，往往超过他们在普通贸易中所得的利润。这样的“朝贡—赏赐—回赠”，实际上已形成了一种贸易关系，人们把这种奇特的贸易称为“朝贡贸易”，又称为贡舶贸易、市舶贸易。

此外，向中国宫廷进贡之后，外国商船如有剩余的货品，中国官府还会允许他们就地出售，购买或换取中国的货物带回去。

一来二去，聪明的外国人很快就脑洞大开：咦，这不就是变相的开港贸易吗？对于这种特殊的商品流通方式，高高在上的中国统治者固然乐于接受，获得实惠的外国“朝贡者”同样高兴得合不拢嘴。

朝贡贸易不是欧洲人发明的，早在15世纪末葡萄牙人抵达印度之前，亚洲各国商人已经懂得这种贸易营利方式。明朝政府不仅准许各国“贡使”的船只来华进行贸易，而且免抽货税；随同“贡使”来华人员所携带的其他私货，也准其与官民交易并且享受各种优惠。

夷夏之分

为什么有生意不做，偏要外国人先进贡、再领赏呢？这不得不从我国的文化特征讲起。

中华文明源远流长，在其形成过程中，产生了一种华夏民族优于夷狄的观点和夷夏之分的传统文化心态。西周初年，天子所居之地称为“中国”，也就是“中央之国”。在《禹贡》中，把中国分成九州，由王都向外，以距离远近依次分为甸、侯、绥、要、荒五服；描绘出“五百里甸服，五百里侯服，五百里绥服，五百里要服，五百里荒服”的治理框架。据此，建立起“中原是文明中心，九州是文明范围”的理论。自从秦统一中国后，“朝”“贡”等概念更成为对外关系的基础。[1]

---

① 万明：《中葡早期关系史》，社会科学文献出版社，2001，第2页。

所谓的华夏和夷狄，不仅仅是民族和地域划分，而且是文化高下之别。《礼记·王制》：“东方曰夷，被发文身，有不火食者矣。南方曰蛮，雕题交趾，有不火食者矣。西方曰戎，被发衣皮，有不粒食者矣。北方曰狄，衣羽毛穴居，有不粒食者矣。”华夷之辨，是以周文化为标准来衡量其他民族的文化，由此确立周文化的崇高地位。于是，以文化价值而非仅以权力作为基石，华夏独尊、中华大一统的思想由此牢固树立，一直深刻地影响后世。[①]

这种中华大一统的文化意识，使中国古代统治者将所有“夷狄蛮戎”全都纳入诸侯国或藩属国。既然“溥天之下，莫非王土；率土之滨，莫非王臣”，那么，“四夷归附”纳贡称臣，就是天经地义的事情了。建立封建王朝以来，中国对外关系主要建立在朝贡关系上，这一国际关系体系的内围是朝鲜、越南、日本等汉文化圈，外围则是其他周边国家和海外国家。

明太祖朱元璋挥师北伐中原时，在檄文中明确宣布：“自古帝王临御天下，皆中国居内以制夷狄，夷狄居外以奉中国。”这就是用儒家的天下观，为明王朝的建立提出了理论根据。所以，明初沿袭历朝中外关系的朝贡模式，要求海外诸国一如既往入明朝贡，膜拜称臣，由明朝皇帝册封、颁予印绶。

朱元璋的《皇明祖训》还列出15个纳贡称臣的“不征之国”，明确子孙后代不与其交战。这15个“不征之国”，实际上

① 万明：《中葡早期关系史》，社会科学文献出版社，2001，第2页。

就是当时已知的全部海外国家，朱元璋在《皇明祖训》中按方位逐一把它们列出来：朝鲜国、日本国、大琉球国、小琉球国、安南国、真腊国、暹罗国、占城国、苏门答剌国、西洋国、爪哇国、湓亨国、白花国、三佛齐国、渤泥国。[①]

明朝政权巩固下来后，沿袭前朝设置市舶提举司，专门掌管海外各国朝贡市易之事。据记载，洪武时海外各国与中国往来的“凡三十国”。明初将海外贸易固定在朝贡的形式下，官方朝贡贸易成为国际贸易的唯一通道：“是有贡舶，即有互市；非入贡即不许其互市矣。”[②]

也就是说，你想进贡还得有资格，没有建立朝贡关系的国家是不允许来华进贡的。

永乐、宣德年间，规模空前的三宝太监郑和七下西洋，最远达到东非海岸。沿途国家和人民见识了强盛时期的华夏文明，郑和船队也把大量奇珍异宝和动植物带回中土，甚至有小国的元首随同船队来华朝拜。由此，不但朝贡贸易达到极盛时期，民间私人贸易也日益兴盛。

在郑和完成第七次下西洋的航行六十五年后，葡萄牙人才绕过非洲南端的好望角，到达欧洲人梦寐以求的东方。

从当地人那里，葡萄牙人听到了关于一个神秘东方大国的

---

① 《皇明祖训·祖训首章》，载［明］张卤辑《皇明制书》下卷，日本古典研究会影印本，1967。

② ［明］王圻纂辑：《市籴考·市舶互市》，载《续文献通考》卷三一。

各种传说，从他们船上许多闻所未闻的货品，到他们的语言和装束，这一切都引起了葡萄牙人浓厚的兴趣。13世纪的《马可·波罗游记》描绘过的极为繁盛的中国，在这些南欧人脑海里愈发清晰起来。他们意识到，自己如今距离中国只有一步之遥！①

葡萄牙人打开东西方新航路不久后，1508年2月，葡王曼努埃尔一世已向探索东方的迪奥戈船长下达指令："要弄清中国人的情况。他们来自哪里？距离有多远？到马六甲贸易的间隔时间有多长？携带什么商品？每年来往商船的数目和船只规模如何？是否当年返回？他们在马六甲或其他地方是否设有商馆和公司？他们是否很富有？性格怎么样？有没有武器和大炮？穿什么服装？身材高矮如何？此外，他们身为基督徒还是异教徒？他们的国家是否强大？"

这时的葡萄牙人还不了解中国，葡王给迪奥戈船长的信，提到中国时也只是用"Chijins"这个名词。直至到达印度之后，葡萄牙人才用"Chins"这个词来称呼中国。②

葡萄牙人到达印度的果阿，开辟了东西方新航道后，1511年，葡萄牙人攻占了马来半岛的满剌加（即今天马来西亚的马六甲）。在这里，他们了解到更多关于中国人的事情，证实了葡萄牙人的许多憧憬。至此，葡萄牙人实际上已打开了通往中国的

① 万明：《中葡早期关系史》，社会科学文献出版社，2001，第16页。

② 万明：《中葡早期关系史》，社会科学文献出版社，2001，第20页。

大门。

后来成为葡萄牙国王派往中国的第一位使臣的托梅·皮雷斯（Tomé Pires），在1511年来到东方，先到印度，再到马六甲，也去过苏门答腊和爪哇。他根据在东方的见闻，在1512年至1515年间写成《东方记》一书。当时皮雷斯尚未直接进入中国，而是根据传闻来描写这个神秘的国度，书中难免有所偏颇，但也印证了欧洲人对中国的一部分想象。最关键的是，皮雷斯是第一位提到中国朝贡制度的欧洲人，让欧洲人了解到以下重要讯息：

> 爪哇、暹罗、帕赛、马六甲的国王，每五年或十年派遣使臣，携带中国颁发的证明文书，去见中国皇帝，并且送去他们国家中最好的礼品……如果他们带去成千的礼物，中国皇帝也会加倍还礼。①

不过，皮雷斯在《东方记》中也给予欧洲人“中国容易征服”的错误印象：

> 中国不以掠夺他国为荣，而它无疑是一个重要的、乐善不倦且又非常富有的国家。由于中国人非常懦弱，易于被制服，所以马六甲总督无须动用许多军队，用征

---

① 万明：《中葡早期关系史》，社会科学文献出版社，2001，第21页。

服马六甲的10艘船，即可将中国置于我们的控制下。[①]

皮雷斯是葡萄牙海外扩张的先驱人物之一，凭借当年发达的航海技术和先进的武器装备，葡萄牙舰队在向东方扩张的过程中，沿途征服了一些非洲国家和亚洲国家，因此他有这样的思维并不奇怪。可是，当他作为葡萄牙国王的使臣踏上中国的土地之后，马上就发现根本不是那么回事。[②]

葡萄牙人没有向天朝进贡的资格，“万邦来朝”不包括这个远方的“蛮夷”。

---

① 万明：《中葡早期关系史》，社会科学文献出版社，2001，第22页。

② 万明：《中葡早期关系史》，社会科学文献出版社，2001，第23页。

葡人觐见一波三折

由于东西方文化的巨大差异，加上语言沟通困难，双方之间缺乏信任，进入中国之后，葡萄牙人碰了一个又一个钉子。

1513年5月，葡萄牙探险家乔治·欧维士受葡印总督阿尔布克尔克委派，率领葡萄牙船队抵达广东珠江口的Tamão岛。为了纪念这次成功的中国之行，欧维士在岛上竖立了一根刻有葡萄牙王室纹章的石柱。由于明朝政府严格的禁海令，欧维士只是在Tamão岛作短暂的停留，进行贸易后随即离去。

这次欧维士虽然不得其门而入，但毕竟踏上了中国的土地，做成了第一笔生意，被视为具有划时代意义的开拓者。此后，葡萄牙国王不断接到各种关于中国讯息的报告，对中国的兴趣越来越浓。1515年，葡萄牙国王曼努埃尔一世决定由葡印总督派遣使臣前往中国，觐见中国皇帝请求通商贸易，这名使臣就是《东方记》的作者托梅·皮雷斯。[1]

这位堪称“中国通”的葡王使臣皮雷斯，为这次中国之行做足了准备功夫，带了五名翻译，还有和平友好通商的国书，以为中国皇帝会热情接待他们，顺利完成东西方通商贸易的任务。

然而，皮雷斯和陪同人员乘坐8艘船组成的船队，由费尔南率领，于1516年2月由科钦出发，在马六甲耽搁了一段时间。经过一番周折，足足花了19个月时间，直至1517年8月15日，才抵达中国珠江口的屯门。驻守屯门的明朝海防官员截住他们查问，葡萄牙人连忙拿出和平友好通商国书，说明此行觐见明朝皇帝的目的，好不容易说服海防官员派出领航员，引领船队溯江而上，驶入广州城。

眼看大功即将告成，船队首领费尔南吩咐船队在桅杆上升起旗帜，并且鸣放礼炮致敬。可是，中国官民不知道这是西方人的礼节，被隆隆的炮声吓得不轻，以为是夷人杀上门来了！

经过一番解释，花费了不少唇舌，中国的官员们方才释除疑虑，允许这班欧洲人入境，安排住在怀远驿。[2]

可是，接下来发生的一连串事件，令中葡之间的“误会”越来越深。

首先是礼仪。

---

① 万明：《中葡早期关系史》，社会科学文献出版社，2001，第25页。

② 万明：《中葡早期关系史》，社会科学文献出版社，2001，第29页。

葡萄牙人声称来华进贡，却不可能一步登天觐见皇帝，首先接触的当然是地方官员。按照天朝礼仪，外国贡使参见中国官员时应该下跪，这是礼仪也是臣子本分。但葡萄牙人不肯下跪，中国官员自然不予接见，还怪罪到通事（翻译）头上，打了二十大板，把所有人赶了出去。后来，广东地方官员把葡萄牙人带到光孝寺学习礼仪，言明不懂礼仪就不予接见。足足学了三日，这班“佛郎机”才勉强单膝跪地及叩头，再度拜会广东官员，并且呈上红珊瑚树、金盔甲、玻璃等礼物。

中国官员问是哪个国家的贡使，通事说是“佛郎机国使臣”。弄明白葡萄牙人的来意后，中国官员查阅《大明会典》，发现进贡国家名单中没有什么“佛郎机国”。这下就麻烦了，必须向朝廷奏准，才能带这帮外国贡使入京觐见。起初，朝廷不愿接见，礼部的处理意见是让他们回国，贡物给价。葡萄牙人眼看即将前功尽弃，便通过名叫火者亚三的翻译贿赂“镇守中贵”，终于“诏许入京”。结果，皮雷斯一行前后在广东滞留了一年之久，才启程赴南京准备觐见明武宗朱厚照。[①]

等到葡萄牙贡使弃舟登陆，千辛万苦抵达南京，明武宗却无意在南京接见他们，让皮雷斯等人先行到北京等候觐见。其间，使团通事火者亚三贿赂皇帝身边的宠臣江彬，由江彬引荐给明武宗。明武宗对火者亚三的兴趣仅仅是此人“能通番汉”，说话有

---

① 万明：《中葡早期关系史》，社会科学文献出版社，2001，第33页。

趣，以模仿他的胡语为乐，却不提贸易通商的事。

直到1521年1月18日，明武宗朱厚照终于返回北京，不料突患重病，就此一命呜呼！

这下子，整个使团都倒大霉了。

皇帝突然病死，新朝在清除了武宗佞臣江彬后，随即又处死了依仗江彬势力骄横不法的葡萄牙使团通事火者亚三，[①]并下令将葡使团“发回广东，逐之出境”。这还不算，葡王贡使皮雷斯一抵达广东就被抓起来，沦为阶下囚；他最终还是没能返回葡国，在广东去世了。

葡萄牙人处处碰钉，究其原因还有他们侵占了马六甲的因素。马六甲原是明王朝在册的进贡国，也就是藩属国，如今被葡萄牙人占领了，明王朝在道义上要对葡萄牙加以指责。

葡萄牙人第一次到中国叩门，就这样以悲剧性的失败而告终。[②]

葡萄牙使团被逐，通事被杀。来华的葡国贸易船队，不断在广东沿海地区与当地官民发生冲突。1522年爆发的西草湾之战，明军“生擒别都卢、疏世利等四十二人，斩首三十五级，获其二舟。余贼复率三舟接战，应恩阵亡，贼亦败遁”[③]。

---

① 依一些汉籍记载，火者亚三系被处死，但也有一些史料记载其为在狱中病亡。——编者注

② 万明：《中葡早期关系史》，社会科学文献出版社，2001，第34页。

③ ［明］张廷玉等撰：《明史·佛郎机传》卷三二五。

由此可知，在此役中葡人伤亡损失惨重。盛怒的明廷为防止葡萄牙人冒充马六甲或安南商人，更将他们连同东南亚使团赶绝，一律不得来华进贡贸易。为此颁旨：“自今海外诸夷及期如贡者，抽分如例，或不赍勘合及非期而以货至者，皆绝之。”“由是番舶几绝。”[①]

这可谓城门失火，殃及池鱼。

此后三十年，葡萄牙人不得不离开广东，转往福建和浙江一带从事走私贸易。

明朝的海禁措施十分严厉，明嘉靖二十九年（1550）颁布的《问刑条例》，以峻法惩处下海通番：将打造违式海船卖与外国人，将应禁军器卖与外国人，将携违禁货物往番国买卖及潜通海贼、劫掠良民的正犯，将私自贩卖硫黄、焰硝与外国人等四种人，均定为死罪。[②]

明朝政府禁绝外国商船，认真执行的只是广东，福建和浙江并未一体严禁。皆因国际贸易双方均有好处，明的不行，就暗中往来，所以无法禁绝。

明正德八年至嘉靖三十二年（1513—1553），这四十年间，葡萄牙人在福建、浙江和广东沿海地区的通商贸易，大多是在官府海巡船只难以顾及的沿海港汊或岛屿，与中国走私贩子暗中

① ［明］张廷玉等撰：《明史·佛郎机传》卷三二五。

② 吴志良、汤开建、金国平主编：《澳门编年史》，广东人民出版社，2009，第90页。

进行。

直到1553年，明廷为了拆散何亚八海盗集团与葡萄牙人的军事联盟，增加国际贸易税饷，并购入宫廷急需的龙涎香，由汪柏出面与葡萄牙人接触，承诺让葡人通商。

这已经是三十年后的事情了。

1553年，葡萄牙人“托言舟触风涛缝裂，水湿贡物，愿暂借地晾晒”，海道副使汪柏与葡国远东舰队首领索萨达成口头协议。葡萄牙人表示服从抽分并每年缴纳地租银500两，明廷允许葡萄牙人互市广州并借居澳门，但不准他们在澳门建造永久性住所。可是没过几年，葡萄牙人不但在澳门兴建砖木结构的永久性房屋，还建起了教堂，成立了澳门议事会这种带有政权性质的“自治机构”，把澳门逐步发展成为一个远东国际贸易中心和天主教传教中心。[①]

至于葡萄牙人如何取得澳门居留权，前面已经提过了，在此不赘。

“服从抽分，缴纳地租银”，这是来华入贡的先决条件，葡萄牙人当然很乐意接受。初步尝到甜头的葡萄牙人，也很愿意继续向中国皇帝进贡礼物，以换取赏赐和贸易机会。随商船来华的传教士，也同样学会了这一招，从欧洲本土千方百计搜购各种西洋新奇玩意，进贡给中国皇帝，博取朝廷批准他们入华传教。不

---

① 黄庆华：《中葡关系史（1513—1999）》，黄山书社，2006，第25页。

过，这已经是后话了。

葡萄牙人的船队装备了洋枪洋炮，在进入中国的过程中，少不了各种原因产生的摩擦，与官兵和地方武装大打出手。可是，打仗的结果令葡萄牙人十分失望，人员死伤、船只和货物受损不说，货物卖不出去，也买不到欧洲人渴求已久的中国特产。

可是话又得说回来，朝廷和官员们更感兴趣的，是来自大西洋彼岸的各种新奇舶来品，诸如钟表、千里眼（望远镜）、香料、珍禽异兽、金银器皿、象牙、犀角等。

葡萄牙人离开澳门到浙江、福建沿海从事走私贸易，被明廷强力镇压驱赶。由于葡人与何亚八海盗集团勾连，从事走私贸易和非法勾当，严重威胁广东沿海地区的安全，明朝地方政府通过汪柏出面与索萨谈判，葡萄牙武装商船在明军剿灭何亚八海盗集团的战事中保持“中立”，导致何亚八兵败被擒，葡萄牙人也如愿以偿，终于取得租居澳门的特许权。

中西文化交流重镇

葡萄牙人定居澳门之后，开始扩展利润巨大的洲际贸易生意。葡萄牙船只运来了琳琅满目的西方商品，带来了天主教和新科技；与此同时，又把丝绸、茶叶和瓷器等中国商品运回欧洲。明廷为了方便采购新奇玩意，允许葡萄牙人在澳门过冬，又在香山设置购香所。

明代文学家、戏剧家汤显祖所撰《牡丹亭》中曾出现的“多宝寺”，即当时的天主教圣保禄教堂，其遗址就是今天人们熟悉的大三巴牌坊。汤显祖在该书中有这样一首《香山验香所采香口号》：

不绝如丝戏海龙，大鱼春涨吐芙蓉。千金一片浑闲事，愿得为云护九重。

“千金一片”指的是当年嘉靖帝寻求长生不老炼丹所需、海内外遍求的方物龙涎香，而此物又是当时掌握海权、较易搜获的葡萄牙人得以踞居澳门的原因之一。正如史学家梁嘉彬所言：“澳门之失，一失于龙涎，二失于鸦片！”故其时在香山设有验香所。据称，汤显祖与利玛窦有过交流，留诗“自言天竺原无佛，说与莲花教主知”，从而开创了中国文人与“西来和尚”交往的先河，也道出了澳门中西并举的城市特质。

葡萄牙人从事的国际贸易属于转运贸易，他们在东方建立起贸易网络，澳门是其中一个重要的转运中心。广州冬夏两季有定期集市，冬季集市上成交的货物，大多数运往欧洲、印度和菲律宾；夏季集市成交的货物，则主要输往日本。中外贸易航线由广州出发，经澳门出海。澳门实际上成了广州的外港，中国的丝绸和生丝等商品从澳门大量出口，经印度果阿输往欧洲，或经长崎运往日本其他地方，也有一部分经马尼拉销往西班牙在美洲的殖民地。[①]

澳门经果阿运往欧洲的商品，主要是中国的生丝、丝绸、瓷器和药材等。其中销路最好、销量最大的是生丝和丝绸。据记载，17世纪有一艘葡萄牙商船经澳门出发驶往果阿，装载的货物之中，有白丝1000担，各色丝绸10000至12000匹。当时在广州，一担白丝的价格是80两银子；运到果阿，每担可卖到相当于200

① 万明：《中葡早期关系史》，社会科学文献出版社，2001，第152页。

两银的当地货币。此外，船上还装载着大量染色的生丝和瓷器，上等的瓷器都会运回欧洲，利润率约100%—200%。[①]

据1635年的一项记载，每年经澳门运往果阿的中国丝约有6000担。[②]《早期澳门史》作者龙思泰也提到："《葡属亚洲》一书断言，他们每年的出口达5300箱精制丝绸，每箱包括100匹丝绸、锦缎和150匹较轻的织物；2200或2500锭黄金，每锭重10两，还有800磅麝香；此外还有珍珠、宝石、糖、瓷器和各种小件物品。"[③]足见中国丝绸在贸易中占有主导的地位。[④]

在日本市场，"若番舶不至，则无丝可织"。可见日本对中国丝的需求量极大。明嘉靖年间，困扰明朝政府的倭寇问题，导致中日之间官方的正常贸易基本处于停顿状态。葡萄牙人获准在澳门定居并进行贸易活动之后，广州通过澳门与日本进行的贸易应运而生，葡人从广州购买大量生丝和丝织品等日本急需的商品东运，利润率至少近一倍，最多可达两倍半。[⑤]

① 万明：《中葡早期关系史》，社会科学文献出版社，2001，第152页。

② 万明：《中葡早期关系史》，社会科学文献出版社，2001，第153页。

③ ［瑞典］龙思泰著，吴义雄等译，章文钦校注：《早期澳门史》，东方出版社，1997，第100页。

④ 万明：《中葡早期关系史》，社会科学文献出版社，2001，第153页。

⑤ 万明：《中葡早期关系史》，社会科学文献出版社，2001，第155页。

另一方面，也有从欧洲经果阿和马六甲运往澳门的商品。每年从事贸易的大帆船队，“载有200至600和800吨货物的船只”由里斯本启航，满载“毛织品、水晶、玻璃制品、英国时钟、佛兰德工艺品、葡国酒”前来东方，沿途在各个港口进行贸易交换活动。①

16至17世纪初，葡萄牙人利用这条航线，由里斯本至果阿运送了大量白银到中国。据西方学者估计，明万历十三年至二十八年（1585—1600）平均每年自果阿运往澳门的白银约20万两。据估算，自葡萄牙运白银到果阿，利润率大约可升至三分之一；如果经果阿运到中国购买货物，就可升至七成或以上。为了获取巨额利润，葡萄牙人把大量白银运入中国，换取中国的商品。②

经澳门与西班牙美洲殖民地展开的贸易，同样令葡萄牙人赚得盆满钵满。由澳门出发的商船，将大量中国丝绸和瓷器等畅销货物运往马尼拉，换回的是西属美洲生产的白银，这正是明代中国所需求的。在全盛时期的1620年至1644年，二十四年间由澳门到达马尼拉的商船总数是54艘，其中在1627年一年内就多达6艘。

此外，澳门商船也将中国丝绸等货物运往马六甲、越南、印尼望加锡等东南亚港口。随着这条被称为“太平洋丝绸之路”

---

① ［瑞典］龙思泰著，吴义雄等译，章文钦校注：《早期澳门史》，东方出版社，1997，第100页、第154页。

② 万明：《中葡早期关系史》，社会科学文献出版社，2001，第154页。

的海上航线不断延伸，以丝绸为主的中国商品在世界占有优势地位，对世界市场的初步形成做出了独特的贡献，而澳门正是一个最重要的贸易枢纽。

由此也可看到，葡萄牙人在澳门经营国际贸易的获利是何等丰厚！

天朝异化之角

澳门之所以能够成为中西文化交流起始之地，其中一个重要的原因就是它冲破了层层阻碍，构建了一个背靠内地、中西文化交融的社会，使中西文化交流的路径变得更为宽广，交流程度更加深刻。

1557年后，越来越多的欧洲人移居澳门，兴建教堂、学校和医院，设立商行，开展贸易；建立工坊，造枪铸炮。城市建设也开始加速，一座以欧式宗教建筑和军事设施为核心的西洋化城市逐渐形成，并矗立于距广州仅百余公里的半岛上。居澳葡人不仅获准享有一定程度行政、司法、财政等方面的自治权，还先后设立了地方长官、法官和总督，成立议事会。由此，在中国最南端的极小岬角上，出现了一块完全不同于自身文明的异质文明“飞地”，出现了一个令国人瞠目、令外人称羡的“天朝异化之角”

的澳门。[①]西洋社会与中国社会的距离被进一步拉近，中西之间各种形式的接触和交往频繁，中国人不仅可以近距离观察西方的器物、语言、礼仪、风俗，也有了感受西方社会日常管理运作的机会。

澳门之所以成为中西文化交流的桥梁，还因澳门依靠自身的独特地位，在一定程度上突破了明清时期官方施行的闭关锁国的国策，成为当时中国范围内少有的一个保持敞开状态的窗口，“从清初到鸦片战争前夕，澳门仍是当时中国境内唯一的东西方文化交流的中心。它在东西方交通中的地位，仍大致相当于丝绸之路上的敦煌”。[②]

明代私人海上贸易被严格禁止，只能进行官方允许的朝贡贸易，交往的对象亦仅局限于所规定的东方诸国。允许葡萄牙人暂居澳门并与其开展贸易与交往，为中西之间的直接接触提供了机会，并给文化的纵深交流提供了可能。澳门是清初期严格执行禁海令之下中外交流留存的通道，至清中期，更一度成为再次闭关锁国时中外交流的重要基地。当时，外商在广州贸易后会到澳门居留过冬，以待来年贸易季的到来。由此，澳门不仅成为葡萄牙人的栖居之地，也成为其他西方国家人士的聚居之城。在西式城市建设如火如荼、饮食娱乐悄然兴起的同时，多种宗教在澳门落

① 汤开建：《天朝异化之角：16—19世纪西洋文明在澳门》，暨南大学出版社，2016，第2页。

② 费成康：《重评澳门在东西方文化交流中的地位》，《学术月刊》1993年第8期。

地生根并且和平共处，多国文化在澳门交流汇通。

在通信手段、科技和交通不发达的年代，中国与西方世界在澳门岛的接触，大大缩短了彼此间的地域距离。澳门实际上成了西方世界在中国南部边陲的一个橱窗，向中国人展示了西方较先进的科技与物质文明，在闭关锁国的铁壁之下，中西文化得以在这块神奇的土地上实现可贵的交流。

欧洲人觊觎的宝地

- 西班牙人的胃口
- 1622 年葡荷大战
- 英国人两度出兵
- 法国人想“买下”澳门
- 澳葡军事援助明廷

葡萄牙人“发现”亚洲新大陆之后，许多欧洲国家都组成探险船队，远涉重洋到远东开拓贸易市场。葡人抢占先机，以澳门为桥头堡垄断了欧亚国际贸易，探险家和航海家们都发了大财。

中国输出的商品，除了少量黄金外，绝大部分是生丝、丝绸、棉布、瓷器等农副产品和手工制品。[①]

欧洲列强对此十分眼红，他们长期觊觎澳门这块国际贸易的风水宝地，想和葡萄牙人分一杯羹。葡萄牙人当然不会答应，那些欧洲海上强国便不惜为此发动战争。

古代的海防远没有今天先进，倭寇、海盗和叛军很容易从海上渗透进内地，既危及社会治安，更威胁着天朝的统治。所以，从明朝到清代都实行海禁政策，广东也不例外。在发现了澳门巨大的价值之后，西方殖民者为了争夺澳门这个贸易港口而大打出手，包括西班牙、荷兰、英国等国家，都先后与葡萄牙发生过不同程度的冲突。

在西方国家历次争夺冲突中，明朝政府奉行“以夷制夷”的政策，没有直接介入冲突。葡萄牙人为了自身的利益，协助明朝抵御其他西方国家的侵扰。[②]由于葡萄牙人早已与汪柏代表的明朝政府达成协议，其他国家很难取而代之。

---

① 费成康：《澳门四百年》，上海人民出版社，1988，第51页。

② 万明：《中葡早期关系史》，社会科学文献出版社，2001，第186页。

西班牙人的胃口

西班牙与葡萄牙都是15、16世纪的海上强国。1492年“发现”美洲大陆的航海家哥伦布，就是得到西班牙女王资助而成行的。此后，西班牙人到美洲新大陆开展大规模的侵略，征服当地居民，建立殖民政府，掠夺当地资源。

16世纪20年代初，西班牙人开始向东方扩张，并且与葡萄牙人争夺海上霸权。西班牙人抢占了菲律宾，葡萄牙人却抢先取得澳门的贸易权；二者相比，澳门的国际贸易价值显然远远大于菲律宾。

国土相连的葡西两国矛盾重重，葡萄牙人并不欢迎西班牙人到澳门，而且阻挠西班牙人与中国通商。所以，西班牙人早期的对华贸易，主要是通过中国私商将货物运至马尼拉这种间接方式来进行。为了打破葡萄牙人以澳门为据点、垄断中国和西方的国际贸易的局面，西班牙人曾经出动战船开到广州要求通商。取得地方官员允许后，西班牙人在距离广州不远的地方设置商站，筑室居住。没多久，西班牙人由于奴役并屠杀在马尼拉经商的华人，被广东的官兵悉数驱逐，擅自兴建的房屋也全部被焚毁。[①]

葡萄牙人的军事力量不如西班牙人，却“发现”了更有通商价值的中国，取得澳门居留权和国际贸易专营权。这让西班牙人很是眼红。当时的西班牙已成为世界上第一个“日不落帝国”，早就觊觎地大物博的中国了。

1557年刚刚在澳门站稳脚跟的葡萄牙人，于1565年就鼓动菲律宾居民抵抗西班牙人的入侵。这是为了防止西班牙人在远东的殖民势力继续扩张，危及澳门乃至中国市场，损害葡萄牙王国利益。西班牙人征服了菲律宾群岛后，葡萄牙人更是忧心忡忡，在中国官员面前不断抨击这个同样来自欧洲的对手。1576年，葡萄牙人促使罗马教廷成立澳门教区，范围包括中国和日本等国家，而葡萄牙国王拥有“保教权”，这样做也是为了阻止西班牙传教士渗入。[②]

1579年6月，五名西班牙方济各会士和三名西班牙士兵闯入广州。葡萄牙人知道后马上对中国官员说，这些外国人不是真正的传教士，而是密探；他们回去后，西班牙水兵就会来占领中国的城市。已与葡萄牙人建立了一定互信关系的广东官府于是马上

---

① 黄庆华：《中葡关系史（1513—1999）》，黄山书社，2006，第26页。

② 费成康：《澳门四百年》，上海人民出版社，1988，第70页。

驱逐了这些西班牙人，把他们赶到澳门。而澳葡当局也没给他们好果子吃，随即将这批“西班牙密探”赶离澳门，还把一个热心为他们奔走的葡萄牙传教士送入监狱。[①]

西班牙人在征服了菲律宾之后，随即开始考察分析中国国情民情，搜集资料，并对福建沿海进行过侦察，熟悉航道并绘制地图，其用意自不待言。中国的澳门、台湾，还有日本，都是西班牙人打算采取军事行动的目标。

1580年，西班牙与葡萄牙因王位继承问题爆发战争，西班牙军队击败葡萄牙军队后，吞并了葡萄牙，西葡两国组成伊比利亚联盟。为了巩固对葡萄牙的统治，西班牙给予葡萄牙较大的自治权，在西班牙议会中给葡萄牙保留席位。葡萄牙保留自己的议会、政府与法律体系，接受西班牙驻里斯本总督的监督；外交则服从西班牙的领导，与西班牙保持一致。西葡两国合并后，伊比利亚联盟在欧洲、非洲、美洲拥有广阔的海岸线，成为大西洋无可争议的霸主。

1584年，葡西联合王国国王费利佩二世得知澳门发展迅速，便写信给葡萄牙印度总督，要求提供有关澳门的资料。其目的很明显，就是想控制澳门。与此同时，澳门葡萄牙人组成的地方自治机构议事会，却设法摆脱西班牙王室的过多干预，保护他们的贸易利益，直至1640年葡萄牙复国。[②]

① 费成康：《澳门四百年》，上海人民出版社，1988，第71页。

② 万明：《中葡早期关系史》，社会科学文献出版社，2001，第190页。

西班牙想与葡萄牙“分享”澳门带来的巨大商机不遂，竟意图侵占中国。然而，螳螂捕蝉黄雀在后，西班牙的侵略计划被英国人搅黄了。蠢蠢欲动的英国，对西班牙发动了战争，1588年打败了西班牙远征英伦的“无敌舰队”，最终夺取了海上霸主的地位。由于这场战争的失败，元气大伤的西班牙开始走向衰落，海洋霸权被英国取而代之。

西班牙忙于与英国和其他欧洲国家争霸，导致国力衰落，保护不了葡萄牙的海外殖民地，却还想让葡萄牙西班牙化，更引起了葡萄牙的强烈不满，最终导致了伊比利亚联盟的瓦解：1640年，葡萄牙贵族发动反西班牙起义，西班牙急忙调兵遣将进攻葡萄牙，而英法两国则对葡萄牙提供援助。1668年西班牙战败，被迫承认葡萄牙独立，伊比利亚联盟解体。

在西班牙统治葡萄牙期间，澳门市议会一直悬挂葡萄牙国旗。因此，在葡萄牙复国后，葡王约翰四世赐予澳门“Cidade do Nome de Deus, Não Há Outra Mais Leal”的称号，译成中文就是“天主圣名之城，无比忠贞”。

1622年葡荷大战

澳门的“荷兰遗迹”

回归前，每年的6月24日都是澳门特别的节日——“主保日”，又称“城市日”。这个节日是纪念17世纪在珠江口爆发的一场欧洲国家大战：1622年6月24日，葡萄牙人战胜了进犯的荷兰远征军，保住了澳门这个葡萄牙人的“专属贸易港”。

关于这场战役，除了不被中国人接受的“主保日”“城市日”，直至今天仍可找到不少的遗迹：葡萄牙人庆祝战胜荷兰的得胜马路、得胜花园、得胜纪念碑，囚禁荷兰战俘的荷兰园大马路、荷兰园二马路，以及用荷兰战俘首领名字（Guia）命名的东望洋山（Colina da Guia）。

葡萄牙人在澳门定居后，在多个制高点修建炮台，防御外敌与海盗入侵。1622年的葡荷大战，葡萄牙人以寡敌众，以弱胜强，这场大战几百年来如同神话一般流传着。

那么，这场两个欧洲国家在澳门爆发的世纪大战，是怎么打起来的？又是怎样结束的呢？

荷兰人要争夺澳门这块“肥肉”

17世纪初，荷兰成为欧洲又一个海洋帝国，挑战葡萄牙在东南亚的霸权地位。这时的荷兰，无论是科学、经济还是军事实力，都发展到一个新的巅峰，并对外扩张。1602年，荷兰东印度公司成立，获皇家特许专责远东贸易市场，规模迅速扩大。1609年，荷兰法学家格劳秀斯发表了《海洋自由论》（*Mare Liberum*），首次提出各国船只都享有公海航行自由。按照这一法学理论，葡萄牙人不能以各种名目垄断远东的航海权。

此时，葡萄牙人经营澳门已达半个世纪，澳门已发展成一个日益兴旺的国际贸易港口，也是整个东亚和东南亚的天主教传教中心。明朝政府在1523年之后关闭了所有对外口岸，澳门是唯一特例，西欧国家的对华贸易只能在澳门进行。

1595年，荷兰沿着新发现的航道抵达今天印尼爪哇一带，慢慢建立根据地，并在1601—1605年在爪哇和摩鹿加群岛（今马鲁古群岛）击败葡萄牙，俨如当时东南亚霸主。也在这个时候，荷兰想吞并澳门，抢夺唯一的对华贸易港，葡荷两国冲突白热化。

1601年，荷兰2艘贸易船进入澳门，部分水手被扣留，其中

17人被当作海盗处死，为后来葡荷两国之间的一连串军事冲突埋下伏笔。

荷兰水手被葡萄牙人杀死，荷兰人便开始采取报复行动。他们在中国澳门至印度果阿的必经之地马六甲海峡公开抢劫，以海盗的手段报复葡萄牙人。1602年荷兰成立东印度公司之后，多次派遣船队或舰船到中国沿海，要求与中国通商。1603年2月，葡萄牙人的“卡塔琳娜”号大黑船在柔佛海峡被荷兰海军上将范·海姆斯凯尔克俘获。船上有乘客700人，包括约100名妇女儿童，载有1200捆中国生丝，价值250万荷兰盾，还有大量瓷器。这批生丝在荷兰出售后，卖了350万荷兰盾。阿姆斯特丹遂变成欧洲最主要的生丝市场。①

1604年，2艘荷兰舰船闯入澳门水域，因遇到台风转往澎湖列岛活动，试图在此地建立贸易据点。明朝政府洞悉荷兰人的企图，由驻守福建的总兵施德政派人向荷兰人发出警告，地方政府则实施严厉海禁，断绝荷兰人的粮食补给，迫使荷兰人离开。②

1606年4月，荷兰海军舰队出动11艘舰船抵达马六甲，与葡萄牙人展开海战，接着又攻城。到了8月中，双方各毁船2艘，但葡萄牙人伤亡人数达500—600人，远大于荷军的24人，连葡军副司令和10名军官也在此役阵亡。葡、荷舰队又在马六甲爆发海上

---

① 吴志良、汤开建、金国平主编：《澳门编年史》，广东人民出版社，2009，第295页。

② 万明：《中葡早期关系史》，社会科学文献出版社，2001，第195页。

激战，葡军再次惨败，伤亡人数高达6000人。经此一役，马六甲海峡的控制权也被荷兰人夺取了。①

荷兰武装船队在远东的频繁活动，引起了澳门葡萄牙人的警觉，他们加紧修筑城墙和炮台，使澳门的防卫力量大大加强。一幅绘制于1622年前后的《澳门要塞图》显示，澳门北部的城墙已大致修成：东南面沿海，从若宪山至嘉思栏的南湾起点，又从南湾终点至西望洋山，再从烧灰炉炮台至妈阁炮台均有城墙相连。炮台的设置地有东望洋炮台、大三巴炮台、嘉思栏炮台、圣伯多禄小炮台、烧灰炉炮台、妈阁炮台等7座，除圣伯多禄小炮台和嘉思栏炮台架炮外，其他各处炮台均未见架炮。特别是大三巴炮台，炮台基础虽已基本建好，但明显还在兴建中。②

明朝政府偏袒葡萄牙人

荷兰人说，澳门“由大三巴、嘉思栏、烧灰炉斜巷、妈阁庙及西望洋一带到处大兴土木，明朝政府官员因收受了礼品都对此视而不见”。其实，这并非明朝官员收了贿赂视而不见，而是明朝政府“以夷制夷”的策略下的表现。战事爆发之前，明朝政府就曾廉价向澳门运送了各种给养，“助以酒米，张设军容”。战

① 吴志良、汤开建、金国平主编：《澳门编年史》，广东人民出版社，2009，第307页。

② 吴志良、汤开建、金国平主编：《澳门编年史》，广东人民出版社，2009，第376页。

事结束后，两广总督胡应台去函向澳门议事会的葡萄牙人表示祝贺。为了奖赏在战争中表现忠勇的葡萄牙黑奴，广东海道副使还给他们送来了200担大米。[①]

1607年5月，眼看葡萄牙人在澳门到处修筑城墙与炮台，入京参加会试的广东番禺县举人卢廷龙上疏，请求驱逐居住在澳门的葡萄牙人，将他们的居地迁往浪白澳，并派军队镇守蚝镜。[②]不过，明廷没有准许这样做，显然是在暗助葡萄牙人，让已有互信基础的葡人去对付不知根底的荷兰人。

1607年，荷兰海军上将马特利夫率领舰队来华，意图与中国通商，被葡萄牙人派出的6艘舰船驱逐。不过，这没能阻止荷兰人往东方扩展的野心。1619年，荷兰在巴达维亚（今印尼雅加达）设置总督，建立据点，抢劫来往的葡萄牙和西班牙商船。

至此，葡萄牙人和荷兰人已势成水火，两国爆发战争是迟早的事。

葡人以寡敌众

1622年6月22日，荷兰舰队指挥官赖尔森率领12艘主力舰队到达澳门海域，与5月29日进攻澳门的4艘船舰联合，对澳门形成

① 吴志良、汤开建、金国平主编：《澳门编年史》，广东人民出版社，2009，第374页。

② 吴志良、汤开建、金国平主编：《澳门编年史》，广东人民出版社，2009，第307页。

包围之势。英荷联合舰队刚刚到达澳门，赖尔森就迫不及待地派遣2艘小船驶近海岸侦察澳门。澳门葡人立即加强防御，把沿岸所有炮台炮列备置妥当，并且发出布告，号召全市市民、天主教传教士和夫役等准备作战。

有读者可能会问：葡萄牙在澳门没有驻军吗？怎会由连“民兵”都算不上的乌合之众迎战英荷联合舰队？

当时的澳门确实没有葡萄牙正规军，明朝军队在外围吃花生观战，绝大多数中国居民也不愿加入这场与己无关的战争。故此，参加葡荷之战的主要是葡萄牙和西班牙居民、传教士和不少非洲黑奴，还有马来人和印度裔仆役、少量华人。总之，能动员到而且身强力壮、能拿起武器打仗的就统统“给我上”。

很多人都以为，这场葡荷大战将是一面倒的——进攻澳门的荷兰远征军有16艘军舰，装备精良，参战者有部分是水手和商人，其余则为雇佣兵和现役军人。这些人作战经验丰富，而且总兵力超过1000人。守城的葡萄牙人则没有正规部队，只有600多名市民、传教士和仆役等组成的乌合之众。按理说，战斗很快就会以荷兰人取胜而宣告结束。

可是世事难料，获胜的偏偏是不占优势的葡萄牙人！

6月23日下午2时，英荷联合舰队3艘船舰——“格罗宁根”号、“德加里亚斯”号、“英国熊”号逼近澳门嘉思栏炮台，停泊在低潮时水深适当而且目标在其炮弹射程之内的位置，战斗随即展开。荷兰“格罗宁根”号和“德加里亚斯”号炮舰对澳门城发炮350发，葡方守军则狠狠回敬了100—120发炮弹。“格罗宁根”号中炮6发，“德加里亚斯”号中炮25发，但仍在坚持战斗。

双方战至傍晚6时，荷兰军队才将海滩工事防守的150名澳门葡人民兵赶走，占领了滩头阵地。夜幕降临，双方暂时休战。

罗神父神奇的一炮

24日，赖尔森率领11个分队，共计约600人，分乘2条大船和5条帆船，准备在城东沙滩强行登陆。葡方顽强不屈地抵抗，不断用铳枪射击荷兰舰船，结果荷兰指挥官赖尔森受伤，但荷兰舰队还是靠岸并登陆沙滩。葡方只得退回东望洋山上和一座隐修院内。荷方此时接替指挥荷军的指挥官鲁芬穷追不舍，亲自率领9个分队弓着腰挺进，在连续不断的火力掩护之下，排着秩序井然的队形向澳门城进攻，同时，荷方疯狂地开炮。

这时，葡萄牙人修筑的炮台发挥了重要作用。由天主教耶稣会神父罗雅谷操作的大炮，准确地击中了荷兰军队运送火药的车辆，引起火药桶大爆炸；荷兰士兵顿时乱作一团，纷纷逃离地狱一般的现场。弹药不继的荷兰人无法作战，葡方却士气大振，发动了反攻。被葡萄酒灌得半醉的葡方仆役和黑奴，也无所畏惧地执枪狂射。荷兰远征军在设备和人数占优的情况下，竟然被葡萄牙人打败了。这次战役共造成荷方136人死亡、126人受伤，另有大批荷兰官兵成为俘虏。葡方则有10多名葡萄牙人和西班牙人以及大量仆役、黑奴死亡。

由于这天刚好是圣约翰瞻礼日，故圣约翰被称为澳门的主保圣人，6月24日也被定为“主保日”。

葡荷大战后，荷兰人在澳门讨不着便宜，便把目光转向台湾，当然这已是后话了。

葡萄牙人则向澳门派遣马士加路也为首位总督，并开始在澳门驻军，加强防卫力量。

英国人两度出兵

葡萄牙前后花了四十四年时间，其间流连于广东和浙闽之间，付出了巨大代价，最终于1557年才在澳门站稳脚跟。他们认为，自己所取得的对华贸易权是垄断性的，不欢迎其他欧洲国家分享他们这种“专利”。所以，英国人于16世纪末来到中国时，处处受到葡萄牙人的刁难与排挤。[①]

这种“吃独食”的行为引起英国人的不满，他们多次派出武装船只到中国沿海，甚至与荷兰人合伙寻找机会。

1622年6月22日荷兰人进攻澳门的那场战役，英国人实际上是参与了的。英荷联合舰队的舰船之中有2艘是英国的，“英国

① 黄庆华：《中葡关系史（1513—1999）》，黄山书社，2006，第28页。

熊”号还参与了6月23日对澳门城的炮击。不过，英国士兵没有参加登陆作战。

在此之前，英国人还曾经与荷兰人组成联军，对澳门采取军事行动。1622年5月29日，即葡荷大战爆发前不到一个月，一支由2艘英国船和2艘荷兰船组成的分遣队炮轰澳门城，试图进攻澳门。澳门葡人立即组成队伍，积极防守薄弱的地点，在刘狗环海滩修筑沙坝，并且派遣11只小船在港口巡逻，阻止英国人与荷兰人趁夜晚偷袭。①

一百八十年后，不但明朝早已覆亡，清朝也换了五个皇帝，英国人依然“惦记”着澳门这块风水宝地。

19世纪初，风头一时无两的英国，曾派出军队试图攻占澳门。令人啼笑皆非的是：英国和葡萄牙当时都是第二次反法同盟的成员，共同对抗日益强悍的拿破仑一世。一直觊觎澳门的英国人，竟向盟友葡萄牙下手，两次出兵企图夺取澳门。葡人见势不妙，连忙向清廷嘉庆皇帝求助。1802年3月18日，英国“自大”号等6艘战舰载着数百名士兵，抵达伶仃岛海域。英国海军中校奥斯本和汉密尔顿奉英国东印度公司之命，上岸与澳葡总督边度谈判，声称“合作保卫澳门”，要求登陆。

边度总督知道这是英国人的诡计，没有答应英军登陆澳门，还通过澳门议事会理事官向清朝紧急求援，要求派兵保护。两广

① 吴志良、汤开建、金国平主编：《澳门编年史》，广东人民出版社，2009，第370页。

总督吉庆将此事奏报朝廷。嘉庆皇帝亲自批复道：

> 有犯必惩，切勿姑息，无隙莫扰，亦勿轻率。

两广总督继而加强戒备，并采取各种防范手段。5月，欧洲方面传来英法两国签订和约的消息，澳门不必让英国军舰“保护”，英军不得不悻悻离去。①

最危险的一次，发生在1808年。

10月22日，英军从孟加拉派出兵船4艘“访问”澳门。船上载有官兵400余人；前后两批共计兵船13艘，官兵760人。在澳门登陆的英军军纪败坏，醉醺醺的英国兵四处寻欢作乐，非法闯入私人住宅。印度籍英兵到处抢劫，甚至挖掘华人坟墓，激起了华人居民的愤怒。混乱中几名印度籍英兵被杀，这下子英国人便有了留下来的借口，干脆赖在澳门不肯离去。

英军有备而来，澳门葡人不敢轻易动武，悄悄向清政府告了一状。两广总督吴熊光闻讯，下令停止与英商的贸易，待英兵退出澳门方能恢复通商起货；如英国人尚敢借口拖延，便立即封禁进澳水路，绝其粮食。

11月14日，嘉庆帝获知澳门发生的事变，大为震怒，谕旨军机大臣，痛斥两广总督吴熊光渎职，严令广东方面迅速断绝澳门

① 吴志良、汤开建、金国平主编：《澳门编年史》，广东人民出版社，2009，第1242页。

一切供应，封锁交通，调集水陆军队准备驱逐入侵的英军。吴熊光接旨后立即调兵遣将，分别在前山寨、关闸及澳门市区沙梨头驻兵布防。与此同时，向英国人发出最后通牒：朝廷即将调派8万军队来澳门，英国人不离开就要被消灭！

战争一触即发！

英国人有把握对付葡萄牙人，却没有把握战胜清军。澳门毕竟不是一个容易防守的军事要塞，此外，激怒了清朝政府，就算霸占了澳门也难做生意。

经过一番较量，英军权衡得失下，只得再度放弃占领澳门的企图。直至发动鸦片战争强占香港，英国人这才不再打澳门的主意。

法国人想『买下』澳门

经历过拿破仑辉煌时代的法国人，在19世纪末仍不忘扩张，他们曾想从葡萄牙人手中把澳门“买下”，后来又提出和葡萄牙交换殖民地。1885年，法国人居然打算用法属刚果来交换葡属几内亚和澳门。

已经强占了香港的英国，不希望法国这个宿敌得到澳门，故而大力反对。加上在这一时期，中法两国先后在东南沿海和中越边境爆发战争，清廷更不愿看到法国“接管”澳门了。为免欧洲列强继续觊觎澳门，清政府于1887年与葡萄牙人签署了《中葡和好通商条约》，特别订明葡萄牙人可“永驻管理澳门”，未经中国同意不得把澳门转让给第三方。

事已至此，法国人只能望澳门兴叹了。

澳葡军事援助明廷

早在明军剿灭何亚八海盗集团的战役中，葡萄牙人已经为商业利益而牺牲了昔日的海盗伙伴。入居澳门后，葡人继续与明、清两朝统治者保持一种类似军事同盟的特殊关系。

为了分化葡萄牙人与海盗集团，推行“以夷制夷”策略，明朝政府允许葡萄牙人在澳门定居，从事利润丰厚的国际贸易。在荷兰人进攻澳门一役，明朝政府还站在葡人一边，协助他们打败了荷兰远征军。葡人对明廷心存感激，故此双方形成一定的互信关系。明朝末年，明军与入关清军开战，澳门葡人给明军送去了军火（包括火炮）及炮手。为此，明朝皇帝给予澳门葡人以中国本地人的特权，允许他们建造军事防御工事防范荷兰人。[①]

---

① 吴志良、汤开建、金国平主编：《澳门编年史》，广东人民出版社，2009，第387页。

1623年1月，澳门葡人独命峨率领24名铳师解押24门英国火炮尚在进京途中，虽然御史温皋谟、兵部尚书董汉儒均反对澳门葡人携带火炮入京，但天启皇帝已经颁下圣旨："夷人已经该省遣发，着速前来。"

此时的明朝正处于内忧外患之中，北部满人不断侵扰，朝廷急需强化军事力量。在刀剑拼杀和弓箭骑射的年代，来自澳门的火炮和火枪，可说是相当有效的新式武器，明廷期望能借此力挽狂澜。由于关外战事吃紧，3月18日，兵部调拨库存的"佛郎机神炮80门、神铳250门"赶赴山海关行营。

5月1日，明朝官员张焘等人率领的24名西洋火炮技师一行，携带24门英国火炮，经过半年的长途跋涉，来到北京城。天启皇帝十分高兴，传旨给予褒奖，"犒之酒食，赀以相应银币，用示优厚"。皇帝还亲自接见了这些葡萄牙人，吩咐葡人炮师首领等人在京"制造火器、铳车，教练选锋"。居住了数月，葡人教习明军操炮技术及炼制火药俱有成绩。多次训练和演习都十分成功，兵部尚书及许多京师高官都十分高兴和满意。不料，在9月17日的第三次演习上，因火炮突然炸膛，2名华人和点炮的葡萄牙炮师若奥·哥里亚当场被炸死，且有多人受伤。受这一事件的影响，明廷于1624年初以水土不服为理由，将这批葡萄牙炮师遣返澳门。[1]

---

① 吴志良、汤开建、金国平主编：《澳门编年史》，广东人民出版社，2009，第385页。

尽管这次葡萄牙人的操炮演习狼狈收场，但西洋火炮巨大的威力，已给明朝皇帝和大臣们留下极其深刻的印象。随着来自北方的军事威胁日益加大，没多久，明廷又向澳门葡人提出新的要求。

1624年底，澳葡理事官平托·帕雷德请示葡印总督是否向明朝政府提供大炮抵抗满人，葡印总督弗朗西斯科·达·伽马就此请示葡王。请示内容包括：明朝政府致信澳门葡人要求军事援助，以抵抗满人，承诺给予巨额赏赐，且同意澳门葡人加强防御工事，为葡萄牙传教士进入中国提供方便。帕雷德建议把在孟加拉的3000名葡萄牙人组建成一支军队，同时应明朝政府的要求，建立一支小桅帆船舰队对付满人。[①]

1625年3月29日，葡萄牙国王批准了澳葡理事官平托·帕雷德有关向明朝提供大炮抵抗后金的请示。但是，派出3000名葡萄牙人军队往中国内地参战的计划并未实现。[②]

1626年2月20日，后金军（清军）五六万人进攻宁远，负责辽东防务的明军统帅袁崇焕率军迎战。21日，袁崇焕准备好12门购自澳门的葡萄牙巨炮，看准时机命部下发射。炮弹在敌阵开花处，人仰马翻，血肉横飞。后金军顿时乱作一团，伤亡多达1.7万余人，包括率队冲锋的将领。努尔哈赤见势不妙，只得传令退

---

① 吴志良、汤开建、金国平主编：《澳门编年史》，广东人民出版社，2009，第395页。

② 吴志良、汤开建、金国平主编：《澳门编年史》，广东人民出版社，2009，第399页。

兵。这就是历史上有名的“宁远大捷”。

天启皇帝闻讯大喜过望，敕封“宁远之捷”中发挥作用的一门西洋炮为“安国全军平辽靖虏大将军”。这门建立战功的西洋炮，是1620年澳门葡人捐赠的4门大炮之一。[①]

眼见这种新式武器具备扭转战局的能力，朝廷急令从广东增调火炮助战。10月12日，两广总督周祚从广东押送10门“红夷大炮”进京。这批大炮是1620年从广东阳江的英国沉船中捞获的，共有36门。两广总督胡应台早前已调运了24门进京，如今再调运10门，广东仅存2门。[②]

1627年5月，后金军又分兵进攻宁远，袁崇焕率将士登上城楼防守，在壕沟内排列阵营，用西洋大炮远距离轰击，战事十分惨烈。后金军从宁远撤退后加强对锦州的攻势，但仍旧无法攻克，而且伤亡惨重。由于西洋大炮威力甚猛，后金军不得不再度撤兵，史称“宁锦大捷”。

两场大捷证明：在大炮面前，手持刀剑长矛冲锋的骑兵就是一堆白骨。如果澳门葡人源源不断向明朝政府提供军事援助，很难说历史会不会改写。

可是，历史没有如果。

同年年底，因辽东边境紧张局势进一步加剧，明廷再次向澳

---

① 吴志良、汤开建、金国平主编：《澳门编年史》，广东人民出版社，2009，第404页。

② 吴志良、汤开建、金国平主编：《澳门编年史》，广东人民出版社，2009，第406页。

葡政府求援，通过广东官员，要求澳门葡人派遣熟练炮手20人北上增援。葡萄牙人说，当时澳葡政府正担心荷兰人会报复袭击，故此未能同意这一请求。[①]

看来，葡萄牙人在这关键时刻想多拿好处呀。

明廷为了让澳门葡人提供军事援助，答应日后会对他们在澳门从事贸易等活动给予特别关照，并赏了葡人5.3万两银子作为开拔费。[②]

还是那句话：有钱并非万能，没钱则万万不能。

1630年10月31日，澳门市议会决定派出360名士兵（葡萄牙人160名、中国澳门人100名、非洲人和印度人100名），组成两个中队，在耶稣会神父陆若汉（João Rodriguez Tizzu）率领下，乘明朝政府准备的19艘豪华官船，离开澳门经广州北上赴京。

澳门当时总人口只有2万左右，其中已婚的葡萄牙人不到1000人。葡人出动这样的兵力北上，支援明朝政府打后金军，也算是够意思的了。

然而阻力出现了，这次来自明朝政府内部。

11月中抵达江西南昌时，这支澳葡雇佣军突然接到圣旨，命令他们“停取回澳”。这是怎么回事？这次澳葡雇佣兵计划的失败，其实与明天启元年（1621）第一次招募100名葡兵失败的

---

① 吴志良、汤开建、金国平主编：《澳门编年史》，广东人民出版社，2009，第414页。

② 吴志良、汤开建、金国平主编：《澳门编年史》，广东人民出版社，2009，第431页。

原因一样，主要是来自朝中以卢兆龙为代表的广东籍官员的极力反对。过去，广东商人在与葡人的交易中获得巨大利益；他们认为葡人这次北上参战肯定会取得成效，将轻易得到进入中国的特权，并进行贸易，售卖自己的货物，从而损害广东华商的利益。因此，在葡人出发前，他们极力阻止葡人成行，呈递许多奏疏反对此事。①

广东香山籍的礼部给事中卢兆龙，强烈反对调澳门葡兵进京。他的理由是，葡人个个蛮横无理，潜藏杀机，曾参与绑架华人童男童女到澳门做仆役，并且违反中国律令购买诸如硝石、铁等受控物资。这种人怎么可以信赖呢？他们虽然公开宣布效忠于中国，但这种效忠不是主动表示的，而是用钱买来的。卢兆龙又担心，耶稣会参与买炮计划有助于天主教在中国的传播，会导致1616年南京教案事件重演。因此，他主张中国应决定自己的内部事务，与那些“异类”保持一个安全的距离。②

用不用来自澳门的雇佣兵呢？

朝廷考虑再三，最终还是打消了让澳葡士兵来内陆作战的念头。不过，因这次有澳门新献给明朝皇帝的一批军火，故此，大部队折返澳门，陆若汉神父及若干人则继续北上，西洋火炮继续输入，源源不断地运往辽东前线。

---

① 吴志良、汤开建、金国平主编：《澳门编年史》，广东人民出版社，2009，第432页。

② 吴志良、汤开建、金国平主编：《澳门编年史》，广东人民出版社，2009，第432页。

当时的中国仍属冷兵器时代，在战场上首次使用热兵器作战，就取得了如此显著的战绩，经澳门输入内地的火炮技术起了相当关键的作用。

此后，清军也从投降的明军将领手中得到一些西洋火炮，仿制并迅速应用到战争中，在对付明军和李自成农民起义军的战役中，同样取得了可观的战绩。

葡萄牙人与明朝朝廷这种默契的合作关系，一直维持到明朝灭亡。1628年10月1日，澳门议事会通过了给新登基的明朝皇帝朱由检的效忠书。效忠书以“委黎多”（理事官）署名，名为《报效始末疏》。[①]

在这份效忠书中，葡人自陈报效明朝的赤胆忠心及事迹。但他们的居住权始终没有得到法理上的保障，即明朝政府始终没有同葡萄牙人签署一份正式的文件或颁布一份正式的公文，将葡萄牙人入住澳门合法化。居澳葡人觉得这始终存有隐患：葡人居澳缺乏明廷具有法律效力文件的保障，他们的居澳权就有很大程度的临时性和不稳定性。一旦明廷内部反对葡人居澳派占上风，驱赶葡人出澳就有可能变成现实，如明嘉靖四十四年（1565）间，俞大猷提出要全力驱逐葡人；明万历三十三年（1605）卢兆龙提出“尽逐澳中诸番，出居浪白外海”；明万

① 吴志良、汤开建、金国平主编：《澳门编年史》，广东人民出版社，2009，第415页。

历四十一年（1613）郭尚宾提出“令夷人尽携妻子离澳”。[1]

不过，随着明朝逐渐衰败和最终覆灭，大臣们反对葡人居澳的意见也烟消云散了。

① 汤开建：《委黎多〈报效始末疏〉笺正》，广东人民出版社，2004，第50页。

西学东渐，东学西传

- 远东第一个主教区
- 文化为传教服务
- 圣保禄学院
- 教案与“礼仪之争”
- 圣保禄教堂（大三巴）
- 耶稣会士经澳门向内地传教
- 基督新教的传入
- 澳门之最

葡萄牙是天主教国家。在“地理大发现”时期，往往是远航贸易船队去到哪里，天主教就传播到哪里。例如1541年12月，法里亚的船队及费尔南·门德斯·平托抵达双屿港，之后当地很快出现了教堂。据记载，当时葡萄牙人建立在陆地上的村落，房屋逾千间，居民有 3000人，其中葡萄牙人达1200人。岛上有葡萄牙的市政官、巡回法官、镇长等，还有几所教堂。[①]

16世纪中叶，为挽救基督教分裂后罗马教皇的危机，旨在向新航路沿线国家和地区寻求传教机会的传教团体——耶稣会应运而生。1562年，新继位不久的葡萄牙国王要求其在印度的总督派遣专人出使中国，力图加强与明朝的交往。同年，耶稣会士培莱思即遵照国内指令抵达澳门，准备向中国传教。

葡萄牙人入居澳门之后，耶稣会士也随即踏足澳门这个新天地。

1553年葡萄牙人进入澳门之后，耶稣会士纷纷随商船前来澳门传播天主教。第一个来澳门传教的耶稣会士是公匝勒斯（Gregorro Gonzales）。他和耶稣会的伯莱笃（Melchior Nunez Barreto）于1555年7月20日到达三年前沙勿略（西班牙天主教传教士）到过的上川岛。8月到11月中旬，当伯莱笃两次进入广州，企图去援救被广东地方政府视为“奸细”抓起来的耶稣会士布利道等二人时，公匝勒斯自上川岛移居澳门进行传教。1560—

① 陈文源：《明朝中国海商与澳门开埠》，《中国史研究》2018年第2期。

1561年，在日本养老的神父巴尔达、贝勒拉、贝勒兹、代宰拉和平托等相继来到澳门传教。耶稣会征得广东地方政府允准，在如今圣安多尼教堂附近用稻草盖起一间名曰“天主教圣母堂”的小教堂，作为传播天主教的场所。至1563年，澳门至少有8名耶稣会士进行传教，发展了教友600多人。当时在澳门入教的中国人有两种：一种是澳门的居民直接入教，另一种是广东各县的人每年一次赴澳门入教。家居澳门的教友，不少人改穿洋服、改用葡文姓名，可见天主教在澳门影响之深。[1]

① 郑炜明、黄启臣：《澳门宗教》，澳门基金会，1994。

远东第一个主教区

1565年，天主教在澳门建立了第一座主教堂，贾耐劳（Melchior Miguel Carneiro Leitão）成为首任署理主教。1576年1月23日，罗马教廷批准成立澳门教区，成为近代远东第一个主教区。澳门教区成立初期，负责传教的地区极广，包括中国、朝鲜、日本、东京（现今的越南北部）以及远东大陆的邻近岛屿。[①]

贾耐劳主教还创办了澳门仁慈堂、白马行医院和麻风病人收容所。[②]

澳门天主教早期的教堂主要有以下八所。

望德圣母堂：建于1569年，1576年建立澳门教区时立为第一

① 资料来源：天主教澳门教区官网。

② 资料来源：天主教澳门教区官网。

座主教座堂。沙利拿于1578年来澳门出任第二任主教后，嫌教堂过于远离当时的商业中心区的龙嵩街，而另建教堂于大庙顶。望德堂便成为仁慈堂的产业，在平淡之中度过了二百六十多年，到1847年才恢复元气。

圣老楞佐堂：建于1558年至1560年间，因位于古澳门港口的南湾山坡上，初期设有风讯旗杆，故华人称之为“风讯堂”，后来又以谐音改称为“风顺堂”。此教堂初期建筑简陋。1618年加以重修，建筑巍峨壮丽，比之望德圣母堂有过之而无不及，1768年再度重建。1898年曾遭雷击倒塌，后再加修葺。1954年，高德华（Costa Vaz）神父再筹款装修教堂内部，并购置哈门电话一部。

圣方济各堂：1579年，方济各会士阿尔法罗（Petrus de Alfaro）、卢迦·皮沙洛（Luearelli de Pesaro）、巴埃扎（Sebastian de Baeza）和马丁·罗约拉（Martinus Ignatius de Loyola）等人，自马尼拉来到澳门，欲入内地传教，但入广州即被赶回澳门，遂在澳门建造修院及教堂，定名为圣方济各堂。华人称之为加斯栏庙。1841年后，不知何故，圣方济各堂改为兵营，即今天的嘉思栏兵营（Quartel de São Francisco）。

圣保禄堂：1582年，耶稣会将1562年建成的天主之母小教堂迁至今址兴建而成。但1595年初被火烧，后重建。1601年又被火烧。此时适逢日本禁止天主教，很多会士来澳门避难。于是，周秀和神父在1602年向日本教士捐资3万两重建圣保禄堂，俗称大三巴教堂。其所谓大者，因有别于三巴仔教堂（圣若瑟教堂）。

故现在牌坊的奠基石刻是于1602年建造的。整个建筑宏伟巍峨，富丽堂皇，气概非凡。前壁有16根希腊式石柱并列而上，共分4层。镌有教会铜像，奉曰天母，名玛利亚，貌如少女，抱一婴儿，称天主耶稣；衣自顶被体，皆彩色平画，障以琉璃，看上去犹如塑像。旁站30多人，左手执浑天仪，右手指状如论说。须眉竖者如怒，扬者如喜，栩栩如生。[1]屋为金字顶，中心为大圆形，是集中式及长堂式的建筑，既有古典建筑的传统，又有新兴的巴洛克式的建筑风格。

1835年1月26日，圣保禄堂再毁于大火，只剩正面大理石牌坊和堂前石阶70级。至今牌坊石壁仍巍然屹立，显示当时日本石匠工艺及建造手艺高超，与欧洲的教堂建筑相比毫不逊色。圣保禄堂灾劫后的遗址，俗称“大三巴牌坊”，如今已成为澳门的象征和著名景点，供游人参观凭吊。教堂内本葬有死于中国澳门、中国内地及日本的耶稣会士尸体，但坟墓早已他迁。

圣多明我堂：1587年4月，西班牙籍多明我会传教士多人自墨西哥抵达澳门，7月在澳门建立玫瑰圣母会院，作为对中国传教的总部。同时，他们又用木板搭建了一所简陋的教堂，取名多明我堂。因其是木结构，华人称之为“板障堂”，后改名为“板樟堂”沿用至今。其式样为西班牙式建筑，日后屡经重修，成为多明我会士在中国福建传教的总部。

---

① ［清］印光任、张汝霖原著，赵春晨校注：《澳门纪略校注》，澳门文化司署，1992，第149页。

圣奥斯定堂：1586年，奥斯定会士奉命自马尼拉抵澳门筹备成立奥斯定会总部，1589年建成此堂。因当时建筑十分简陋，经不起风雨侵袭，会士们便用葵叶覆盖修补。由于须松如髯龙，杂乱无章，远望犹如龙须直竖，华人称之为“龙须庙”，后以谐音改为“龙嵩庙”。1622年，奥斯定会士于西望洋山顶建一间会所，附设教堂及修院。1837年重修，1849年改建，1938年再重修成为今日的主教府及主教府教堂。故西望洋山又称为主教山，教堂亦称大堂（Sé Catedral）或大庙。华人喜欢把传教士称作“番僧”，把教堂称为“庙”，“大庙”则属主教府教堂的专有称谓。

圣安多尼堂：1608年建成。但次年被大火烧毁。1610年重建，又被火烧。1638年再度重建，并立堂前大十字架。1809年又毁于火灾，被烧一部分。1874年再受火灾全部烧毁，仅留四壁。1875年重新修葺，再度启用。1930年，教会获澳督巴波沙资助重建教堂门楼，饰以石米，使之成为澳门教堂外观线条最美丽者。1950年至1952年，陆万威和潘日明神父先后改建堂中祭台和神父寓所。后来，郭达礼神父又在这里改建正祭台。

圣嘉勒修院教堂：1633年11月，方济各会6名修女自马尼拉抵达澳门，居住在东望洋山。她们向澳门市民募捐款项，1634年建筑修院教堂（华人称之为“尼姑庙”）。1824年修院教堂被大火烧毁，但其宏伟之石阶，至今仍存。其遗址即今日圣罗撒女子中学校址。

在这些教堂中，以望德圣母堂、圣老楞佐堂和圣安多尼堂最为著名，如今称为澳门三大古教堂。随着教堂的兴建和传教活动的开展，澳门居民信仰天主教者与日俱增，至明朝的最后一年（1644），已有天主教徒4万多人。这表明澳门已经成为天主教传教卓有成效的基地和天主教在远东活动的中枢。[①]

---

① 郑炜明、黄启臣：《澳门宗教》，澳门基金会，1994。

文化为传教服务

由于罗马教皇给予葡萄牙国王在远东地区的“保教权”，当时从欧洲派往东方的传教士必须获得葡王批准，并且一律要从葡萄牙首都里斯本出发，前赴东方。这样一来，澳门就成为天主教在东方传教的重要基地。在明末清初的中西文化交流过程中，西方传教士起了重要的中介作用，而他们进入中国又主要通过澳门。因此，澳门在当时的中西文化交流史上具有重要的地位和作用。[①]

“保教权”是16世纪西班牙与葡萄牙对殖民地传教区的保护政策，后来发展成为对传教区的支配权。中国传教区先是处于葡萄牙的“保教权”下，18世纪，随着葡萄牙帝国海上霸权的衰

① 万明：《中葡早期关系史》，社会科学文献出版社，2001，第170页。

落，中国天主教的“保教权”逐渐转至法国。

1840年爆发的鸦片战争，清政府一败涂地，不得不签订了第一个丧权辱国的条约——《南京条约》，割让了香港岛，并开放广州、厦门、福州、宁波、上海五处为通商口岸。

1842年的《南京条约》和1844年的《黄埔条约》，均列明清政府准许天主教自由传播的条文。此后的中国，实际上已解除了雍正、乾隆、嘉庆及道光百年来的禁教令，从此门户大开。传教士有法国领事裁判特权的保护，于是在全国各地广置教产，自由传教。第二次鸦片战争后，在一系列不平等条约中，法国将传教自由、设立教堂自由写入“条约”，意即对华天主教享有“保教权”，含有相当浓烈的侵略色彩。

但无可否认，由于独特的历史原因，澳门成为“西学东渐，东学西传”的交汇点。西方传教士来华都以澳门为第一个落脚点，首先在澳门圣保禄学院接受培训，然后才进入内地传教。天主教耶稣会和其他教会、教派，在澳门建立教堂、医院、文化设施，他们在传教的同时，也大量传播了西方科学技术和文化艺术，并翻译了西方科技著作。汤若望、南怀仁这两名从澳门进京的外国传教士，不但深受明清两朝皇帝信任，而且先后担任了钦天监监正，他们和其他传教士还参与了中国的文化活动，如修订历法、设计园林等。

中西文化曾经在历史上有过多次汇通；到了明清时期，以澳门为桥梁的中西文化交流却一石激起千层浪。以科学为先导的西方文化源源不断地注入中国，并逐渐根植于社会；以儒学为代表的中国文化，同样在欧洲引起强烈反响。这种交流成为中国走向世界的一次尝试，也有助于中华民族突破封建枷锁的束缚。进入近代，特别是香港开埠后，澳门的地位虽有所衰退，但在中外文化交流中依然发挥着重大作用。

第一次鸦片战争爆发后，长期闭关锁国的清政府被西方的坚船利炮打得晕头转向。为了“师夷长技以制夷”，中国的志士仁人开始“睁眼看世界”。首先进入他们视野的便是葡萄牙管治下的澳门，在他们看来，澳门是西方政治体制的窗口。传教士作为西学东渐的桥梁，让澳门成为中西方交流的窗口，也成为中国人睁眼看世界，向西方学习并探索救国救民道路的窗口。因此，作为中外文化交流重镇的澳门，也是中国的志士仁人萌生革命思想的发源地。

澳门是“睁眼看世界的第一人”林则徐观察世界的窗口，是近代第一位中国留学生容闳迈出国门的起点，是民主革命先行者孙中山“始见轮舟之奇，沧海之阔”的起跑线，还是近代中国多次进步政治运动的舆论传播地和依托地。郑观应在澳门撰写的《盛世危言》，影响了孙中山和毛泽东两代伟人；洪秀全的太平天国运动、康有为与梁启超的戊戌维新、孙中山领导的反清革命活动，都与澳门有着密切的关系。

清末民初的广东曾引领时代的潮流，名人辈出，如唐廷枢、詹天佑、邓世昌、冯如、伍秉鉴等。中国这些走在时代前列和走向世界的标志性名字，无疑是时代潮流推动的结果，而作为桥梁与窗口的澳门，则在其中发挥了不可忽视的作用。

圣保禄学院

天主教澳门教区档案显示：耶稣会士于1565年已在澳门设立会院和开办学校，该校后升格为学院。到16世纪末，该学院的学历获得欧洲的大学承认。[①]

1582年8月7日抵达澳门的意大利耶稣会士利玛窦（Mathieu Ricci），就是先在圣马尔定经院“学华语，读华书”，在中国话学习上很快就略有成效。他又陪同罗明坚到肇庆布道，进而赴韶关、南昌、南京、北京等地传教，成为在中国传教最有成效的开拓者之一。到1610年，中国内地的天主教徒已发展到2500人，其中包括徐光启、李之藻、杨廷筠等有学问的明朝高级官吏。

罗、利两人利用中文入内地传播天主教的成功，使耶稣

---

① 资料来源：天主教澳门教区官网。

会总会充满了信心，于是责成1610年新任中国教区会长龙华民（Niccolò Longobardi）根据罗、利的成功经验，规定凡入华传教的耶稣会士，一律要先在澳门学习中国语言文字和礼仪。此前，耶稣会总会已接受范礼安关于在澳门建立一所大学来专门培养进入中国内地以至日本传教的耶稣会士的建议。后来，耶稣会会长鲁德拉斯（Antonius de Luadros）委托贝勒兹、代宰拉和平托三人，将原来只有小学规格的圣保禄公学升为大学规格的圣保禄学院，于1594年12月1日正式注册成立。这是澳门历史上第一所高等学校，也是中国第一所西式大学。

圣保禄公学创办于1565年。从1574年起，葡萄牙国王每年从马六甲的税收中抽出1000克鲁扎多作为公学的办学经费；1578年起，葡商每年从获自中国1600担生丝中分出50担给传教士贩运到日本，所赚的几千块金币作为办学经费。1579年圣保禄公学已有150个儿童上学，到1584年底增至200人。此外，还有一些传教士在这里学习汉语和拉丁文。

圣保禄公学升格为大学规格的圣保禄学院后，经费仍得到葡商支持，直至1835年被焚毁时为止。学院拥有一个藏书4000多册的图书馆，设有一个印刷所、一个小诊所和药房，还有天文观象台。

圣保禄学院的课程设计既借鉴葡萄牙科英布拉大学的规章制度，又须适应在澳门及内地传教的需要，其所提供的实质上是培养传教士的“神修课程”。学院以“西方古典学术知识为主体，神学为皇冠，拉丁文为基础”作为指导思想，设置自然科学的数学、天文历学、物理学、医药学，还有哲学、神学和人文科学的汉语、拉丁语、音乐、修辞学等10门课程。其中汉语是必修课，人人都要学，学时最多。不仅学生要苦读，连在学院里执教的教授也要学，因汉语是在东方传教必需的沟通工具。艾儒略是学院的著名数学教授，但他的名字却列在学院毕业生名单之中，显然就是这个道理。

耶稣会士掌握汉语固然有利于传教，中国官方亦认为耶稣会士学会汉语后可让他们掌握的自然科学知识为朝廷所利用。所以，到了清朝康熙年间，索性做出硬性规定：凡入华传教的新来会士，不会中国话者必须“教他在澳门学中国话语”；乾隆时，耶稣会又做出补充规定：凡拟入华传教者必须“剃发易服，赴广东澳门天主堂，居住二年余……习知中国言话”。这样一来，圣保禄学院的汉语课程，已不仅仅是语言能力的培训，而且是进入中国内地传教的必需条件了。此后，凡耶稣会、方济各会、多明我会、遣使会等的传教士要进入中国内地传教者，必须在圣保禄学院修读汉语两年。这无疑增强了圣保禄学院及汉语课程的权威性，使这所学院成为名副其实的培训入华传教士的高等学府。

圣保禄学院仿照欧洲大学的考试制度，凡入学修满课程并经过考试合格者，颁给学位证书。明清中国官方在任用该院颁发学位证书的教士时，亦承认其学历，按学位授以适当的官职。

圣保禄学院招生对象大部分是欧洲的传教士，以及一部分中国、日本的修士。1600年左右，学院每年约有学生50人，最多时80人，最少时亦有25人。

圣保禄学院的首任院长是孟三德（Duarte de Sande）神父，任期为1594—1596年；第二任院长是李玛诺（Manuel Diaz Senior），1596—1601年和1609—1615年两度出任；第三任院长为陆安德（Andreas Lobelli），任期为1671—1673年，此三人为历任院长中最著名者。曾在学院任教的教授约30人，有年代可考的著名教授是教数学的艾儒略（教期为1601—1613年）、毕方济（教期为1610年）、邬若望（教期为1616—1619年），教神学的王丰肃（教期为1618—1623年）、阳玛诺（教期为1616—1621年）、孟儒望（兼教哲学，教期为1633—1637年）、李若望（兼教文学，教期在1696年以后），以及教哲学的安文思（教期为1640—1641年），等等。

曾在圣保禄学院攻读毕业而入华传教的耶稣会士约200多人，占明清时期赴华传教的472名会士中的50%左右，其中有年代可考者109人。在这200多名毕业生中，几乎包括了赴华传教的主要骨干，其中不少是研究中国文化的学者，出版了不少研究成果，成为中西文化交流的沟通者。

此外，圣保禄学院还招收一批在澳门入教或由内地来澳门入教的中国天主教信徒，让他们进院学习神学等课程，毕业后再派回内地传教。这些信徒据不完全统计约有30多人，包括陆希言、吴历、郑玛诺和钟鸣仁等。

在澳门圣保禄学院培训过的中外耶稣会士纷纷进入内地传教，使天主教的传教活动在中国的北直隶、南直隶、山东、山西、陕西、河南、四川、湖广、浙江、江西、广东、广西等12个省级行政区迅速发展，信教者与日俱增。据统计，华人天主教信徒数量由1585年的20人增至1617年的1.3万人，1644年又增至15万人。在这些华人天主教信徒中，不仅有一般的平民百姓，也有明朝的宗室内臣、皇亲眷属和达官贵人。据1636年统计，信天主教的有亲王140人、皇族40多人、皇帝赐封的诰命夫人80多人、一品大员14人、进士10人、举人11人、生员300多人。著名者如礼部尚书兼文渊阁大学士徐光启、南京工部都水司郎中李之藻、监察御史杨廷筠、司礼监掌印太监庞天寿以及瞿太素、冯应京、李天经、张焘、孙元化、韩霖、段衮、金声、瞿式耜、张赓等，均笃信天主教，并协助利玛窦进行传教，在内地建立教堂159座、教士住院42处。可见天主教在中国内地传播之广深。[1]

① 郑炜明、黄启臣：《澳门宗教》，澳门基金会，1994。

教案与『礼仪之争』

尽管天主教在中国内地广为传播，但它毕竟是西方一神教的宗教思想和神学文化，从根本上与中国以寺庙为代表的泛神信仰的传统文化相矛盾，使中国千百年来的传统信仰与习惯受到冲击和挑战。而随着这种冲击和挑战的扩大和日趋激烈，不断发生教案。据神父曾德昭统计，明代共发生教案54起，其中以1616年的南京教案为最大，其导火索是中国礼仪问题。所谓礼仪问题，主要是看传入中国的天主教如何对待中国人敬拜祖先和祭祀孔子这两个问题。

罗明坚、利玛窦等人认为：中国人“敬拜祖先”只是对祖先感恩的表示，“祭祀孔子”也不过是对孔子表示尊敬而已。这是中国人的一种传统礼节，均无迷信色彩，更无宗教的含义，可采取尊重和通融的态度；否则，天主教就会被视为是对中国家族观念和传统文化的基础的破坏而站不住脚。所以，利玛窦传教的方法是尽量把天主教教义儒学化、中国化，使天主教势力日益扩大。

可是利玛窦一死，龙华民于1610年接任耶稣会会长、执掌中国教区教务后，一反利玛窦的观点和尊儒奉佛的传教方法，认为“祭祖敬孔”是一种迷信，与佛教、道教崇拜偶像没有什么两样，是违背天主教教义的，天主教徒不应参加。龙华民为辨明这些问题，曾于1621年在澳门召开过会议进行讨论，支持者与反对者双方皆发表不少文章，但并没有取得一致的看法。往后其他天主教修会的传教士东来澳门，更使这种争论趋向尖锐化。这些人不懂中文，又不尊重中国文化习俗，公开反对利玛窦的观点，说利玛窦他们出卖了天主教，向迷信妥协投降。

在此情况下，龙华民滥用其会长的权力，严行禁止中国天主教徒参加祭祖、祀孔的传统仪式。这就激起了社会人士的强烈反感，特别是官吏、士子之间反教思潮日益公开化。

先是一群知识分子如黄贞、王朝式、钟始声、虞淳熙、林启陆、许大受、李生光、陈候光等人撰写《不忍不言》《破邪集》《请颜先生辟天主教书》《罪言》《天学初征》《天学再征》《利夷欺天罔世》《诛夷论略》《圣朝佐辟》《儒教辨正》和《辨学刍言》等书文，历数天主教破坏中国伦理纲常、暗伤王化、阴谋不轨等罪状，鼓动人们联合起来，共同声讨天主教，以至驱逐传教士出境。

后是礼部侍郎署南京礼部尚书沈潅于1616年的5月、8月和12

月连续三次向万历皇帝报告，论述在中国禁止天主教的四大理由：第一，传教士散处中国各地，时有偷窃中国情报之嫌；第二，天主教会劝人信奉天主，禁止祭祖祀孔，是为教人不孝父母、不事祖先；第三，教士私习历法，创为邪说，混淆视听；第四，教士劝人擦圣油、洒圣水，聚男女于一室礼拜，败坏风俗。他祈求万历皇帝下令追究和驱逐天主教传教士。

在未获皇帝批准前，沈漼迫不及待地采取先斩后奏的手段，于7月21日派巡城御史孙光裕率兵包围南京教堂，逮捕传教士王丰肃、谢务禄（Semedo，后改名曾德昭）及华人教徒钟鸣仁、曹秀、姚如望、游禄、蔡思命、王甫、张光、王文、刘二、周可斗、王玉明、三郎、仁儿、龙儿、本多、熊良等16人，以及幼童5人；8月14日，又逮捕华人教徒钟鸣礼、张寀、余成元、方政、汤洪、夏玉、周用和吴南等8人。然后一再上书重申禁教的主张，要求皇帝立即驱逐天主教耶稣会士。

1616年12月8日，万历皇帝颁布了驱逐耶稣会士的命令。第二年，庞迪我、熊三拔、王丰肃、谢务禄等26名中外耶稣会士被押解送往澳门。①

而入清之后发生的“礼仪之争”，则导致天主教耶稣会长时间退出了中国历史舞台。不过，这次是天主教欧洲教会自找的麻烦。

除耶稣会于1565年在澳门设立了会院外，方济各会、奥斯定会、多明我会和过隐修生活的圣嘉勒女修会，都先后在16、17世

① 郑炜明、黄启臣：《澳门宗教》，澳门基金会，1994。

纪在澳门设立了会院。[1]

1692年3月22日，康熙皇帝颁布了准许天主教在中国传教的敕令。但偏偏就在这个时候，天主教的西班牙多明我会、法国巴黎外方传教会与耶稣会、方济各会、奥斯定会的神学思想的矛盾、冲突和争辩重又激烈起来。多明我会、巴黎外方传教会对耶稣会等容忍中国天主教徒祭祖祀孔的做法极为反感，认为教徒祭祖祀孔完全是与佛教、道教崇拜偶像的异教行为一样性质，是违背天主教教义的，教徒不应该参加。

“礼仪之争”的导火索是多明我会士黎玉范（Juan Baptista de Morales）先向菲律宾天主教教会控诉耶稣会，1643年又专程赴罗马向宣教部提出问题17条，控告耶稣会士，在教廷引起一场辩论。

1645年9月12日，教皇英诺森十世（Innocent X）发出禁止教士祭祖祀孔的命令。澳门的耶稣会士十分不满，特派出正在布鲁塞尔的卫匡国（Martinus Martini）于1654年到罗马向教皇阐明礼仪问题，说明祭祖是中国民间的传统仪式，以表示子孙对前辈祖先的孝顺，敬死如生，以示纪念，并非视死者为神灵，因此不是崇拜偶像的迷信活动；而尊孔祀孔是知识分子的一种尊师礼节，表示对老师培养自己的一种尊敬心意，更不是什么迷信之事。

双方在罗马经过五个多月的辩论，最终耶稣会获胜。1656年

---

① 资料来源：天主教澳门教区官网。

3月23日，由教皇亚历山大七世颁布了“按所叙实况，教徒在不妨害根本信仰的情况下，可以自由参加中国礼仪”的命令。

多明我会却坚决反对这一决定。接替黎玉范职务的鲍郎高（Jean Palanco）质问圣职部：1645年的禁令是否取消了？双方都振振有词，互不退让，于是在1667年底到1668年初又集中在广州辩论了40天，并于1668年1月26日做出了“各遵1656年法令”的42款决议，参加双方均签押认可。而教皇克莱孟特九世也于1669年11月20日宣称：1645年和1656年的两次通令，按双方所叙实际环境，均有效力。但广州的多明我会会长纳瓦来特（Fernandez Navarette）背地里从澳门返回欧洲，在1676年出版的《中华教会志》上发表文章攻击耶稣会。巴黎外方传教会在福建的主教阎当（Charles Maigrot）亦乘机发布命令，认为1656年教皇所发布容忍中国礼仪的通令，从良心上不必遵守，并立即开除两个耶稣会士以示反对。同时又派遣魁末纳（Guemener）和查尔马（Charmot）到罗马，请教廷重新审议1656年的通令。1697年，教皇英诺森十二世将该案交给异教徒裁判所审处；而耶稣会士则向康熙皇帝提出“祭祖和尊孔是否具有宗教性质”的问题。

康熙皇帝于1700年11月30日发布上谕，正式宣称：中国祭祖祀孔的礼节，不过是一种崇敬礼节，并无宗教性质。多明我会、巴黎外方传教会却指责耶稣会对天主教的事不请示罗马教廷，反而请示和依靠中国皇帝裁夺，此乃离经叛道，以此挑动教皇的反感。1704年11月20日，教皇克莱孟特十一世（Clementus Ⅺ）

命令圣职部发布禁止教徒祭祖祀孔的命令，并派多罗（Charles Thomas Maillard de Tournon）主教将禁令带到中国。1707年1月25日，多罗主教在南京宣布教皇关于天主教徒祭祖祀孔的禁令，要求教士一体遵行，不得有违。

多罗宣布禁令后，在华传教士分成两派。一派为耶稣会士，北京方济各会主教、江西奥斯定会主教反对禁令，并上诉教廷，陈述理由；另一派如阎当主教、巴黎外方传教会士和大多数多明我会士和少数方济各会士，则遵守教皇禁令。在此情况下，康熙皇帝派耶稣会士再前往罗马，要求教皇收回禁令成命，但遭到拒绝。1709年3月，克莱孟特十一世再次重申禁令，要求教徒必须严格遵守；并于1715年3月19日颁令：今后教士不得再就礼仪问题进行申诉和辩论。

此事激怒了康熙皇帝，使他一改当初对天主教的宽容政策为禁教政策，于1720年对教廷的禁令批示："以后不必西洋人在中国行教，禁止可也，免得多事。"1723年又宣布禁止传教士在内地居住、仅许到澳门居留的命令。自此之后，雍正、乾隆、嘉庆、道光各朝皇帝，都执行禁止天主教传播的政策，并且不断补充，采取越来越严格限制天主教的措施，延续了120多年。各地还不断发生反对和驱逐天主教士和教徒的教案，在内地传教的耶稣会士不断被驱逐到澳门。顿时，澳门又重新成为耶稣会士退身避难之所。例如在1724年1月11日，雍正皇帝下令各省传教士在半年之内离开内地。于是各省教士50多人（其中仅耶稣会士即达37人）和5位主教全部被驱逐，于1732年集中到广州，然后由两广总督驱逐至澳门。[1]

与此同时，欧洲各国政府也纷纷下令驱逐耶稣会士。而首先发难的是葡萄牙。1758年9月3日晚上，葡萄牙国王约瑟一世遇刺受伤，有人指控此事与耶稣会士有关。于是，首相庞巴尔立即下令将全国耶稣会士尽行逮捕，押进地牢监禁。1762年7月5日，庞巴尔的命令到达澳门，澳督府陆军奉命包围圣保禄学院和圣若瑟堂，将两处的耶稣会士全部逮捕入狱。11月5日，24名耶稣会士被澳督府军队押上开往里斯本的船舶，送回葡萄牙，并囚禁在圣犹酉里安塔内。此后，圣保禄学院和圣若瑟堂被封闭，摒弃不用。

1764年，法国政府解散国内的耶稣会。西班牙政府也于1767年将6000名耶稣会士驱逐出境。同时，葡、法、西三国政府还联合要求教皇统统解散耶稣会。在此情况下，教皇克莱孟特十四世为形势所迫，于1773年7月21日，颁布了《我们的上帝和救主》的命令，正式解散耶稣会。此命令于1775年传至澳门，澳门耶稣会即于同年解散了。此举对澳门天主教打击甚大，教务衰落，教徒减少。据统计，1700年全澳门的天主教徒19000人，到1818年锐减至5000人，1834年又减至3000人。这还不算惨，从1834年起，澳门教区连续13年主教缺位。[2]

为了填补耶稣会留下的空缺，从1791年开始，罗马教廷宣

---

① 郑炜明、黄启臣：《澳门宗教》，澳门基金会，1994。

② 郑炜明、黄启臣：《澳门宗教》，澳门基金会，1994。

教部陆续派出遣使会士福文高等人抵达澳门，接替耶稣会的传教工作。至此，曾在澳门传播天主教并以澳门为基地进入内地传教二百年之久的耶稣会，正式退出了中国历史舞台，直到半个世纪后才重返中国。[①]

① 郑炜明、黄启臣：《澳门宗教》，澳门基金会，1994。

圣保禄教堂（大三巴）

要说澳门最著名的地标，相信非“大三巴牌坊”莫属。其实这不是什么牌坊，而是圣保禄教堂的前壁。“大三巴牌坊”在葡萄牙语中称为Ruínas da Antiga Catedral de São Paulo，即圣保禄大教堂遗址。其前身为圣保禄学院附属教堂正面前壁，始建于明万历三十年（1602）。

为什么叫作“大三巴牌坊”呢？澳门华人多不懂外文，用粤语音译把“圣保禄”称为“三巴”。由于旧城区另有一座规模较小的圣保禄教堂，为方便区分，就把旧城区那座称为“三巴仔”（意思是“小三巴”），而圣保禄学院旁边这座规模较大的教堂，就叫作“大三巴”了。1835年1月26日的一场大火，烧毁了圣保禄学院及其附属的教堂，仅剩下教堂的正面前壁、大部分地基以及教堂前的石阶。由于教堂剩下的前壁形似中国传统牌坊，当地人就将之称为“大三巴牌坊”。

圣保禄教堂始建于明万历八年（1580），早期是简单的建筑物，于1595年和1601年先后两次被火烧毁。1602年开始第三次重建，是当时远东最大的一座天主教堂，号称“东方梵蒂冈”。

圣保禄学院是天主教耶稣会基于远东传教的需要而创办的，创办人是耶稣会远东教区的视察员范礼安（Alessandro Valignano）。1573年，年仅34岁的范礼安上任后，先后视察了印度、中国澳门和日本的耶稣会。1592年，他与驻日本的耶稣会友协商后，决定将原来作为小学和中学而建立的澳门耶稣会教育机构升格为大学。

圣保禄学院是远东第一所西式大学，刚开始时主要着眼于培养日本传教士，而不是为了在中国传教。因为明朝政府严禁外国人在内地传教，耶稣会便将扩充教务的希望，寄托在对外贸易活跃的日本。

所以，圣保禄学院虽开设了汉语课程，但初时并未列为必修课。耶稣会兴办学院培养在澳门的日本天主教徒，以便日后暗中将他们遣返日本传教。圣保禄学院实际上有两所学校，一所是专为澳门本地人及葡萄牙人子女（包括土生葡人）开办的初修院，另一所是专门为日本传教士开办的圣依纳爵神学院。

为了兴建圣保禄学院和附属教堂，澳门葡人捐赠了对日贸易收入的50%，相当于6260法兰西图尔镑，并委托意大利耶稣会士卡洛斯和日本教友进行设计。1603年，圣保禄教堂内部工程竣工，建筑物的前壁到1637年才完工，1644年才补齐上面的雕刻。落成后的圣保禄教堂拥有意大利风琴，欧洲、中国及日本艺术家的绘画作品，还有一座法国国王路易十四世赠送给法国耶稣会教士的大钟，以其巨大的机械装置为澳门全城指示时间。

圣保禄学院及附属大教堂落成一个多世纪之后，灾祸降临到耶稣会头上：轰动欧洲的“中国礼仪之争”，导致欧洲各国纷纷驱逐耶稣会士。1759年，历来仇视耶稣会的葡萄牙首相庞巴尔，通过法律宣布耶稣会及其传教士非法。1760年，葡王下令没收耶稣会在全国各地的财产，包括教堂、学校和其他布道场所。1773年，教皇克莱孟特十四世下令解散耶稣会。

覆巢之下安得完卵？澳门耶稣会也未能幸免，其浩劫只是因交通不便而迟了两三年降临。1762年4月2日，印度总督埃加伯爵向澳葡当局传达了葡王的命令，将耶稣会在澳门的全部财产充公并交予教区，包括圣保禄学院、圣若瑟神学院、圣母教堂及其墓园。同年7月5日凌晨，澳葡当局查封了这两所学院，逮捕了圣保禄学院和圣若瑟神学院的24名耶稣会士。同年11月5日，这批耶稣会士被押上“圣路易斯”（S. Luís）号船解往里斯本监禁。属于耶稣会的财产在1762年交予澳门主教处理，一部分家具和服装被拍卖。根据政府法令，圣保禄学院先交给澳门市政厅管理，之后变成兵营用于驻军。[①]

---

① 李向玉：《澳门圣保禄学院关闭时间之辨识》，澳门《行政》杂志总第49期。

耶稣会煞费苦心兴建的圣保禄教堂，也在1835年一个雷雨交加之夜毁于熊熊烈火，只剩下教堂的前壁，就是现在的“大三巴牌坊”。

耶稣会士经澳门向内地传教

除商贸外，澳门也日渐成为天主教在东方传教的重要基地，圣保禄教堂是当时远东最大的一座天主教堂，有“东方梵蒂冈”之称。以传教为媒介的中西交往推动彼此间的文化交流进入了更深层面、更广阔领域。

为了进入中国内地传教，天主教传教士苦心学习中国的语言和文化艺术，其用功达到惊人的程度。

天主教传教士是从欧洲来到澳门，再经由澳门前往内地传教的，这使澳门成为传教士们进入内地的主要门户之一。由于明末清初严格实施禁海令，外国人在内地寸步难行，天主教在中国的传教受到很大的阻碍。所以，天主教传教士通常会以澳门作为踏脚石，在澳门学习中国的文化和语言，并与当地人建立关系，以便更好地进行传教活动。

习惯使用拉丁文的欧洲传教士，学习表意文字的汉字是十分困难的。而且，他们在澳门接触到的多是操广东方言的居民；等到他们好不容易学会了粤语，才发现这不是中国的官方语言，另外要掌握一种Mandarin官语，才能与北方的中国官员沟通。于是，他们只好从头再来。

利玛窦就是其中一位这样刻苦的传教士，他后来能够取得明朝官员乃至万历皇帝的信任和好感，很大程度是其融入中华文化之中的结果。这位碧眼金发的欧洲人，不但华冠儒服，还能以中国官话与中国人讨论“四书五经”的经典内容，令不少人为之折服。显然，利玛窦等传教士不但研究了中国文化和历史，还阅读了大量关于中国的经典书籍，以更好地理解中国人的价值观和信仰。

利玛窦到澳门及肇庆时，以《万国舆图》为蓝本重新摹绘《山海舆地全图》，并附上中文说明，此为西方地理学和地图学传入中国之始。1602年，利氏为迎合明神宗皇帝之请，测量南京、北京、杭州和西安等地的经纬度，特别绘制一幅符合明神宗心理的《坤舆万国全图》，把中国画在地图的中央，此为中国有世界地图之始。《坤舆万国全图》将世界五大洲（亚细亚、欧罗巴、非洲、南北美洲）、南极和五带（热带、南北温带、南北寒带）的科学知识引入中国，使中国人了解天下大势，扩展世界眼光。

利玛窦当属这一时期对中西文化交流做出重大贡献的杰出代表。明万历三十五年（1607），经利氏口授、徐光启笔译的

《几何原本》中文版问世，中国人得以首次全面而系统地了解近代西方数学的基本知识。几何这一新学科得到了我国有识之士的重视，康熙皇帝就曾下诏将此书译成满文。清乾隆三十七年（1772）敕修《四库全书》时，又将此书收入《子部·天文算法类》，并在提要中作了专门介绍。利玛窦还把由教皇格里高里十三世颁布的现行西历传入中国，制作了浑天仪、地球仪、考时晷、报时器。据统计，17至18世纪，耶稣会士在澳门及内地所著的天文学著作达50种，制作天文和历法仪器41件，推动了近代天文学和历学在澳门乃至内地的传播。

其他如西医学、西药学、物理学、建筑学、语言学（包括音韵学）、美术、音乐等西方世界的文化知识，也于明朝末年经由耶稣会士传入中国并产生影响。这犹如一块石头扔进了古老的深潭，激起了一连串涟漪，对中国科学文化的近代化无疑起到了催化作用。[①]

尽管天主教在华传播一直比较艰难，但耶稣会士在华传教初期便确定了传教策略，即积极遵循“利玛窦规矩”与“适应策略”。[②]以利玛窦、罗明坚等为代表的传教士采取了灵活多样且适应中国传统文化的传教方法，瞄准以儒家知识分子为主体的上层人士，走文化适应路线，制定“合儒”“补儒”“趋儒”等灵

① 郑炜明、黄启臣：《澳门宗教》，澳门基金会，1994。

② 汤开建、赵殿红：《明末清初天主教在江南的传播与发展》，《社会科学》2006年第12期。

活多样的传教方针，同时借助西方先进科学技术不断浸润着部分反对空谈心性、具有务实开放精神的儒士。有人将早期耶稣会士的传教策略归纳为四点：

1. 对中国文化的适应政策。
2. “自上而下”的传教策略。
3. 以欧洲科学技术吸引有学问的中国人。
4. 对中国人的社会准则采取宽容态度。①

伴随着实学风尚的形成和弘扬，社会和思想文化渐趋包容，有利的传教环境也在客观上推动了天主教在中国的传播。加之欧洲宗教改革运动的深入，促进了天主教海外传教事业的勃兴，西欧诸国的殖民活动也为传教士提供了有利条件，特别是葡萄牙人入居澳门为传教士入华提供了中转站。在以上诸多因素的叠加效应下，这一时期天主教在华传播取得了重大突破，涌现出以徐光启、李之藻、杨廷筠等为代表的一批著名儒家天主教徒。

比利玛窦更早来华的传教士是沙勿略，他是天主教传华的先遣者，却一直没能深入中国内地，于1552年殁于上川岛。葡萄牙人成功入居澳门后，越来越多传教士随商船登陆澳门。1556年，

---

① Standaert Nicolas, *Handbook of Christianity in China, Volume One: 635–1800*, Leiden: E. J. Brill, 2001, p. 301.

耶稣会士公匝勒斯先期到达澳门。1560年至1561年间，多位在日本养老的神父也相继到达澳门传教，并于1565年建立一间会院，后又开办学校并逐渐发展成著名的圣保禄学院。

此后数年，至少有十余名耶稣会士相继抵达澳门，逐渐形成一个有规模的传教团队。有鉴于传教活动在澳门的发展，卡内罗（Melchior Carneiro）被任命为天主教澳门首任主教，并于1568年抵达澳门主持传教活动。

卡内罗到任后干了几件大事，成功地打开了传教局面：他首先建立了以望德堂（Igreja de São Lázaro）为中心的传教基地；为吸引澳门华人信奉天主教，又陆续建立仁慈堂（Santa Casa da Misericórdia）、辣匝禄麻风院（Hospital de Lázaro）和拉法医院（Hospital de Rafael）等，开展慈善和医疗活动。

仁慈堂给饥寒交迫的贫民赠送食物与寒衣，华人称之为“支粮庙”，古地图上仍可寻找到这个地名。

当时珠江三角洲流行可怕的麻风病，许多人在家乡无法生存，只得逃亡到澳门。卡内罗主教向这些走投无路的可怜人伸出了援手，设立专门收留和治疗麻风病人的辣匝禄麻风院。那些麻风病人在内地过着暗无天日的生活，被亲人无情地抛弃甚至杀害，到处都遇到世俗鄙夷的目光。来到澳门后，卡内罗等传教士不但收留他们，提供衣食，还施以药物治疗。如今的望德堂旧称“疯堂”，该区旧称“进教围”，附近至今尚存“疯堂斜巷”等与“疯”有关的街巷名字，这些都与这段历史有关。

1576年1月23日，随着传教事务顺利推进，教皇颁发诏书批准成立澳门教区，负责管理包括中国、日本和安南等广泛地域范围内的传教事务，直属果阿主教统领。由此，澳门也成了天主教在东方最早的传播基地。

基督新教的传入

19世纪初基督新教传入中国，马礼逊是此过程中一个相当关键的人物。

罗伯特·马礼逊（Robert Morrison，1782—1834），英国人，于1807年1月8日成为牧师，同年9月7日到达广州。马礼逊来华后苦心学习汉语，并在生活起居方面仿效中国人的习惯。1808年，他从广州前往澳门居住。1809年，马礼逊当上英国东印度公司广州办事处汉文翻译。他在担任翻译的同时，还为传教工作做好准备，时常一边办公，一边翻译《圣经》；并经常来往于澳门和广州之间，以英国使臣、英国驻华商务监督律劳卑的“中文秘书兼翻译官”的身份，在澳门开展新教的传教活动。

这是基督新教传入澳门，也是传入中国的开端。

由于清朝禁止传播洋教，马礼逊便以马六甲为据点，翻译出版《新约全书》《新旧约全书》等，成为将基督教的全部原始教义介绍给中国人的第一人。他还编辑了《华英字典》，出版汉文期刊《察世俗每月统记传》。

1816年7月，英国派特使阿美士德来中国，马礼逊作为汉文翻译随行同到北京。1833年，英国驻华商务监督署成立，英国国王任命马礼逊为律劳卑的中文秘书兼翻译官。

1834年8月1日马礼逊病逝，享年52岁。他首次翻译出版中文版《圣经》；独自编撰《华英字典》，编写《中国一览》《广东省土语字汇》等近代早期中西文化交流方面的重要作品；为第一个华人基督新教教徒蔡高施洗，按立了第一名华人牧师梁发；创办英华书院，出版汉文期刊《察世俗每月统记传》，在澳门出版中文报刊《杂闻篇》；协助创办了中国第一份英文报纸——《广州纪录报》等，在基督新教传入中国的过程中起到十分重要的作用。

除英国外，陆续又有多个西方国家的新教传教士来到澳门传教。美国传教士裨治文于1839年将《中国丛报》迁至澳门出版发行；德国籍传教士郭实腊抵达澳门传教并受到马礼逊的欢迎和款待，其夫人温施蒂与撒母耳·布朗（Samuel Brown）在澳门创办了第一所西式学堂——马礼逊学堂，培养了如容闳、黄宽等众多人才。此外，1833年至1834年，美国传教士卫三畏和伯驾被派遣至澳门帮助传教。伯驾曾在澳门开设医院，一边传教，一边救治病人。1836年，美国叔未士牧师夫妇携家眷到澳门传教。之后，基督新教又转移至香港继续发展。

澳门之最

澳门创造了许多中国乃至亚洲第一。

这里有中国也是远东第一所西式大学（圣保禄学院，1594年）、中国第一所西式医院（白马行医院，1569年）、中国第一家以西方金属制版来印刷拉丁文字的印刷厂（圣保禄学院附属印刷所，1588年）、中国第一份外文报纸［《蜜蜂华报》（*A Abelha da China*），1822年］、中国第一座西式剧院（伯多禄五世剧院，1860年）、中国第一座现代化灯塔（东望洋灯塔，1865年），还有中国最古老的教堂遗址和修道院，以及中国最古老的西式炮台建筑群。

利玛窦和罗明坚在澳门编撰了第一部中葡辞典（《葡汉辞典》，1583年）；19世纪基督新教第一位传教士马礼逊来到中国，编撰了第一部中英字典（《华英字典》，1822年）。西方的望远镜、天文学、几何学、世界地图、钟表、乐器、医药等，经澳门传入了内地。中国的“四书”和戏剧《赵氏孤儿》，也是经澳门的天主教传教士翻译后传进欧洲的。

利玛窦、汤若望、南怀仁等天主教传教士，对“西学东渐，东学西传”发挥了相当大的作用，使之深入到宫廷与民间；他们以及马礼逊等新教传教士在澳门的活动，都对中国近现代政治、经济、社会文化产生过巨大而深远的影响。

伴随着宗教来到中国的，既有西方科技与文明，也有殖民扩张与侵略。从此，中国人民认识到落后于世界潮流的不足，必须奋起直追才能重返世界舞台中央。

中国最早的双语人才培训基地

葡萄牙人在澳门定居之后，天主教也随即进入珠江口这座小城，将澳门作为向远东传播教义的中心。天主教会为了传教的需要，制定了双语人才培养计划，在澳门兴办学校，后逐渐发展成远东第一所西式高等学府——圣保禄学院，开设汉语、拉丁语、日语、修辞学等课程，系统培养双语人才。因此，澳门是中国境内最早的双语人才培训基地。

明清之际的中西文化交流之所以如此广泛而深入，其中的关键是能够突破语言的隔阂。明代著名学者李贽，对经澳门进入内地的利玛窦“能言我此间之言，作此间之文字，行此间之仪礼”深表赞赏。当时中国精通外语的人实属凤毛麟角，外国人精通中国语言者也极为罕见。澳门则较早地迈出了培养外语人才的脚步，葡萄牙人入居澳门后，澳门逐渐发展成为华洋杂处之地，来自五洲四海的人士汇聚于澳门一地，在频繁接触交往中，众多的“舌人”“通事”应时而生，他们承担了语言交流的工作。在“之乎者也”与“ABCD”共同的诵读中，一批批双语人才掌握了中外文化交流的钥匙，跨越了文化交流中的语言障碍。

澳门大炮远销欧亚

很少人会想到，小小的澳门，曾经拥有亚洲最发达的军火工业。

澳门的铸炮厂位于竹仔室，也就是今天濠璟酒店、葡萄牙驻澳门总领事官邸（前峰景酒店）和新竹苑迎宾馆（澳门中联办招待所）一带。1557年葡萄牙人入居澳门后，在竹仔室村设立“澳门皇家铸造场”，专门铸造铜炮、铁炮和铜钟等。

这里为何叫作“竹仔室”呢？此地曾是澳门的古村落之一，四百多年前聚居了百余户华人；因村屋多用茅竹搭成，十室九竹，因而得名。现时竹室正街、竹仔室斜巷的名称均是源自竹仔室村。

竹仔室这个名字甚为典雅，古人“宁可食无肉，不可居无竹”。20世纪三四十年代的澳门富豪高可宁在这里兴建洋房，该处街道后来改名为高可宁绅士街。竹仔室现为澳门著名的豪宅区，澳门特区政府礼宾府及很多名人的府邸都在附近，背山面海，环境优美。

17世纪20年代，铸炮师博卡罗被派来澳门接管铸炮厂，因而该厂又被称为博卡罗铸炮厂。由于该厂工艺优良、技术精湛，当时更被称为“世界上最好的铸炮工厂”。该铸炮厂所制铜炮、铁炮及弹药，远销欧亚，驰名遐迩。澳门葡人曾以大炮作为给皇帝的赠礼，明朝政府亦派员采购西洋大炮，作为对付后金的新式武器。崇祯皇帝还给一门来自澳门的大炮赐名“神威大将军”。

葡萄牙复国后的1642年1月，澳门葡人兴高采烈，不仅签署了效忠葡王约翰四世的宣誓书，表演戏剧，鸣枪、鸣放礼炮，还向葡王捐赠了20万两白银，奉献了澳门生产的200门铜炮和各种弹药。由此可见澳门铸炮工业之发达。

博卡罗逝世后，铸炮技术后继乏人，铸炮厂随之关闭，澳门的铸炮业成为历史。为纪念铸炮厂，其所在地被命名为铸炮斜巷。

澳门历史城区

有朋友曾经问我：澳门哪个博物馆最有代表性？我笑着对他说，参观澳门历史城区吧，不用一天时间就能了解半部近代史。

2005年7月15日，在联合国教科文组织第29届世界遗产委员会会议上，“澳门历史城区”获得21个成员国全体一致通过，正式被列入《世界文化遗产名录》，成为中国第31处世界遗产。

澳门历史城区是由22座位于澳门半岛区域的建筑物和相邻的8个广场空间所组成、以旧城区为核心的历史街区。这是中国境内现存最古老、规模最大、保存最完整和最集中的中西特色建筑共存的历史城区。

这里有中国最古老的教堂遗址和修道院、最古老的基督教坟场、最古老的西式炮台建筑群、第一座西式剧院、第一座现代化灯塔和第一所西式大学等。

澳门历史城区见证了澳门四百多年来中华文化与西方文化互相交流、多元共存的历史。正因为中西文化共融的缘故，城区当中的大部分建筑都具有中西合璧的特色。城区内的建筑大部分至今仍完好地保存或保持着原有的功能。

世界遗产委员会对澳门历史城区的评价是："见证了西方宗教文化在中国以至远东地区的发展，也见证了向西方传播中国民间宗教的历史渊源；是中国现存最古老的西式建筑遗产，是东西方建筑艺术的综合体现。"

葡人自治

- 议事会的由来
- 议事会曾是最高权力机构
- 葡人的“双重效忠”
- 明清交替之际的葡人取向
- 议事会与澳督的权力之争

议事亭前地又称“喷水池”，位于澳门闹市中心，是抵澳游客必到的打卡之地。喷水池对面的大楼就是昔日的市政厅，四百多年前的葡人自治机构——议事亭。澳门回归中国后，市政机构去除了政权性质，成为特区政府属下的民政总署，如今的市政署。

顾名思义，议事亭本是一座中式亭楼建筑，为昔日明朝和清朝官员与葡萄牙人办理居留、贸易洽谈的地方。1784年，葡萄牙人以8万两白银买下议事亭这块地皮，兴建具葡萄牙建筑风格的议事会大楼作办公用途。议事会大楼曾多次重修，目前看到的建筑物是1874年重修时形成的，有明显的南欧建筑艺术特色。二楼的议事亭藏书楼于1929年启用，以葡萄牙玛弗拉修道院的图书馆（Biblioteca do Convento de Mafra）为设计蓝本，装潢和家具陈设具有浓厚的欧洲古典气息。这里收藏了17世纪至20世纪50年代的外文古籍，特别是葡萄牙在非洲及远东的历史文献，其中不乏珍品。

议事会的由来

以议事会为权力核心，是澳门葡萄牙人早期自我管治的政制模式，这种模式源自葡萄牙中世纪市政组织。1557年葡人获准入居澳门以后，随着聚居规模的不断扩大，他们便将祖上这一市政自治制度挪到澳门。澳门的葡萄牙人要面对多方面的压力，既要维持与明朝政府的良好关系，确保自身的商贸利益，也要提升防御力量，防范其他欧洲海上强国和海盗的侵扰。为此，他们需要设立一套行之有效的自治系统，更好地维持内部秩序，保证商贸活动正常进行。[①]

澳门开埠最初的二三十年，明朝广东政府依照传统的观念，

① 吴志良、郑德华主编：《中国地域文化通览·澳门卷》，中华书局，2014，第75页。

仍将其视作季风性贸易港口。海道副使成为澳门的实际管理者，但对澳门的管理重点在于关税与海疆防务，澳门行政上隶属于香山县，但香山县政府从16世纪80年代起才开始介入澳门的行政治理。因此，这时澳门的社会秩序的维护依赖居澳的中葡商人自发组织的团体。①

根据当时葡萄牙王国的惯例，其远东巡航首领（舰队司令）在驻留澳门期间充当行政长官，拥有民事和刑事司法权，负责居澳葡人的管理事务。但远东巡航首领的驻澳时间每年只有两三个月，且常与居澳葡人发生利益冲突。为此，在16世纪60年代，居澳葡人从较有威望的商人中选举产生一个委员会，负责处理居澳葡人的内部事务。有学者认为，这个委员会应该就是古文献常常提到的阿尔玛萨（Armacão）公会，其主要职责一是平衡葡国王室、远东巡航首领与居澳葡人的利益关系；二是解决居澳葡商各自为利的混乱局面，使澳门贸易有序、稳定地发展；三是与广东政府交涉，为居澳葡商谋取更多的贸易机会；四是团结葡商，以应付外来的威胁。②

居澳华人也组成了自己的团体，一是华商团体，二是华人通事团体。这些华商不少是福建人，早在葡萄牙人入居澳门之前，他们与葡商在闽浙沿海已经有良好的合作关系，随后将这种合作

---

① 陈文源：《明朝中国海商与澳门开埠》，《中国史研究》2018年第2期。

② 陈文源：《明朝中国海商与澳门开埠》，《中国史研究》2018年第2期。

维持到澳门开埠之后。与此同时，华商团体与明朝海防官员有着较好的私人关系。1564年，潮州柘林寨水兵哗变，直捣珠江口沿岸；澳门华商应抗倭名将俞大猷请求，积极协调华葡商人参与了平息叛乱的军事行动。另一次是1568年7月3日，海盗曾一本残部白艚贼船20余艘突袭香山唐家湾九洲口一带。在这次抗击海盗的行动中，居澳华葡商人“自请欲助兵灭贼”。通过这两次抗击叛兵与海盗的战事，可知居澳华商曾联合葡商武装参战，并发挥了关键的作用。

当时澳门活跃着一群担当翻译兼买办的华人，他们长期与葡萄牙人合作做生意，在欧亚国际贸易中赚取可观的利润，生活方式基本已经西化。明嘉靖年间庞尚鹏在奏疏中提到：“其通事多漳、泉、宁、绍及东莞、新会人为之，椎髻环耳，效番衣服声音。”①

葡人在澳门与内地的交易乃至后勤供给，都要仰赖这些翻译代为筹谋，双方形成一定的依存关系。葡萄牙人配合明朝地方政府驱赶海盗之后，广东海道副使汪柏允许葡人入居澳门，葡商也可以到广州进行交易。原来与葡商合作的华商也转至广州，与官府合作，形成官督商办的行商体制。留守澳门的华人主要从事贸易服务性的工作，渐渐成为葡商的附庸。

16世纪70年代起，广东地方政府加强对澳门的行政管理，修

---

① ［明］庞尚鹏：《题为陈末议以保海隅万世治安疏》，载［明］陈子龙等选辑《明经世文编》卷三五七，中华书局，1997，第3835页。

筑关闸，逐步明确香山县、海道副使对澳门的管理责任，并默认居澳葡商的自治议事机构（议事会）对葡人的管理，形成了“华人治华、葡人治葡”的治理格局。[①]

当然，自治是相对而言的。澳门一直是中国的属土，实施的依然是中国法律，明朝和清朝政府也长期掌控着澳门的行政大权。

① 陈文源：《明朝中国海商与澳门开埠》，《中国史研究》2018年第2期。

议事会曾是最高权力机构

葡萄牙人拓展东方市场的目的是发展商业经济，在海外采用的政治体系是由商人代理葡萄牙王室；政治军事则采用传统的"加比丹·莫尔"（Capitão-Mor）制度，由葡印总督任命舰队司令（Capitão das Viagens），专责防务和行使与战争有关的司法管辖权。[①]

1583年4月10日，在萨主教（D. Leonardo de Sá）的倡导和主持下，居澳的葡萄牙人成立内部自治机构——议事会（又称议事公局）。议事会每三年选举一次，只有葡萄牙居民才有选举权。居民通过无记名投票，选出多名适宜担任议事会职务的

① 吴志良、郑德华主编：《中国地域文化通览·澳门卷》，中华书局，2014，第75页。

人，由王室大法官呈送葡印总督确认任命。议事会成员包括：2名法官（Juiz Ordinário）、3名市议员（Vereador）以及1名城市检察官（又称理事官，Procurador de Cidade）。另设1名会议书记（Escrivão de Câmara）。3名市议员轮流担任议事会主席。

议事会法官负责审理判决案件，掌握全城葡人的司法大权。如有人对判决不服，可向王室大法官申诉，或上诉至印度果阿高级法庭，其判决为终审。起初，检察官还兼任澳门财政局长、海关总监、公共事务主管等职，同时代表议事会与明朝政府打交道。

遇到重大问题，议事会就会召集前任议事会成员、兵头、主教、神父及一些杰出市民，与现任议事会成员共同商讨应对措施。这种决定重大事项的会议被称为“大会”（Conselho Geral），属于行使地区最高权力的“市民代表大会”。

议事会在很长时期内实行相当程度的内部自治管理，即担负着现今意义上地方行政的大部分职能，包括澳门葡人社区的行政、经济、司法等职能。葡人入居澳门初期，议事会拥有的权力大于葡萄牙派来的澳督。1622年葡荷大战后，葡印总督派来的澳督只不过是最高军事长官，没有行政和司法权力。

议事会不但掌控着澳门葡人的行政、司法大权，自设海关，还拥有监狱和自己的武装“市卫队”。发生紧急情况时，这支职能相当于警察的“市卫队”，还会得到有武器的市民帮助。议事亭附设有监狱，地点就在如今市政署附近的龙嵩庙。清代《澳门纪略》有这样一段记载：“狱设龙松庙右，为楼三重，夷人罪薄者置之上层，稍重者系于中，重则桎梏于下。”[1]

澳门议事会大楼最初的建筑物要追溯到1584年，那时该建筑已附设监狱或牢房。从那时起，旧监狱巷和牢房街的命名，与公共街道连在一起。

“龙松”是“龙嵩”的谐音。龙嵩街至今犹存，市政监狱、“市卫队”乃至葡式自治机构则都已消失在历史长河中了。

---

① ［清］印光任、张汝霖原著，赵春晨校注：《澳门纪略校注》，澳门文化司署，1992，第153页。

葡人的『双重效忠』

由于葡人居澳以后明廷仍然长期对澳门进行有效的管治，澳门的葡人实际上对中国皇帝和葡萄牙王室“双重效忠”，因此与明廷打好交道，是早期议事会极其重要的职能。

澳门议事会检察官又称理事官，这一职位自1583年议事会成立便存在，初时检察官除负责税务、财政、海关和执行行政措施外，还代表议事会与明廷沟通，并在1584年获香山知县授权，协调澳门华人与葡人之间的关系。因此，检察官不仅是议事会的一位行政官员，同时也兼有对外和部分司法职能。检察官的职能，除1738年后不再兼任库官外，大致这样维持了二百多年。[①]

澳门回归后，历史学者找到了一批与澳门早期历史相关的珍

① 吴志良：《澳门政制》，中国友谊出版公司，1995，第18页。

贵资料，其中以明崇祯元年（1628）完成的署名为“委黎多”的《报效始末疏》最为重要。

“委黎多”是葡萄牙文Procurador的译音，就是澳门议事会检察官（又称理事官）。

这份署名为“委黎多”的《报效始末疏》全文1355字，是目前所见最早的一份澳门葡萄牙人呈上明廷的中文奏章，也是第一份向明廷汇报澳门开埠及澳门葡人与明廷早期关系的最为详细的中文文献。这份《报效始末疏》完成的时间是1628年10月11日，正式上奏的时间是1630年2月28日，是由澳门葡人公沙维·特谢拉（Gonçalves Teixeira）统率葡人铳师进京之际代上的，陈述澳门葡人报效明朝的“赤胆忠心”及事迹。同时上奏的，还有耶稣会士陆若汉的《贡铳效忠疏》。

有人可能觉得很奇怪，明明是效忠葡萄牙王室的澳门议事会检察官，怎会向中国皇帝表示效忠呢？这是有特定历史背景的。

葡萄牙人在明朝正德年间来华，一直试图在中国沿海寻找一个贸易据点，以发展远东地区的贸易。经过四十多年的努力，葡人通过帮助明朝政府驱海盗、售卖龙涎香等手段，于明嘉靖三十六年（1557）获得广东地方政府首肯，得以入居澳门。葡萄牙人入居澳门后，建立了以中国澳门为中心通往日本及东南亚地区的贸易网络，获得了巨大的商业利润。葡萄牙人在澳门的居住获得广东地方政府同意，甚至是明廷的默许。

明万历十年（1582），在葡萄牙人定居澳门二十余年后，澳门葡人代表还通过送礼的办法，获得广东最高地方官两广总督陈瑞的亲口承诺："该地一切均可照旧，但是要属中国官员管辖。"但这一居住权没有得到法理上的保障，即明朝政府始终没有同葡萄牙人签署一份正式的文件或颁布一份正式的公文，将葡萄牙人入居澳门合法化。正因如此，居澳葡人觉得这始终存有隐患：葡人居澳缺乏明廷具法律效力文件的保障，其居澳权就具有很大程度的临时性和不稳定性。一旦明廷内部反对葡人居澳派占上风，驱赶葡人出澳就有可能变成现实。[①]

澳门葡人的忧虑并非没有道理：一是明廷内部反对葡人居澳的声音多次兴起。明嘉靖四十四年（1565）间，抗倭名将俞大猷提出要全力驱逐葡人；明万历三十三年（1605），原籍广东香山县的朝廷官员卢兆龙提出"尽逐澳中诸番，出居浪白外海"；明万历四十一年（1613），进士出身的官员郭尚宾又提出"令夷人尽携妻子离澳"。

二是继西班牙、葡萄牙后起的海上强国荷兰开始到远东贸易，对葡萄牙人定居澳门后所获得的海外贸易的巨大商业利润十分眼红，希望能在澳门取葡萄牙人而代之。从1601年到1627年，荷兰人先后多次进攻澳门，虽然未得手，但夺取澳门的野心始终未灭。澳门开埠之初，明朝与葡人的关系时好时坏；到了明万历后期，双方关系极度紧张，要求将葡人赶出澳门的呼声越来越高。

不过，也有一批具天主教背景的明廷朝臣如徐光启、李之

---

① 汤开建：《委黎多〈报效始末疏〉笺正》，广东人民出版社，2004，第5页。

藻、杨廷筠、孙元化等，开始思索如何利用澳门葡萄牙人军事技术的优势改善明军对后金作战屡败之状况。他们不断上疏说服朝廷到澳门购炮募兵，欲以葡萄牙人的军事力量对付后金的进攻，施行传统的“以夷制夷”策略。而澳门葡人也希望借此机会扩大他们在明廷的影响力，进而解决几十年来一直悬而未决的葡人居澳的法理地位问题。[①]

澳门葡人从明万历四十八年（1620）以来，不断向明朝政府进献洋枪洋炮和提供军事援助，就是出于这一政治目的。《报效始末疏》中有大量的文字，可以看出澳门葡人的良苦用心：“入国问禁，忠信自矢，毫不敢有踰法度”，“始准侨寓濠镜，比作外藩子民”，“祖骸孙喘，咸沐皇恩”，“各夷矢心报国，一腔赤胆朝天”，“恳求皇恩，收录忠勤，一视如内地赤子”。

这些文绉绉的字眼，不用问也知道是翻译与文案的杰作。

澳门葡人从“比作外藩子民”到要求明朝政府将他们“一视如内地赤子”，即视为“内地子民”，以求从法理上解决葡萄牙人在澳门居住的合法性，这就是澳门议事会给崇祯皇帝呈上这份奏疏的目的。[②]

1644年9月，明朝江山已经摇摇欲坠。南京兵部尚书史可法为了加强城防，准备操练火器，遂派在南京传教的耶稣会神父毕

① 汤开建：《委黎多〈报效始末疏〉笺正》，广东人民出版社，2004，第6页。

② 汤开建：《委黎多〈报效始末疏〉笺正》，广东人民出版社，2004，第6页。

方济赴澳门，请求派遣掌握熟练技术的葡萄牙炮手北上支援明军。12月12日，澳门议事会决定满足明朝官员通过毕方济神父转达的请求，派遣一名炮手去广州。当时，毕方济和三名铳师正在广州准备前往南京。议事会决定除派遣炮手之外，还送去一尊铁炮作为澳门的赠品。[①②]

在冷兵器时代，澳门葡人向明廷赠以火炮，既是讨好也是推销产品。

① ［英］博克塞：《1621—1647年葡萄牙援明抗清的军事远征》，《中国史研究动态》1984年第9期。

② ［葡］施白蒂：《澳门编年史：16—18世纪》，澳门基金会，1995，第50页。

明清交替之际的葡人取向

葡萄牙人于1557年定居澳门，并以澳门为依托赴广州从事国际贸易活动。其间，朝中不断有官员反对这样做，朝廷基于维护自身统治的考虑，也曾多次“制裁”澳门葡人。直至明朝灭亡前夕的1640年6月11日，崇祯皇帝还正式批准广东官员的奏章，禁止葡人入省（广州）贸易，下令商人只能载货下澳，并由广东海道发公文通知澳门。这次禁止葡人进入广州贸易的原因，是广东官员指出“澳门从前是个繁华之地，现在则变成了一个独立王国，有很多炮台，以及为数众多傲慢蛮横的人口”。话虽如此，但明朝政府仍然允许内地向澳门葡萄牙人供应大米酒水等补给品，商人依然可以将货物载运至澳门交易。[1]

① 吴志良、汤开建、金国平主编：《澳门编年史》，广东人民出版社，2009，第491页。

明朝政府与葡人打交道的历史，如果算上欧维士那拨人，其实已超过一百二十年了。葡萄牙人从1557年定居澳门，“效忠”明朝也将近一个世纪，没想到清兵入关势如破竹，明朝竟被后金灭了！葡人提供大炮和雇佣军对付的后金，反而成功入主中原，夺取天下。

这下子葡萄牙人头都大了[①]，最大的一笔政治赌注下错了，该如何是好呢?

澳门葡人建立议事会是为了更好地保护自身的利益，1623年以前的澳门议事会，为了其自身的经济利益，所选择的第一效忠对象是近在咫尺的衣食父母，也就是中国，而不是远在天边的、他们应该效忠的伊比利亚联合王国国王。退一步说，从1580年至1640年，在葡萄牙沦为西班牙附属的这六十年里，整个葡萄牙都改挂西班牙国旗，而1580年西班牙国王费利佩二世继承葡萄牙王位后，澳门议事会也曾举行公开宣誓仪式，效忠新主，但并没有换下葡萄牙王国国旗，换上西班牙国旗。

有学者认为，澳门葡人此举其实是为了保护澳门不受来自马尼拉西班牙人的可能入侵与镇压，而并非真心效忠一个具有50%葡萄牙血统的国王。另有一个主要的原因是，澳门葡人担心改旗易帜会引起中国当局的怀疑和猜测，从而影响他们在华的贸易地位。毕竟明朝政府准许入居澳门的是葡萄牙人，而不是西班牙人。

明清两朝交替之际，北方政局有如走马灯一般。

---

① 头大，粤语俚语，意思是面对困难时伤脑筋。

1643年9月21日，清太宗皇太极崩逝。10月8日，太宗第九子福临即位，也就是清军入关后的第一位皇帝顺治。1644年4月25日，李自成攻陷北京，崇祯皇帝吊死在煤山，明朝实际上已经覆亡。同年6月6日，摄政王多尔衮率清兵进入北京，10月，福临在北京下诏“定鼎燕京”。

大局已定？葡萄牙人却不是这样想。

澳葡继续效忠南明

中国政局发生了一连串巨变，澳门葡人依然效忠明廷，不过当时已经是南明政权。与葡人打交道的是南京的弘光帝朱由崧，他即位不久，为了争取葡萄牙人的军事援助，随即任命毕方济为钦差大臣出使澳门，宣布开放海禁，允许葡商自由贸易。[①]此时，来自北方的威胁远大于开放南方海禁的威胁，日薄西山的明廷的这一招，其实是没办法中的办法。

毕方济神父是澳门葡人议事会的代表，弘光帝竟任命他为钦差大臣，通过他向澳门葡人宣布撤回崇祯皇帝生前下达禁止葡人往广州贸易的诏令，也称得上病急乱投医了。一个多月后，清军攻破南京，弘光帝被俘。1645年8月6日，唐王朱聿键在福州即位，改元隆武。

---

① 吴志良、汤开建、金国平主编：《澳门编年史》，广东人民出版社，2009，第520页。

可笑的是，直到12月，也就是弘光帝成为清军阶下囚半年之后，南明钦差大臣毕方济才在3000名士兵护送下抵达澳门。毕方济这次“出使”澳门虽为弘光帝钦使，弘光帝被俘后，隆武帝“仍以弘光委任之事委诸方济”。故此，毕方济神父仍然作为南明政权的钦差大臣进入澳门。这位“双重效忠”的典范人物入城的那一天，澳门城所有文武官员都出城迎接。踏足中国之初，葡人还到处被人驱赶，好不容易在澳门落了脚，如今居然当起朝廷钦差大臣来，怎不教他们欢呼雀跃？

毕方济神父在一片欢呼声中进了城。他带来的随从很多，并高举着红色底子上绘有十字架的丝织旗，这一点完全出乎澳门人的意料：神父到底是哪家皇帝的钦差大臣？毕方济这次出使，带来了弘光、隆武二帝圣谕：钦准这一年内进入澳门口岸的商船货物免缴入口税，澳门葡人可自由出入广州经商，并允准在广州城内修建教堂。①②

这时，北京城头王旗已换，葡人继续效忠南明政权，不知是愚忠还是盼望明朝皇室能够最终获胜？

1646年7月至8月间，为落实澳门对南明隆武政权的军事援助，隆武皇帝再次授予毕方济钦差大臣的身份，让他偕同太

---

① ［法］裴化行：《明末耶稣会士一封信（1645年12月2日）考释》，《国立北平图书馆馆刊》第6卷第5号。

② 吴志良、汤开建、金国平主编：《澳门编年史》，广东人民出版社，2009，第524页。

监庞天寿前赴澳门。但当毕方济、庞天寿到广州时，隆武政权已经覆灭。他们转而投奔在肇庆的南明新王朝——永历政权。在庞天寿建议下，永历皇帝以隆武所授予之特权授予毕方济神父。在广州，毕方济在庞天寿的资助下，建起教堂及住宅各一所。[①][②]

对明朝皇帝突然表现出的“慷慨”，葡萄牙人这时已心中有数。澳门葡人若奥·德·阿泽维多（João de Azevedo）神父在通过总督提交给葡王约翰四世的报告中说：

> 起义风云而起，他（明朝皇帝）已失去了王朝的大部分，因此可能不再那么自负，可能会希望得到公认勇敢的葡萄牙人的援助，或至少在此时此刻不与葡萄牙人交恶。此为天赐良机：无贸易糊口、无立锥之地、饱经磨难的葡萄牙人依附国王；被起义搞得焦头烂额的国王亦有赖于葡萄牙人，以保王位。中国国王同澳门葡人可拧成一股绳，齐心协力。澳门葡人帮助国王保国，国王则让澳门葡人继续待在澳门，这样吾王陛下便可保存上述在华贸易，保存澳城所在的香山

① ［法］费赖之著，冯承钧译：《在华耶稣会士列传及书目》，中华书局，1995，第142页。

② 吴志良、汤开建、金国平主编：《澳门编年史》，广东人民出版社，2009，第527页。

县岛的地租和对它的治权。[①②]

这段文字说出了澳门葡人的心声，他们帮助明朝皇室复位，是希望借此保住澳门葡人的既得利益。

然而，中国内地政局急转直下。

1646年10月2日，清军俘获了隆武皇帝及诸臣，隆武政权宣告覆亡。11月20日，桂王朱由榔在肇庆即位，也就是南明的永历皇帝。

12月，毕方济到达澳门，说服了澳葡政府，给予永历政权军事支持。不久，澳门派尼古拉·费雷拉（Nicolau Ferreira）率领300名葡萄牙士兵随毕方济神父从澳门出发，进入内地，援助南明军抵抗清军。

不料，清军在佟养甲、李成栋率领下攻陷广州及肇庆城，进而击败在广州附近顺德、新会等地的南明势力。[③]

---

① ［葡］若奥·德·阿泽维多：《1643年3月居住在中国的若奥·德·阿泽维多通过总督马斯伦尼亚斯向国王约翰四世提出了十分重要的公告》，B. A，CD54–XI–21，手稿，第9卷，第10页反面及第22页反面。以上为罗里多（Rui D'Ávila Lourido）及金国平两人的译文。参阅金国平：《西力东渐：中葡早期接触追昔》，澳门基金会，2000，第145页；［葡］罗里多：《葡萄牙人和西班牙人在澳门与马尼拉看中国》，《文化杂志》2004年第53期。

② 吴志良、汤开建、金国平主编：《澳门编年史》，广东人民出版社，2009，第528页。

③ 吴志良、汤开建、金国平主编：《澳门编年史》，广东人民出版社，2009，第531页。

1647年2月5日，南明永历帝逃至梧州。不久又移驻桂林，改桂林府署为行宫，并命瞿式耜留守桂林。2月初，奉旨回澳门“搬救兵”的毕方济神父到桂林后，“大造西洋铳”以增强桂林城防守火器。他带去的一队葡兵到达桂林后由庞天寿统管，编为勇卫军，旗帜全部用葡萄牙文作为符识，编入总兵、新兴侯、天主教信徒焦琏的部队，负责桂林城的防守。①②

就这样，装备了洋枪洋炮的葡萄牙雇佣兵，在广西桂林与以冷兵器为主的清军展开正面交锋。

6月27日，清军抵达桂林城下，包围了这座城市。明军将领瞿式耜与焦琏分兵把守，300名葡萄牙士兵及炮手亦在明军阵营中，他们架起了西洋火炮严阵以待。当清军发起进攻之际，葡萄牙炮手点燃杀伤力极大的西洋火炮，正面轰向清军骑兵。葡萄牙炮火所至之处，清军人仰马翻，伤亡惨重，不得不退却。焦琏等人见状大喜，当即传令部属乘胜出击，300名葡萄牙士兵也手持当时最先进的热兵器——火枪，追出城外向清军不停射击。此役共杀死清军数千人，桂林城顿时转危为安。

当时，葡萄牙人效忠的是明朝政府，清兵则为入侵的“匪军”。尽管战场上已基本分出胜负，连明朝皇帝也到处流亡，葡人仍“忠心不二”。

---

① 钱海岳撰：《南明史》卷七十四《毕方济传》，中华书局，2006，第3548页。

② 吴志良、汤开建、金国平主编：《澳门编年史》，广东人民出版社，2009，第532页。

明清朝廷相继拉拢澳葡

按理说，葡萄牙人如此不识时务，帮助穷途末路的南明政权到了这种地步，已取得江山的清朝政府肯定恨得牙痒痒的，不把澳门葡人连根拔起才怪！可出乎意料的是，清廷两广总督佟养甲却为澳门葡萄牙人说好话。他在上呈清政府关注澳门问题的第一份奏疏中，对居澳葡人的贸易活动评价很高，抨击了前明政府官吏的贪墨及某些限制葡人贸易的做法。他向清廷奏道：

> 前朝广东内外，货物流通，番舶巨贾争相贸易，民获资生，商赋倍利，政府每年还可获税收二万二千两，每年不缺。其后由于明朝官贪弊积，向葡萄牙人不断追加需索，激怒了葡人杀死兵丁，地方官又不许葡萄牙人赴广州做生意，只许商人载货下澳门。这是前朝崇祯十三年的事，此后商业不振，货物阻塞，往来不绝于途，民生因而受困，政府税饷大减。故此，澳门商人到内地做生意则对我们有好处，不来则大家都无利。[1]

佟养甲认为“通商可以令国家富裕，而国际通商更能充实广东省的税饷，有益中国之赋”。因此，他请求朝廷准许澳门葡商到广州贸易。

---

① 吴志良、汤开建、金国平主编：《澳门编年史》，广东人民出版社，2009，第532页。

从奏章中可以看出，这位清政府第一任两广总督对澳门充满好感，并对澳门的地位给予了客观的评价。后来，清廷任命佟养甲为“兵部尚书兼都察院右都御史总督两广军务带管盐法兼巡抚广东”，也就是让他军政一把抓了。

佟养甲的话，刚刚入主中原的清廷应该是听进去了。满人很快就明白，葡萄牙人这样忠心侍奉明朝，为明朝拼命，无非是想留在澳门做生意赚大钱。如今我们满人坐了天下，只要你们这些洋人愿意悔过，真心投诚，朝廷允许你们改过自新。

1647年8月25日，广东局势初定，顺治皇帝颁诏：

> 南海诸国，暹罗、安南附近地，明初皆遣使朝贡，各国有能倾心向化、称臣入贡者，朝廷一矢不加，与朝鲜一体优待，贡使往来，悉从正道直达京师，以示怀柔。[1]

对于两广总督佟养甲较早前所上呈的奏章，户部议复如下：

> 佛郎机国人寓居濠镜澳，以其携来番岛货物与粤商互市，盖已有年，后深入省会，至于激变，遂行禁止。今督臣以通商裕国为请，然前事可鉴，应仍照故明崇祯

① 《颁恩诏》，《清世祖实录》卷三十三，顺治四年七月甲子条。

十三年禁其入省之例，止令商人载货下澳贸易可也。[①]

也就是说，清朝将延续明朝崇祯十三年（1640）的政策，只许商人运货到澳门交易；佟养甲提出让葡商进入广州贸易之事，未获朝廷批准。[②]由此可见，明朝政府也好，清朝政府也罢，中国统治者对澳门葡人虽然网开一面，但始终抱有戒心。

故事到这里还没完：1648年5月2日，清军广东提督李成栋在广州反清归明，把两广总督兼广东巡抚佟养甲杀死了，并派代表赴广西迎接桂王朱由榔回肇庆，广东全境复归于明。

南明永历皇帝回到广东，马上想起葡萄牙人在桂林之战的英勇表现。他托人给耶稣会视察员及澳葡“委黎多”（理事官）带去一封信，信中意思是说，朕日思夜想恢复河山，知道你们这些澳门葡人善于使用火器，令朕敬重万分。现派遣瞿神父到澳门与你们商量军事援助一事，可多送大炮和炮弹来，派遣士兵做朕的贴身护卫或随朕作战。[③]

① ［清］张廷玉等编撰：《清朝文献通考》卷三十三。

② 吴志良、汤开建、金国平主编：《澳门编年史》，广东人民出版社，2009，第534页。

③ 原文：“朕目前日思夜想图复河山。朕知澳人忠义，善使火器，为我朝之效力有目共睹。朕敬重万分，思之欣慰。今遣瞿神父前往澳门与尔等共商援助一事。可输铜炮炮弹来，或遣兵士，护卫朕身或随朕征战，以助朕也。量予考虑，做出决定。朕对尔等忠义之举感激不尽。钦此。”吴志良、汤开建、金国平主编：《澳门编年史》，广东人民出版社，2009，第537页。

澳门葡人收到明帝来信，侥幸之心再起，马上派船只运送了100支火枪给庞天寿，并由数名葡萄牙人和本地人随行。根据梵蒂冈档案，这次永历政权还应耶稣会士之请，永远豁免澳门每年500两的地租银，免去澳门数年的船舶饷税。[①]明帝以这种方式报答澳门葡人救援之恩，却没有什么实际意义，因为南明政权已是日薄西山。澳门葡人再忠心再笨，也能看得出中国是谁在“坐庄”。

不久，食髓知味的南明永历帝派遣瞿安德神父到澳门，正式致函澳门耶稣会士和澳督，要求再次给予南明王朝军事援助。对这一次南明政府的求援，澳葡却无任何回应。因为澳门耶稣会内部对是否还要坚持“援明抗清”的政策已产生了严重分歧，澳葡政府也开始怀疑他们对永历皇帝的支持是否正确，并认为这种支持对他们和逐渐统治中国的清朝开展贸易会造成不良影响。[②]

瞿安德到澳门求援无功而返。明清两朝竞相争取澳门葡萄牙人的动作却还没停止。

1650年11月初，清军包围广州，兵临城下的南明政府想效法桂林之战扭转败局，意图与葡萄牙人结盟。清廷不敢大意，为了稳住澳门葡人，顺治皇帝宣布将免除澳门三年地租银。

一边是“老主人”，一边是“新主子”，帮谁好呢？葡萄牙

---

① 吴志良、汤开建、金国平主编：《澳门编年史》，广东人民出版社，2009，第537页。

② 吴志良、汤开建、金国平主编：《澳门编年史》，广东人民出版社，2009，第538页。

人犹豫不决。

关键时刻，清军出手了。

11月24日，清军攻破广州，在市内进行了一场惨绝人寰的大屠杀，所见之人，不论男女老少一律杀死，一直持续到12月5日。这场大屠杀对近在咫尺的澳门葡人产生了极大的震慑作用，亦促使他们加快归顺清王朝的步伐。[①]

决定性时刻终于到来了！

1651年1月3日，清军再度坐镇广州进行治理。至此，所有明眼人都看得出，满人取得天下已成定局。葡萄牙人效忠近百年的明朝，如今已经灰飞烟灭，主宰中国的已是清王朝的顺治皇帝。想起不久前自己还尽心尽力地帮助明朝打清兵，这盘政治赌局明显是输了，清朝将会怎样对待澳门的葡萄牙人？加上广州又是葡人赖以生存的国际贸易大都会，别说清朝会否派出大军把葡萄牙人赶下海，即使不允葡人与广州做生意，光是围住澳门也能把他们困死。因此，葡萄牙人心中未免忐忑。

然而，清朝已有一套应对澳门葡人的办法。虽这时佟养甲已去世，但他去世前向清室呈交的“澳门问题奏疏”，显然已被清廷接纳。清廷的想法和当年明朝政府允许葡萄牙人入居澳门的思路大致相同：既希望葡萄牙人像效忠明朝那样效忠清室，成为向清王朝进贡的藩属国，又不希望拥有犀利枪炮的葡人与南明势力

---

① 吴志良、汤开建、金国平主编：《澳门编年史》，广东人民出版社，2009，第542页。

或海盗合流。

权衡过利害关系之后，清军重新坐镇广州的次日，便由广东官府向澳门议事会传达清室的上谕："鉴于葡萄牙人在香山之澳门居住经营历有年所，若能安守本分并情愿投诚，归顺大清，皇帝亦将其视为子民，与汉人无异。葡萄牙人仍可安心继续在澳门居住经营，一切如旧。"[①]

既往不咎！竟有这等好事？

清朝广东官府唯恐澳门葡人不信，还随函送来新任广东巡抚李栖凤的正式公文，以及巡抚大人的一件官服和帽子，以示如同他本人亲临澳门。

收到这份意义重大的清朝公文，以及代表"新主子"的官服顶戴，澳门葡萄牙人不禁欢呼雀跃，激动万分，鸣放礼炮来隆重欢迎这些象征性的物品。议事会指定理事官瓦斯（Diogo Vaz Bávaro）、佩雷拉（Manuel Pereira）神父和特谢拉（Pedro Rodrigues Teixeira）带着投诚书和贡品前往广州，表示愿意归顺清廷。

要说澳门葡人"反骨"？其实不然，他们反戈一击消灭海盗、"委黎多"写表忠信、军援明廷抵御清兵，目的不都是取得澳门居留权吗？如今清朝皇帝宣布将他们"视为子民，与汉人无异"，"仍可安心继续在澳门居住经营，一切如旧"，他们若再

---

① 吴志良、汤开建、金国平主编：《澳门编年史》，广东人民出版社，2009，第544页。

效忠南明与清朝对着干，那才叫脑子进水呢！

果然，澳葡理事官瓦斯一行受到了清朝广东官府的热情款待，藩王尚可喜设宴招待澳葡代表。这一从未见过的特殊礼遇，令澳门葡人有点受宠若惊。因他们过去与明朝广东海道及其他官员讲话时都要下跪，澳葡理事官必须手持权杖，双膝跪地，之后站着说话，明朝官员却坐着。如今，这位清朝在广东的最高官员，竟然给葡萄牙人赐座，怎不教他们感慨万分？有葡萄牙学者认为：广东政府之所以竭尽全力保持与澳门的睦邻关系，是因为当时澳门的处境朝不保夕，不足以对新朝廷构成威胁；此外，当时澳门有博卡罗铸炮厂，其军工产品受到周边国家君主的青睐。[①]

葡萄牙火炮和洋枪队的厉害，清军早已领教过了，心有余悸。藩王尚可喜赐座，再请他们吃一顿饭，就让这班外夷感恩戴德，他日定能为我所用矣。其实，日后被清廷封为“平南王”的尚可喜，除了负责“拉拢”葡萄牙人之外，也有个人的小心思。他知道澳门葡商十分富有，每年向广东缴纳的租金税饷数目极为可观；彼此建立良好关系，日后便于大家发财。事实也证明，这位藩王确实是做官商的料，在广东私市私税，大做垄断贸易。难怪时人有“平南之富，甲于天下”的说法。

当然这都是后话了。

---

① 吴志良、汤开建、金国平主编：《澳门编年史》，广东人民出版社，2009，第544页。

澳门葡人自此之后归附清朝，依循广东官府指示从事国际贸易，按前朝惯例缴税纳贡。为了表示忠心，他们还协助清朝政府剿灭海盗。例如在1651年12月，澳门议事会组织葡商武装船只向活跃在澳门近海的海盗“红旗帮”进攻，捕获大量海盗船只和俘虏，受到清政府的奖赏。[1]

就这样，澳门葡人效忠的中国皇廷，由朱明王朝改为清王朝了。

然而，他们真正效忠的其实是葡萄牙国王。

---

① 吴志良、汤开建、金国平主编：《澳门编年史》，广东人民出版社，2009，第547页。

议事会与澳督的权力之争

澳门议事会尽管采用葡萄牙中世纪的市政组织模式，享有国王授予的政治、司法和行政权，但仅代表和维护当地葡萄牙人的利益。虽然王室应居澳葡人的请求，很早便已给予公务人员尤其是法官豁免权，使他们免于接受兵头的监管，但是，一种强烈的自治意识，使代表本地政治利益的议事会与代表王室司法架构的大法官意见相左，而两者与掌握军事权力的兵头关系也颇为紧张。这种矛盾和纷争，在相当长的一段时间内存续下去。[①]

葡萄牙脱离西班牙复国后，1642年6月，西班牙马尼拉总督塞巴斯蒂昂·科尔奎那（Don Sebastian Corcuera）不愿意失去对澳门这欧洲人在华唯一居留地的控制，希望以维持澳门与马尼拉

① 吴志良：《澳门政制》，中国友谊出版公司，1995，第10页。

贸易为诱饵，争取澳门市民对西班牙国王的效忠。澳督施罗保和一些商人虽已宣誓对新葡萄牙国王效忠，但他们认识到澳门经济面临的严峻形势，出于经济上的考虑，他们认为应与西班牙人保持和睦关系，故此准备接受马尼拉总督的条件。然而，澳门议事会与葡人对西班牙人积怨甚深，拒绝这样做。因此，澳督与议事会处于针锋相对的状态。澳督施罗保叫嚷要动用军队及大炮，葡人就宣布施罗保为“卖国贼”，并发动“起义”，双方展开激烈的巷战。

最后，澳督施罗保在群情激愤、爱国热情高涨的葡人居民的压力下，将西班牙使臣及随行人员全部投入监狱，并宣布拒绝归还拖欠马尼拉西班牙人的贸易债款。澳门与马尼拉的关系由此断绝。同年12月，葡萄牙国王约翰四世授予澳门“天主圣名之城，无比忠贞”的称号。[①]从此，澳门议事会一直在大堂醒目处悬挂着葡王钦赐的这个称号，进入市政厅时代依然如此。作为“忠诚议会”标志的葡文缩写“LS”（Leal Sanado），也铭印在葡治时代市政厅的文件、车辆乃至坑渠盖上。

议事会掌权两百多年，直至1783年葡萄牙《王室制诰》颁布，议事会的大部分管治权力才逐渐为代表王室的总督所夺取。1843年葡萄牙市政改革，从地方自治走向中央集权，澳门议事会的自治权进一步受到影响。1846年亚马留上任澳门总督，1847年

① 吴志良、汤开建、金国平主编：《澳门编年史》，广东人民出版社，2009，第504页。

8月20日所颁布的法令将检察官职能中有关华人事务部分纳入政府秘书处，检察官只在市政事务方面对议事会负责。[①]

澳督夺走议事会大部分权力

葡萄牙的总督制源于兵头制。舰队司令逗留澳门期间，负责澳门的军事防务和相关司法管辖；澳督不在时，权力归于当地葡人居民选举的驻地兵头。1615年澳门上空战云密布，葡萄牙人除了加紧修筑炮台和城墙，议事会还自设战争总督（Governador de Guerra）。打跑荷兰人之后，澳督由葡印总督委派，首任澳督马士加路也（D. Francisico Mascarenhas）于1623年6月17日抵澳履新。[②]

在17、18世纪大部分时间里，澳门总督仅有军事权，不得过问议事会的施政。所以，澳督虽然地位显赫，却没有多少实际管辖权，只限于管理炮台和船舰士兵。直到19世纪下半叶，葡萄牙实行中央集权政策，这种状况才开始转变。

清乾隆四十八年（1783），葡萄牙女王玛利亚一世（D. Maria I）颁布了《王室制诰》，授予总督必要的权力，以便主导澳门葡萄牙人内部的政治生活。从此，澳督有权干预澳门葡人事务，对议事会的决策拥有否决权。《王室制诰》的颁布，标志着王权的入

① 吴志良：《澳门政制》，中国友谊出版公司，1995，第18页。

② 吴志良、郑德华主编：《中国地域文化通览·澳门卷》，中华书局，2014，第76页。

侵和议事会大权旁落，议事会的大部分管治权力逐渐为代表王室的总督所夺取。总督制在澳葡政治制度中逐步变得名副其实。

1843年葡萄牙市政改革，从地方自治走向中央集权，澳门议事会的自治权进一步受到影响。根据王室命令，只要新政制适合当地情况，就应立即实行，包括废除王室大法官一职。1835年，澳督晏德拉解散了议事会。从此，澳督成了行政总督，被授予最高权力，而议事会只能负责市政事务了。[①]

1846年亚马留上任澳门总督，1847年8月20日所颁布的法令将检察官职能中有关华人事务部分纳入政府秘书处，检察官只在市政事务方面对议事会负责。[②]亚马留时期的殖民管治制度在澳门影响日益增加，作为葡萄牙王室代表的澳督的权力也跟随扩充膨胀。公物会、公物库房和公钞会等财税部门本是议事会下属机构，改革后全都转属澳督。[③]

亚马留十分清楚直隶议事亭的理事官设置的双重意义。他说："长期以来，华人将其视为拥有某种级别的官员；如今，除了将澳门政府最敏感、最要害的部门交给民选人士这一不便之外，最好不

---

① ［葡］徐萨斯著，黄鸿钊、李保平译：《历史上的澳门》，澳门基金会，2000，第182页。

② 吴志良：《澳门政制》，中国友谊出版公司，1995，第18页。

③ 叶农：《澳葡殖民政府早期政治架构的形成与演变》，《暨南学报（哲学社会科学版）》2004年第4期。

要让华人认为这些事务需由一具有中国官员级别的人来办理。”[①]

亚马留总督通过1847年3月27日的部令，将华政衙门从议事亭手中转入里斯本政府秘书处的执掌下，也就是说，转由总督控制。这一措施立即获得里斯本政府的认可。[②]

澳督权力大幅度扩充，议事会只能行使剩余的权力了。

---

① ［葡］萨安东著，金国平译：《葡萄牙在华外交政策（1841—1854）》，葡中关系研究中心、澳门基金会，1997，第103页。

② ［葡］萨安东著，金国平译：《葡萄牙在华外交政策（1841—1854）》，葡中关系研究中心、澳门基金会，1997，第104页。

衰落与重生

- 欠饷葡兵怒杀澳督
- 澳门成鸦片走私基地
- 林则徐“容葡抗英，以夷制夷”
- 关闸之战英军轻易取胜
- 澳门贸易地位被取代后
- 澳葡要求与英国同等待遇
- 亚马留铁腕扩张
- 苦力贸易港口

明朝政府允许葡萄牙人定居澳门之前，显然已考虑过如何控制这些外夷。

澳门犹如一枝伸向海面的莲花，其三面环海，与大陆仅有一条狭窄“莲花茎”相连，朝廷只需派兵扼守“莲花茎”咽喉要道，葡人再厉害也难以威胁内地。其次，澳门虽有少许农民耕种，但不足以养活数以万计的常住人口，粮食和蔬菜肉类都需要从内地输入。一旦内地发生天灾战乱，或澳门葡人违抗朝廷命令，驻守前山的军队只要封锁关闸一带，立即会切断澳门粮食和副食品的补给。

清道光十六年（1836），曾任湖广总督幕僚的汤彝在其《墨盾》“澳门西番”专章中提到：“前山建闸，驻兵以扼其吭。如澳中有事，闭其关闸、绝水米，即足制其生命。夷人舍航海别无出路，惟德威并济，操纵有宜……”[①]

汤彝这里所指的，就是清朝对澳门葡人的策略。

别看澳门是连接欧亚的国际贸易港口，澳葡收入丰厚，也养活了一批买办和商人，但这座城市也有其脆弱的一面。在历史上，澳门就曾多次发生经济萧条和饥荒事件。

澳门背靠大陆，因国际贸易而兴，澳葡政府的税收主要依靠商业贸易（19世纪中叶增加了苦力贸易和博彩税收）。若是违反了明朝或清朝政令，导致广东地方政府封锁前山至关闸一带，就会立即影响澳门的国际贸易，波及澳葡政府库房乃至各行各业，轻则经济萎靡、百业凋零、民不聊生，重则影响社会治安秩序，甚至出现兵变和动乱。

---

① 吴志良、汤开建、金国平主编：《澳门编年史》，广东人民出版社，2009，第1515页。

欠饷葡兵怒杀澳督

1646年12月，驻守澳门的葡兵因抗议拖欠军饷而暴动。暴乱士兵占领东望洋炮台，部分葡人也拿起武器攻击澳督府邸，打败了总督杜琛派来的军队，同时还到处大肆抢掠。暴乱的士兵冲进政府官邸，将蜷缩在楼梯下的总督杜琛杀死。这是第一位在任内死于非命的总督，也是唯一一位被葡萄牙人自己干掉的澳门总督。[①]

这一年南方粮食失收，澳门和广东其他地区发生饥荒，澳门葡人要到华南其他地区或东南亚国家购买大米。粮食交易与运输因战争受阻，内地产粮区的大米售价很便宜，运到澳门和广东其

---

① 吴志良、汤开建、金国平主编：《澳门编年史》，广东人民出版社，2009，第534页。

他地区则价钱往往翻好几倍。对受灾的澳门和广东其他地区居民来说，此时可谓米贵如珠，基层居民根本买不起。

澳门发生饥荒与疫情，街头不断发现倒卧的病人。嘉尔定神父通知耶稣会士施舍圣保禄学院楼梯通道里的穷人，开放圣保禄学院食堂，为饥肠辘辘的穷人提供食物。圣保禄学院大门前一度排起长龙，超过1500人，男女老少均有。耶稣会尽了最大的努力进行救治，但这一年澳门还是有3000多人病饿而死。[①]

须知当时澳门总人口只有4.4万左右，[②]3000多名澳门居民（绝大多数是华人）因病饿而死，也可以算是惨绝人寰了。

---

① 吴志良、汤开建、金国平主编：《澳门编年史》，广东人民出版社，2009，第538页。

② 吴志良、汤开建、金国平主编：《澳门编年史》，广东人民出版社，2009，第526页。

澳门成鸦片走私基地

清初，为防备郑成功等海上抗清力量，清政府强令沿海居民内迁，不许船只出海，再度实行严格的海禁。直至清康熙二十二年（1683）清军攻取台湾，次年重新开海，并在澳门、福建漳州、浙江宁波和江苏云台山分别设立海关，是为“四口通商”。

后因英国东印度公司寻求宁波口岸开展商务，两广总督担心贸易北移，损害广东税收和商民生计，故于清乾隆二十二年（1757）吁请朝廷将宁波的关税提升至100%。此时，乾隆皇帝也担心宁波会变成另一个澳门，故同意大幅提高宁波和其他北方口岸的关税，以断绝外商北上的念头。同年更以海防重地规范外商活动为理由，通知洋商“嗣后口岸定于广东，不得再赴浙省”。

后来，精通华语的英国商人洪任辉（James Flint）违反朝廷“一口通商”禁令，于清乾隆二十四年（1759）随英船至浙江定海。被地方官拒绝后，竟径直前往北京告御状，指控广州海关官员勒索陋规、行商拖欠货银等诸多弊端，要求朝廷多开放几个口岸。

英国人胆敢干预中国内政，乾隆皇帝一怒之下，禁止洪任辉进入内地，“圈禁澳门”三年；又限定国际贸易只能在广州一个口岸，外国商人销售商品和购买土货都必须通过“十三行”。

同年，两广总督根据乾隆皇帝旨意订立《防范外夷规条》，内容包括：

> 一、严禁外商在广州过冬，如属必要可去澳门，次年必须返国；
>
> 二、外商必须居于商馆，不得携带武器，商馆由行丁把守，夜晚禁锢，出入由翻译随行，买卖货物经由行商；
>
> 三、禁止行商领借外商资本以及外商雇用汉人役使；
>
> 四、禁止内地人民为外商传递书信；
>
> 五、加派要员稽查商船停泊之处。

外国人是防住了，然而，外国货却悄然渗进来。

英国人悄悄地将一种“洋药”——鸦片输入中国，一方面毒害中国人民，另一方面获得大量的白银作为巨额利润，或购买丝绸、瓷器等货物运回欧洲。

在西方国家向中国倾销鸦片的活动中，澳葡当局充当了不光彩的角色。别看葡萄牙和荷兰曾经为争夺澳门打得不可开交，却都是最早向中国贩卖鸦片的西方国家。他们以澳门为据点，向中国输入鸦片，赚取巨大的利润，澳葡另外还从中抽税。

1773年，是英国对华贸易十分重要的一年。在这一年，英国政府不单确立了以鸦片毒品作为对外贸易商品的政策，同时为了保证这一政策的实施，还赋予东印度公司鸦片专卖权。

英国人不知道鸦片对人体有害吗？当然知道。

英国人明知鸦片有害，故此只准出口，而禁止在英国国内消费。英国东印度公司不但大量制造毒品，还十分用心地研究毒品如何适应中国人的口味，从而能更大量地向中国出口。

清朝官员知不知道鸦片的害处呢？同样知道。只不过英国人拿出白花花的银子堵住他们的嘴，让这些官员泯灭了良心，放任鸦片源源不绝地输入中国。

英国东印度公司一边大量制造毒品榨取中国人民血汗，一边用榨取的资金向清朝官员大规模行贿，腐蚀清朝官吏，使其放松对它的监管。

1815年5月初，广东政府加强了对澳门鸦片的防堵，改变过去澳门葡人“赴别国贩货回澳，并不经关查验”的惯例，制定了《查禁鸦片烟章程》，申明：

> 鸦片烟流毒甚炽，多由夷船夹带而来。嗣后西洋货船到澳门时，自应按船查验，杜绝来源。粤省行销鸦片

烟积弊已久，地方官皆有失察处分。嗣后有拿获鸦片烟案，如查明地方官员受贿纵容，应严参办理外，所缉获鸦片烟自二百斤至五百斤以上者，分别记录加级，及送部引见。若军民人等能将人烟并获送官者，亦照所获鸦片烟斤数酌以奖赏，每百斤当银十两。倘地方官及管关员胆敢收受陋规，徇情故纵，立即提参拿问。[①]

对于在澳门各洋行的经理，广东政府亦严令他们不准再夹带鸦片入境。[②]这一查禁鸦片章程的颁布，对澳门鸦片贸易打击颇大，澳门再也不是安全的鸦片走私基地。

在1820—1821年度，输入中国的鸦片总数为4244箱；同年度经澳门销售的已占3174箱，在澳门以外（主要是黄埔）销售总数为1070箱。从数据可清楚地看出，经澳门销售的鸦片约占输入中国鸦片总量的四分之三。因此，当时澳门是名副其实的中国鸦片走私贸易中心。不过，1821年至鸦片战争前，由于朝廷严厉禁烟，鸦片走私贸易中心逐渐移到伶仃洋，澳门鸦片走私贸易一度陷入低潮。[③]

---

① 《清仁宗实录》卷三〇四，嘉庆二十年三月己酉条。

② ［美］马士著，中国海关史研究中心组译，区宗华译，林树惠校：《东印度公司对华贸易编年史》第三卷，中山大学出版社，1991，第234页。

③ 邓开颂：《鸦片战争前澳门的走私贸易与林则徐在澳门禁烟》，载陈树荣、黄汉强主编《林则徐与澳门》，澳门“纪念林则徐巡阅澳门一百五十周年学术研讨会”筹备会，1990，第122页。

1821年道光皇帝登基后，面对鸦片泛滥、国家千疮百孔的局面，重申严禁鸦片的政策；并果断采取措施，法办澳门鸦片囤户。因徇私隐瞒外船夹带鸦片的十三行总商伍敦元，也被朝廷摘去三品顶戴。[①]与此同时，清朝政府又封锁了广州黄埔和澳门两大关口。外国鸦片走私船只好另寻新的囤货及销售地，利用在伶仃洋停泊的武装浮动废船充当趸船，用于贮存从印度运到的鸦片，以及供应中国鸦片船的提货。[②]

如此，澳门的鸦片市场便受到极大冲击，不单难以进口，甚至出现复出口的现象。有些英商宁可向澳葡当局付缴每箱25元的出口税，然后偷运离澳转至其他地区出售，并且要求印度方面不要再运鸦片来澳门。如此一来，澳门的财政、税收便再度出现困难，因为鸦片税当时是澳葡政府最重要的财源。[③]

为了挽回行将失去的鸦片市场，澳葡政府采取了多种措施：先是劝诱英、美商人在澳门贮藏鸦片，给他们与葡萄牙人同等的待遇，不再课以重税，而是建议对每箱鸦片征收一定数额的附加费用；后又每年凑足20万元贿赂中国官员，打通走私的关节等。不过，这只是澳葡当局的一厢情愿，英商并不买账，英国东印度

① ［清］王彦威纂辑，王亮编，王敬立校：《清季外交史料》，国家图书馆出版社，2015，第10页。

② ［英］格林堡著，康成译：《鸦片战争前中英通商史》，商务印书馆，1961，第111页。

③ ［清］王彦威纂辑，王亮编，王敬立校：《清季外交史料》，国家图书馆出版社，2015，第10页。

公司仍然牢牢控制着印度鸦片货源。

英国人为了摆脱澳葡政府控制，宁愿跑到伶仃洋进行交易，葡萄牙人对此无可奈何。到1825年夏季，中国捐客实际上已放弃了在澳门的鸦片贸易，“除供应（澳门）当地消费的有限数量以外，销售几乎完全在伶仃和外洋的趸船上”进行。[①]

① ［清］王彦威纂辑，王亮编，王敬立校：《清季外交史料》，国家图书馆出版社，2015，第120页。

林则徐“容葡抗英，以夷制夷”

1839年3月，钦差大臣林则徐受道光皇帝之命前往广东，彻查鸦片流毒的症结。他先后与澳葡当局、英国鸦片商人接触，了解各类事件的过程，觉得澳门在禁烟事务中至关重要。

此时的澳门，不仅是西方列强对华鸦片走私贸易中心、情报收集地和各类船只往返东西方的给养、修理基地，同时也是各国商人来华贸易的立足点。林则徐觉得“澳门实为夷商聚集之所”，“华夷杂处，汉奸勾结甚多，若不从澳门清源，则内外线索潜通，仍恐渐成弊薮”。[1]

“容葡抗英，以夷制夷”，是林则徐在澳门开展外交攻势的

① 中国第一历史档案馆编：《鸦片战争档案史料》第一册，上海人民出版社，1987，第682页。

主要策略。其关键在于“容”上，即以葡萄牙保持中立为最低要求，力争葡人反戈倒向抗英。

林则徐谅解澳葡当局对英国人有“畏英夷之强，顾后瞻前，势所难免”的顾虑，在处理驱英离澳问题时，处处为葡人设想，甚至用停止与澳门贸易的明令使葡方“有词可借，而英夷遂无地可容”，并郑重声明“迨其逐去而贸易复开，仍无损西夷生计”。[①]

林则徐就是以此“权宜之术”，促使澳葡当局把臭名昭著的英国驻华商务总监义律驱逐出澳。

当时在强大的外交压力之下，义律等人迫于无奈，交出鸦片烟2万余箱。1839年6月3日，林则徐亲临珠江口东岸的虎门，销毁了缴获的鸦片。虎门销烟后，林则徐随即公布新的港口条例，规定外国商船来华“一旦停泊口外，必须派员丈量其船吃水，结果必须写明在盖印的执照上。夷船到达黄埔后，宜再派一官员丈量船只”，并且“应受监视，防止走私”。原规定夷船抵粤后必须开具没有夹带鸦片的保证书，则照常执行，且必须由“夷人与行商双方签名，若发现夹带鸦片而收缴，当甘愿承担罪咎”等等。[②]

骄横的义律对中方新规定充耳不闻，反要求让他的商船在

---

① 中山大学历史系，中国近代现代史教研组、研究室编：《林则徐集·奏稿》，中华书局，1985，第764页。

② 邓开颂：《鸦片战争前澳门的走私贸易与林则徐在澳门禁烟》，载陈树荣、黄汉强主编《林则徐与澳门》，澳门“纪念林则徐巡阅澳门一百五十周年学术研讨会”筹备会，1990，第134页。

澳门口岸装货。林则徐洞悉英国人企图借机在澳门走私鸦片的奸计，不但没有答应，还派清军水师加强海上巡逻。此时，澳门附近海面上的英国船越来越多，林则徐为防备这些船只趁机偷运鸦片，限令空船五日内开走，货船五日内进口受检或开返本国。这时，英军舰队正赶往珠江口途中，义律有恃无恐，拒不服从命令。形成英国商船"联群结队到达，漂泊尖沙嘴洋面，不愿进埔"，"其余空趸及奸夷仍在观望迁延"的僵持局面。①

不久，英国水手在香港尖沙嘴村酗酒滋事，导致中国居民林维喜丧生。义律藐视中国法规，提出自行在澳门开庭审理此案，只准中方派员列席。林则徐严词拒绝，坚持按大清律例缉拿审讯凶手，但义律"长期拒绝交凶"。

面对义律的蛮横无理，林则徐从原先的"宽容"转为"严词责斥"，最后在8月16日"统兵驻香山县城，分兵囤各隘，严断澳门粮食"，"转令居住在澳门之一切夷人，彼等一律不准以生活日需品接济英夷"。8月24日，钦差大臣林则徐、两广总督邓廷桢知会澳葡官员将英国人全部驱逐出澳门，又严厉警告中国船员和水上居民，"如给英人引水……将其立行正法，悬首码头示众"。②

---

① 邓开颂：《鸦片战争前澳门的走私贸易与林则徐在澳门禁烟》，载陈树荣、黄汉强主编《林则徐与澳门》，澳门"纪念林则徐巡阅澳门一百五十周年学术研讨会"筹备会，1990，第134页。

② 邓开颂：《鸦片战争前澳门的走私贸易与林则徐在澳门禁烟》，载陈树荣、黄汉强主编《林则徐与澳门》，澳门"纪念林则徐巡阅澳门一百五十周年学术研讨会"筹备会，1990，第135页。

1839年9月3日清晨，林则徐、邓廷桢在200多名士兵护卫下出关，在澳门莲峰庙会见澳葡理事官员，会谈近半个小时，“宣布恩威，申明禁令，谕以安分守法，不许囤贮禁物，不许徇庇奸夷”。[①]澳葡理事官恭恭敬敬地表示遵从清廷法纪，将协同中方驱逐“卖烟奸夷”。澳门葡萄牙人当然乐见其成，拿着中国钦差大臣的命令将义律等英国人全部赶出澳门。[②]

清朝以夷制夷，葡人以华制英，暂时取得一定的效果。

清军与英兵对峙时，澳葡当局一度担心防卫力量不足，英国军舰会趁机占领澳门。林则徐早已看出英国人垂涎澳门的野心，便调兵遣将加强澳门水陆防范，表明中国军队在必要时会进澳“外御英夷，内安尔众”。林则徐说到做到，1840年2月英舰“海阿斯”号强行驶入澳门内港时，林则徐闻讯即挥军直指澳门，英舰被迫离澳，[③]使“西洋夷人在澳内者，有天朝声威可恃”[④]。

林则徐这一斗争策略为澳葡当局壮了胆，葡人不但协助在澳

---

① 邓开颂：《鸦片战争前澳门的走私贸易与林则徐在澳门禁烟》，载陈树荣、黄汉强主编《林则徐与澳门》，澳门“纪念林则徐巡阅澳门一百五十周年学术研讨会”筹备会，1990，第135页。

② 吴志良、汤开建、金国平主编：《澳门编年史》，广东人民出版社，2009，第1536页。

③ ［美］马士著，张汇文等译：《中华帝国对外关系史》第一卷，上海世纪出版集团，2022，第129页。

④ 中山大学历史系，中国近代现代史教研组、研究室编：《林则徐集·奏稿》，中华书局，1985，第765页。

清查鸦片，把英国鸦片贩子“全行驱逐出澳”[1]，后来义律企图重返澳门时，澳门葡人亦将其拒之门外。

可是，这批“卖烟奸夷”已经成精了。

---

① ［清］林则徐撰：《林文忠公政书》第三册《两广奏稿》卷一，朝华出版社，2018，第7页。

关闸之战英军轻易取胜

英国人恼羞成怒，开始调集大批军舰和远征军，准备对中国发动战争。

1840年6月22日，英国出动48艘舰船，包括巨轮“内梅西斯”（Nemesis）号，载着4000余名士兵抵达澳门附近海域，整个澳门都震动了。有强大的军力做后盾，义律骄横地写信给澳葡总督，声称“英国臣民有权得到澳葡当局提供有效和公开的保护，依照港口章程存放英国货物。根据葡萄牙与英国订立的一般条约规定，英国军舰有权驶入葡萄牙的殖民地港口，以及享有一个友好国家的部队和臣民在中立港口行使的一切权利”，而且他“已决定布置一批部队靠近关闸，以便制止中国海陆军部队在这一附近地区集结”。澳葡政府在英国舰队强大武力的威慑下，为自身利益计，宣布实行“中立”，听任英国官兵和商民出入和居住于澳门。[1]

8月19日，中英在关闸爆发战斗，6艘英军舰船向关闸和莲峰庙附近的炮台猛烈开炮。经过约一小时的战斗，关闸的界墙及附近的炮台被击毁，清军不敌逃往前山。接着，380名英军士兵登陆“莲花茎”，占领关闸，并升起了英国国旗。

关闸之战让葡萄牙人目睹了清军不堪一击的虚弱，清政府也暴露了外强中干、色厉内荏的本质。这使澳门葡人倒向英国一边，清朝广东政府失去了对澳门的控制能力，“容葡抗英，以夷制夷”策略失败。其后在中英冲突加剧时，澳门便成为英军对华作战重要的后勤基地。[2]

关闸之战是中国近代史上著名的第一次鸦片战争的其中一场战役，第一次鸦片战争以清军战败告终，清政府被迫与英国签订了屈辱的《南京条约》。英军此时虽有能力，却无意占领航道淤塞严重的澳门，而是全力投入香港的开埠。清朝当局失去了香港岛，而澳门的葡萄牙人也不再听清廷“这支笛”[3]，一心要取得与英国“同等地位”了。

---

① 吴志良、汤开建、金国平主编：《澳门编年史》，广东人民出版社，2009，第1547页。

② 吴志良、汤开建、金国平主编：《澳门编年史》，广东人民出版社，2009，第1550页。

③ 不听“这支笛”，粤语俚语，意思是不理睬、不听指挥、不听别人那一套。

澳门贸易地位被取代后

鸦片战争后，英国占领了香港岛并宣布香港为免税自由港。清政府被迫增设广州、福州、厦门、宁波和上海为通商口岸，澳门外贸港口地位一落千丈，关税急剧减少，澳葡政府顿时陷入困境。

清朝政府将香港岛割让给英国的消息传到澳门，澳门的葡萄牙人都十分震惊。他们认为，在距离澳门城咫尺之处的香港开埠，对澳门来讲无异于致命一击，此后，澳门的贸易、公共收入、海关将陆续结束。澳督席尔维拉·边度在给葡萄牙海事暨海外部部长的公函中，也悲观地说："香港岛的出让使英国人拥有一个澳门式的居留地，其安全性或许比我们（葡萄牙人）所拥有的更高。"[①]

---

① 吴志良、汤开建、金国平主编：《澳门编年史》，广东人民出版社，2009，第1553页。

香港开埠会对澳门构成致命的打击？

葡萄牙人的担心不是没有道理的。澳门自1557年正式开埠，到1842年清朝把香港岛割让给英国，时间已过去285年。由于珠江出海口的沉积泥沙偏向西岸堆积，故此，位于珠江口西岸的澳门航道淤塞相当严重。正如清人金武祥所说：“迨英夷得香港，以澳门海有横沙，巨舶往来，非潮不便，凡外夷通商之船，遂弃澳门，聚香港，澳门因而廛市萧条。”[①]

澳门航道淤塞、不能进出大轮船，而香港则是天然的深水港；加上英国的军事和经济实力，澳门葡人自知无法与香港竞争。

1842年初，香港开埠后，对澳门各方面的影响相当巨大。天主教澳门教区不再管辖香港，天主教会在香港设立新的教区；巴黎外方传教会、美南浸信会、基督新教的马礼逊学堂等宗教团体纷纷由澳门迁至香港。原驻澳门的英国对华贸易监督署，连同所有职员迁往香港，同时终止在澳门的业务。

从此，澳门不再是远东唯一的国际外贸港口，地位一落千丈。澳葡当局赖以维持“自治”的关税急剧减少，葡萄牙国内也笼罩着一种悲观的气氛，有些政客甚至建议把澳门“卖”给英国人或法国人，以免成为葡国的负担。[②]

---

① 吴志良、汤开建、金国平主编：《澳门编年史》，广东人民出版社，2009，第1553页。

② ［葡］费尔南多·科雷亚·德·奥利维拉著，杨立民、王燕平译：《葡中接触五百年》，纪念葡萄牙发现事业澳门地区委员会、东方基金会，1999，第134页。

潦倒洋妇沦为妓女

这是葡萄牙人入居澳门285年来最倒霉的时期，连老天爷也来添乱。

1842年9月16日下午，澳门发生了一场地震。据报道，开始时是轻微的隆隆声，随后而来的是伴随着轻微颤抖的较高的声音，在某种程度上像一只沉重的中号桶在房屋的远处滚动。

葡人觉得这是个不祥之兆。半个多月前，即8月29日，中英签订《南京条约》，香港岛被英国占领，清政府被迫增设广州、福州、厦门、宁波、上海五口岸通商。葡萄牙史家英索哀叹道："尽管澳门在它坎坷的历史上经历了许多危机，但1842年才是它真正衰落的日子。"[①]

澳门外贸港口地位一落千丈，特别是澳葡海关裁撤，政府失去唯一的公共收入来源，财政迅速枯竭，陷入严重的财政困境。从1845年12月到1846年4月，澳门公务人员连续五个月未领到薪金，孤女院、教堂、修道院也领不到应得的救济金。圣若瑟神学院停办，学生被分送到外地不同教区。

澳门经济走向没落，一些富裕人家女子起初还靠"卖、当、借"过活，后来断绝了收入来源，竟沦为妓女。其中既有传统中式打扮的娼妇，也有着欧洲服饰的摩登"货腰女郎"，惹来一批

---

① 吴志良、汤开建、金国平主编：《澳门编年史》，广东人民出版社，2009，第1569页。

又一批省港澳登徒浪子，在澳门街头猎艳。

1845年7月22日，鉴于娼妓活动猖獗，遍及城市各个角落，澳门议事会不得不颁布限制娼妓活动的《告示》：

> 谨此通告本城所有物业主，现有大批欧式或中式装扮的妓女，不加选择地混居在本城各处本分人家中间，打扰了街邻四舍的安宁，破坏了豪门贵族的正派名声和社会公共道德。故本议事公局为消除这种应受指责之奇怪之举，规定除烧灰炉和疯堂两地外，所有向这些妓女出租其他地方房屋的物业主，必须在自即日起的20天之内，令她们全部搬离。违者以及今后再有向妓女出租两地以外房屋者，将被课以罚款。[①]

澳门并非这时才有妓女，却一直无人批评其“破坏社会公共道德”，直至出现洋妓，“破坏了豪门贵族的正派名声”，议事会才不得不出手干预。

---

① ［葡］伊莎贝尔·努内斯：《舞女和歌女：澳门妓女面面观》，《文化杂志》1993年第15—16期。

澳葡要求与英国同等待遇

1843年7月26日，清朝钦差大臣耆英的代表赵长龄抵达澳门，三日后，中葡双方在澳督府举行长达四个小时的会议。与澳督边度和澳门法官商议后，议事会向清朝当局提出九点要求，试图改变澳门管治状况。这就是著名的“澳门议事会九请”：

1. 既然中国已将整个香港岛无偿让与英国王室，那么，作为中国人长期朋友的葡萄牙人仍要缴纳地租，显然颇欠公允且令其面颜扫地。何况鉴于葡萄牙人持有的凭证，应特别明确规定，从权利上来讲属于葡萄牙人的土地包括从关闸至大海为一侧及内港为另一侧的范围，以及氹仔港。葡萄牙人自愿在关闸永远保留一军事据点以防止任何越界行为及骚乱等等。

2. 文书往来应以平等原则为之，因为天朝大臣已如此对待他国官员。

3. 来自葡国或属于澳门船主的葡萄牙船只在澳门的泊费应予减少，以便使葡萄牙人缴纳的税款总是低于其他外国人在黄埔支付的税额；我们有权希望，来自其他任何国家的外国船只可停泊澳门港，支付与它们在黄埔应缴纳的税额相同的税金。葡萄牙政府保证无一偷漏税行为出现。

4. 中国人进口货物向中国缴纳的税率应降至最低（因为他们须向葡萄牙海关缴纳部分税款，否则这一居留地将无法维持下去。业已证明，此地对天朝作用甚大），以此吸引华人进口商至本港贸易，尤其是使用葡萄牙船只运货。此乃对中国海关有利之举，它可保证进口货物不被挪作他用，即通过走私的途径输入中国。走私堪称华人一“国祸”。

5. 除非特殊情况，对所有国家商人来澳经商不得加以任何限制。如有所限，亦应解释清楚，以免出现擅权的情形或招致不满。

6. 彻底废除新建、修缮、船只修理及市场进货方面强加给澳门居民的请牌制度。允许所有工匠自由从业，并在他们受到刁难时施以援手。受益者系工匠，因为他们全部是华人，自然有权受到本国大臣的保护。同时，还应珍视中葡人民几近三百年来居澳和睦共处的兄弟情谊。

7. 在作任何决定时，均须考虑到最近制定的、用以调整对英国商人开放的通商五口施行的关税的税率。英国人的通商自由应为所有船只所享受。在皇帝陛下及其大臣心目中，不应厚英薄葡；因为我们葡萄牙人与中国的持久友好关系源远流长，甚至在某些情形下曾被视若（中国）国民。

8. 出口货物应可以自产地直接来澳，而无须像现在一样先经过广州（完税）。货物在此（澳门）按章纳税后，任由进口商采购。此外，任凭进口商发运任何数量的货物，不像现在这样加以限制。例如各种质地的丝绸，笼统地讲，所有高级料子，其量不足30担便不得行销本澳，今后不受此限，数量寡众均可采买；茶叶、粗布、漆器不满70担亦允许起运；而爆竹、斗笠、纸张等物品，若不足70担亦准运销本澳。

9. 上述各款即刻实施。其后由葡国女王陛下委任的一位驻华特命全权公使加以确认。[①]

"澳门议事会九请"概括起来包括三个层面的内容：

1. 领土地位问题——以豁免地租及领土界限的扩展与确定为

① 吴志良、汤开建、金国平主编：《澳门编年史》，广东人民出版社，2009，第1574页。

其核心。

2．葡萄牙王室在与清朝政府正式关系中的尊严问题，其中包括与中国当局正式函件往来的格式及对女王有权派一代表确认所订条约的权利。

3．澳门商业生存的问题。[①]

同年10月1日，钦差大臣耆英邀请澳门议事会理事官与澳督到广州，就“澳门议事会九请”做出答复。除“免纳地租”“划定葡人界址”以及“外国船只自由到澳门进行贸易”的要求遭拒绝外，其余各款大都得以近似允行。[②]

然而，澳葡当局不满意这样的答复。10月10日，澳门议事会在新任总督彼亚度主持下召开特别会议，讨论耆英对议事会所提九点要求的答复。与会者坚持要求：（1）豁免澳门地租，将居留地范围扩大至关闸。（2）明确规定澳葡政府及总督可直接与皇帝或大臣书信往来，“委黎多”可直接与澳门同知及香山县丞平行书信。（3）取消额船[③]数量限制；每趟船只缴纳税款应低于外国船只在广州等港口税款。（4）再降低华商及葡商在澳门中

① 吴志良、汤开建、金国平主编：《澳门编年史》，广东人民出版社，2009，第1574页。

② 吴志良、汤开建、金国平主编：《澳门编年史》，广东人民出版社，2009，第1577页。

③ 清雍正三年（1725），为了限制葡人来华数量以及华人人口的外流，两广总督孔毓珣上奏限定澳门葡船数额为25艘，是为“额船”。——编者注

国海关交纳的货税。（5）澳门应与香港一样，对各国来澳贸易船只自由开放。[1]

彼亚度总督还提议派席尔维拉·边度作为特使，率团前往广州，并安排“特茹河”号战舰送其前往。葡萄牙人这样做，实际上是向广东当局施加压力。11月初，澳葡代表团与两广总督耆英进行谈判。不过，葡方对会谈结果仍不满意，因为尚有三项条款未得到批准，即免除澳葡每年交纳地租、确认澳葡地界、减轻经过澳门的船只商品进出口税，且澳门向所有贸易船只自由开放。耆英告知澳葡理事官：所提要求，已照准者即可实施，未准行者可在澳门等待皇帝圣旨定夺。

1844年4月13日，钦差大臣、两广总督耆英就“澳门议事会九请”的皇上朱批晓谕澳葡当局：道光皇帝的批复基本依循原议未变。澳门葡萄牙人的要求未全部得到满足，这为数年后的“关闸事变”埋下伏笔。

此时，中国已成为列强眼中的待宰肥羊，谁都想扑上来咬一口。

英国、葡萄牙都满嘴肥油，美国也眼红了。

还是1844年这一年，美国总统特命全权特使顾盛（Caleb Cushing）率团来到澳门，向广东当局发出要求签订“和好通商条约”的照会。美国人来这么一手，其实是步英国人的后尘。林则

① 吴志良、汤开建、金国平主编：《澳门编年史》，广东人民出版社，2009，第1579页。

徐在广东的禁烟运动中，美国商人（鸦片贩子）的利益也受到损害，这些商人于1839年5月联合上书美国国会，要求美国政府与英、法、荷等联合起来对付中国。故此，美国人得知中英签订了《南京条约》的消息后，也趁机向清政府要求获得最惠国待遇。

迫不得已，清廷只好派出钦差大臣、两广总督耆英与顾盛在澳门进行会谈。在谈判过程中，美方软硬兼施，耆英屈服于压力，接受了美方所拟定的条约草案。7月3日，双方正式签订《中美五口贸易章程》与《海关税则》。这是中美第一个不平等条约，因签约地位于澳门望厦村，所以又称《望厦条约》。

第一次鸦片战争令清政府出尽洋相，英国取得了香港这个国际深水良港。西方列强都已看清楚：清朝政府管治下的中国，只不过是个“泥足巨人”，于是纷纷扑过来，有肉吃肉，没肉啃骨头。

最后，连称臣纳贡将近三个世纪的葡萄牙人，也向腐败无能的清政府伸出了利爪！

亚马留铁腕扩张

香港的崛起间接损害了澳门的利益，但葡萄牙人并不与英国人算账，而是把怒火撒向懦弱的清朝政府。澳葡以此为借口向中方提出许多蛮横无理的要求，例如拒绝继续向中方缴纳租金、禁止清朝官员在澳门鸣锣开道、拆毁清朝在澳门的“关部行台”、驱逐中国海关人员、扩张葡占领地等等。

1846年2月，葡萄牙海事暨海外部部长法尔康（Joaquim José Falcão）在葡萄牙国会阐述其政策主张时，主张趁势向中国索要更多的特权。他认为，自1843年以来断断续续从清政府处获得的一切微不足道，因为“这些优惠根本无法补偿澳门失去的特权。因此，唯一可使澳门摆脱目前江河日下困境的办法，就是尽快将澳门港口向所有国家船只开放，使澳门获得新生”。[1]

1846年4月19日，葡萄牙海军上校亚马留抵达澳门；两天后，正式就任“澳门-帝汶-索洛省”总督。帝汶就是今天毗邻印度尼西亚的东帝汶，索洛则在印度洋与帝汶海之间，葡萄牙将这些地区划作一个“海外省”。

亚马留是澳门、帝汶脱离葡印总督管治后的掌管该“海外省”全省治权的第一位总督，是一个对澳门近代史产生过重大影响的人物。

亚马留（João Ferreira do Amaral，1803—1849），又译阿马留、亚马喇、亚马勒等，是第79任澳门总督。亚马留是海军军人，其右臂在年轻时参加葡萄牙开拓巴西殖民地战争中被大炮炸掉，是一名崇尚武力的扩张主义者。他上任后在澳门推行殖民扩张政策，1846年5月宣布对华籍居民征收地租、人头税和不动产税，把原本只对葡人实行的统治权力，扩大到华籍居民。

亚马留在致两广总督徐广缙的公函中，以强硬的口吻说：

> 葡萄牙是中国三个世纪的盟友，从来是最惠国，不可转瞬间成了次要国。……往昔葡萄牙为唯一在华享有某些特权的国家，但诸条约签订后，中葡之间的一切章程及协议已失效。其原因为，要么上述章程及协议的条

---

① ［葡］萨安东著，金国平译：《葡萄牙在华外交政策（1841—1854），葡中关系研究中心、澳门基金会，1997，第81页。

> 款优于条约的条款，但我们无法独享之，英国及其他国家亦有权享之；要么上述章程及协议的条款次于条约的条款，于是对我们毫无裨益。[1]

亚马留之所以敢于向中国发起挑战，一来是清廷腐败软弱，二来是葡萄牙国内有此政治需要。他推行的扩张政策符合葡萄牙当时的国家利益，所以有葡人视他为英雄人物。葡萄牙历史学家萨安东一语道破其中的奥秘：因为亚马留使澳门“完全成为葡萄牙王室领地的一部分，此举可满足历史声望及阻止第三国对这一海外帝国领地的觊觎”。[2]

除了葡萄牙国内的政治需要，刚刚从鸦片战争中取得巨大利益的英国人，也包藏祸心，对亚马留做出了政治支持。1847年12月底，亚马留曾经访问香港，得到港督德庇时爵士及驻华英军总司令德忌笠少将异乎寻常的隆重接待。德忌笠声言，如果澳门受到来自中国以外任何一个国家入侵，港英当局将会“把澳门当作葡萄牙王室属地加以保护”。[3]

---

① ［葡］萨安东著，金国平译：《葡萄牙在华外交政策（1841—1854）》，葡中关系研究中心、澳门基金会，1997，第90页。

② ［葡］萨安东著，金国平译：《葡萄牙在华外交政策（1841—1854）》，葡中关系研究中心、澳门基金会，1997，第87页。

③ 详见1847年12月23日亚马留总督致葡萄牙海事暨海外部的公函，葡萄牙海外档案馆，二部，澳门，1847年函盒。转引自［葡］萨安东著，金国平译：《葡萄牙在华外交政策（1841—1854）》，葡中关系研究中心、澳门基金会，1997，第91页。

英国人过去对澳门垂涎已久，曾多次意图武力夺取澳门。1809年英军擅入澳门，事情闹到北京，弄得“天威震怒”，几乎要用兵驱逐。[①]但是，1842年英国已经取得香港岛，不再打澳门的主意了。驻华英军总司令德忌笠少将支持亚马留，其实是英国人害怕法国人在澳门问题上从中插一手，从而威胁大不列颠帝国在中国香港和华南地区的利益。

亚马留来澳之前，葡人仍聚居在旧关闸以内，华人并不需向葡人缴纳什么公钞与地租。改变这一状态的是亚马留。

亚马留曾经在非洲的殖民地打过仗，也把澳门当作葡萄牙的另一块殖民地。有了“尚方宝剑”在手，他就更加肆无忌惮地“钉关逐吏”，强行拆毁清朝驻澳门的海关，驱逐海关官员。[②]他不但拒绝向清朝政府交租，还“将澳门各店铺编列字号，勒收租银，如不依允，即带夷兵拘拿鞭打。又在三巴门外开辟马道，

① 刘芳辑，蒋文钦校：《葡萄牙东波塔档案馆藏清代澳门中文档案汇编》第十六章之四《英军图占澳门》，《香山知县彭昭麟为饬嗣后恭顺守法安居乐业毋庸惶惑事下理事官谕》（嘉庆十四年正月十二日，1809年2月25日），澳门基金会，1999，第453、第750页。

② 道光二十九年闰四月初七日（1849年5月28日）《两广总督徐广缙等奏报酌移税口试办情形折》，载中国第一历史档案馆、澳门基金会、暨南大学古籍研究所合编《明清时期澳门问题档案文献汇编》（二），人民出版社，1999，第573页。

平毁附近坟墓”。[1]亚马留于1847年2月27日决定向北修筑通往关闸一带的马路，为此，他还下令迁走上述地段的华人坟墓。这样做的目的，是“以图造成既成事实，往北扩大地界”。[2]

更令人愤慨的是，1849年3月5日，这名殖民主义者还限令设在关前街的中国海关“关部行台”八天内撤出，3月13日派兵捣毁海关，又随即拆毁竖立在市政厅的刻有《澳夷善后事宜条议》的石碑；并擅自审判在澳门的华人。亚马留的扩张行径激起了中国居民的义愤，1849年8月22日在关闸附近，他被望厦村民沈志亮等人刺杀而亡。

亚马留虽然死去，但葡人在英国人的支持下，使得《大清律例》和朝廷其他法令都无法继续在澳门生效。直到一个半世纪后的1999年12月20日，中国政府才恢复对澳门行使主权。

---

① 道光二十九年十一月十九日（1850年1月1日）《两广总督徐广缙等奏报西洋兵头被杀业已缉凶正法折》，载中国第一历史档案馆、澳门基金会、暨南大学古籍研究所合编《明清时期澳门问题档案文献汇编》（二），人民出版社，1999，第578页。

② 吴志良：《生存之道——论澳门政治制度与政治发展》，澳门成人教育学会，1998，第152页。

苦力贸易港口

粤语“卖猪仔”有“出卖人、骗人”的意思。在历史上，“卖猪仔”确曾在澳门存在，这“卖猪仔”当年指的是拐卖人口出埠作苦工。

霸占了澳门不久，澳葡政府遇到一个“天赐良机”：新兴的苦力贸易。

葡萄牙殖民主义者占据澳门之前，已经有过买卖人口的历史记录，早在1442年他们就开始做贩卖黑奴的生意。占据澳门以后，他们继续经营这项罪恶的贸易活动。明朝正德年间，在中国的官方历史文献中，已出现葡萄牙人“掠卖人口”“掠卖小儿”“掠卖子女”等字样。据耶稣会士1563年记述，葡人曾先向果阿遣送第一批奴隶妇女450名以上，第二批又遣送约200人。入清以后，清朝政府也再三提出关于禁止澳门买卖人口问题。清雍正九年（1731）设立澳门同知专理夷务时，广东按察使潘思榘在《为敬陈抚辑澳夷之宜以昭柔远以重海疆事》中，提到澳门葡萄牙人贩卖华人子女为奴仆的事，认为必须申明典章，对于贩卖人口罪案，应归澳门同知查察办理。[①]

清乾隆十四年（1749），清政府下令："禁贩卖子女，凡在澳门华夷贩卖子女者，照乾隆九年详定之例，分别究治。"[②]

清嘉庆十五年（1810），葡萄牙殖民主义者从澳门掠去几百名苦力，运往巴西试种茶树。这几百人到巴西后不久，全部死去。[③]

在澳门贩运苦力的不只是葡萄牙人，英国人也参与了这一罪恶的交易。英国人于1813年12月13日和1814年2月8日，先后两次从澳门掳掠了1700多名苦力，运往英属东印度殖民地文岛。[④]

19世纪上半叶，奴隶制被废除。1807年和1838年英国先后宣布废除奴隶贸易和奴隶制度，大量的甘蔗、棉花种植园缺乏劳动力，苦力需求大增。殖民主义者为了开发南洋、北美、拉丁美洲和加勒比地区各殖民地，先是奴役印第安人等，后来又贩运黑

---

① 元邦建、袁桂秀编著：《澳门史略》，香港中流出版社，1988，第112页。

② ［清］印光任、张汝霖原著，赵春晨校注：《澳门纪略校注》，澳门文化司署，1992，第94页。

③ 元邦建、袁桂秀编著：《澳门史略》，香港中流出版社，1988，第113页。

④ 陈翰笙主编：《华工出国史料汇编》第四辑，中华书局，1981，第181页。

奴，以弥补劳动人口的短缺。

1851年，中国内地爆发太平天国起义，大批无法维生的手工业者、农民到外国谋生。澳门成为苦力贸易即人口买卖港埠，直至1875年才停止，澳葡当局从中捞取税费帮补财政收入之不足。澳葡政府虽不直接经营这种人口交易，但也从“猪仔贸易”中取得一定的税收，而且是论人头计算，收入不菲。

清咸丰四至六年（1854—1856），英法美三国不满足于《南京条约》《虎门条约》《望厦条约》《黄埔条约》等条约，要求增加新的条款，以便扩大在中国的势力。1854年英国政府通过给驻华公使的训令向清廷提出的要求中，就包括“准许中国劳动者向海外移民”一条。这一“修约”要求，实际上是要把掠卖华工的行为合法化。[①]

我国沿海劳动人口到南洋等地做佣工，大约在明代就开始了；但作为契约劳工和贩运牟利的对象被诱骗出国，则是18世纪以后的事。由19世纪初开始，出国华工人数逐渐增多，到19世纪50年代达到高潮，直到20世纪30年代才告结束。粗略估计，这前后二百多年出国的华工约有1000多万人次。[②]据不完全统计，1517年至1840年期间，掠卖的人口至少达到30多万人。[③]

---

① 魏建猷：《第二次鸦片战争》，上海人民出版社，1955，第24—27页。

② 陈翰笙主编：《华工出国史料汇编》第一辑，中华书局，1980，第1页。

③ 彭家礼：《19世纪开发西方殖民地的华工》，《世界历史》1980年第1期。

澳门作为掠贩人口的老巢，1855年就有“猪仔馆”5所，1872年这里的人口贩子达800人之多。据不完全统计，从1856年到1873年，西方侵略者从这里掠走了20万名华工；从1847年至1874年，分别掠去14.3万和12万名华工运至古巴和秘鲁，大多数是从澳门运出的。在1873年，即澳门苦力贸易停闭前夕，仅葡萄牙、西班牙和秘鲁三国设的“猪仔馆”就有300多家，靠苦力贸易为生的人多达三四万人。①

“卖猪仔”这种惨无人道的贸易方式把人视为牲口，在海上运输和抵达目的地后的劳役中，牺牲了大量“猪仔”的生命。这既抵触了《大清律例》，也受到文明世界的谴责。从1850年到1872年，至少有34艘苦力船在海上遇难，其中包括15艘英国船、6艘法国船、5艘意大利船、3艘秘鲁船、2艘美国船，以及荷兰船、比利时船、萨尔瓦多船各一艘。1873年12月20日，葡萄牙政府宣布，出于人道主义废除苦力贸易。不过，直到1875年4月，澳督才发出训令，正式宣布禁止从澳门港输出苦力劳工。②

苦力贸易终结，政府库房没了这方面的收入，澳葡当局开始向华人征税，又遭到中国居民的抗拒，财政状况顿时紧张起来了。

不过，接下来，历史再度展示了澳门神奇的一面。

---

① 陈翰笙主编：《华工出国史料汇编》第一辑，中华书局，1980，前言。

② ［葡］施白蒂著，姚京明译：《澳门编年史：十九世纪》，澳门基金会，1998，第200页。

澳门怎样走上开赌之路？

- 葡萄牙人首开赌禁
- “猪仔”卖身赌博求转运
- 香港从开赌到禁赌
- 清朝禁赌政策摇摆
- 赌商最终选择了澳门
- 早期的澳门赌商
- 西化的澳门更适合赌商

很多人都想知道：澳门怎样成为一座世界闻名的赌城?

其实，正是苦力贸易成为葡萄牙人的救命稻草，不但让他们走出了经济困境，还扭转了澳门的城市命运，让澳门成为一座赌城。

澳门博彩业合法化的过程中，苦力贸易是相当重要的因素，可以说，苦力贸易直接催生了澳门近代赌业。贩卖人口虽然不是始于澳门，也并非中国才有的现象，但苦力贸易盛行的时代，澳门周边的华南地区赌风极浓。清朝的法律禁赌，表面上无人敢公开与朝廷对抗，实际上民间的地下私赌一直没有停止过，南粤赌风历来炽热，一遇到适合的土壤就很容易滋生蔓延。澳门早就有仁慈堂彩票的存在，由于葡萄牙人治下的澳门并未严格禁赌，华人私下赌博比较普遍。内地严禁赌博，正好为澳门的赌博合法化提供了生存的土壤。

邻近广东的澳门在葡萄牙人统治下，成为一个与内地有着千丝万缕关联却又不受大清法律约束的“天朝特区”。尤其是鸦片战争爆发后，清政府腐败懦弱的本质暴露无遗，葡人趁势实行扩张政策，清廷对越来越不听话的澳门葡人也无可奈何。

葡萄牙人首开赌禁

史料显示，首先在澳门让赌博合法化的不是别人，正是后来被沈志亮等人杀死的澳葡总督亚马留！

清政府在第一次鸦片战争中一败涂地，亚马留这名强横的殖民主义者已不再把清朝官员放在眼里，大肆推行一系列“去中国化”措施。

1846年4月上任后不久，亚马留就向关闸内所有居民征税；同年9月12日，亚马留总督宣布：所有停泊在澳门的船只必须到港务局登记，每只每月纳税一元，即快艇月钞。1849年2月，亚马留又停止向清朝政府缴纳地租。他还封闭了清政府在澳门的海关“关部行台”，将中国官员驱逐出境，不再承认中国法律在澳门的效力。他妄图使澳门完全成为葡萄牙王室领地的一部分，还擅自确定葡萄牙对澳门周边水域的管辖权，并向华人征税。

葡萄牙法律和《大清律例》都是禁赌的。然而，澳门当时作为葡萄牙“海外省”管治的一部分，葡萄牙在当地实施法律时往往放弃“普遍原则”，转而采用“现实”的解决方法。[①]在具体执行时，总督就拥有相当大的权力，里斯本则给予总督相当大的自由裁量权力。亚马留作为代表王室的澳门总督，集军权、行政权于一身，并对外代表澳门。他上任不久还削除了议事会的自主权，澳门议事会最终彻底失去了对华人事务的领导权。

在对华事务方面，亚马留割断澳门与清朝的联系之后，清朝的禁赌令就不能再约束澳门的葡萄牙人了。澳门开放赌禁并非偶然，而是粤澳两地赌风历来炽盛，在特定的历史条件下，偏偏被亚马留抓住了一次难得的机遇。据《（光绪）香山县志》记载，鸦片战争结束之后，香山一带“夷船复来，时洋船四五十只，华船蚁附，通市珍奇毕具，娼航赌艇比于珠江”。[②]社会环境逐步稳定，中外贸易恢复，为澳门开赌奠定了有力的基础。

然而，澳门本身的经济状况却十分恶劣，华人还抗拒向澳葡当局交税。因此，亚马留开放赌禁弥补税收之不足，也就顺理成章了。

1849年3月2日，亚马留命令对所有在街上设点赌博和参与赌

---

① 叶士朋：《澳门法制史概论》，澳门基金会，1996，第55页。

② ［清］田明曜修，陈沣等纂：《（光绪）香山县志》卷二十二《纪事》。

博的中国人施以二两银的罚款。[①] 但这只不过是亚马留禁止“非法赌博”所玩的小把戏，并非真的要禁赌，他野心勃勃地要打破清朝法统几百年来在澳门的权威。

1848年7月至1849年7月的财政年度，澳葡政府首次把“中式博彩”即番摊的税收纳入地区公共财政范畴；1849年4月，所有的番摊赌馆获亚马留政府正式发给营业牌照。[②③] 从此以后，博彩税被冠冕堂皇地纳入了澳葡政府的公共财政预算之中，并且占有越来越重要的比例。

---

① ［葡］施白蒂著，姚京明译：《澳门编年史：十九世纪》，澳门基金会，1998，第98页。

② 《澳门政府宪报》，1848—1849年。

③ Boletim Oficial do Governo de Provincia de Macau e Timor 1888-3-15 NO-11, P. 100: “Receita do anno Economico de 1887-1888”.

『猪仔』卖身赌博求转运

太平天国起义与第二次鸦片战争给澳门带来两大直接冲击：一是澳门人口急剧增加，二是澳门华人资本大大增加。在避难进入澳门的华人之中，有不少是广州及珠江三角洲其他城镇的富人。人口及财富的增加，势必刺激澳门博彩业的发展。

然而，真正刺激澳门博彩业急速发展的还是苦力贸易。

数以万计的流民聚集在澳门，而这里却没有适合他们的工作，很多人连吃饭也成问题。这时，遍布大街小巷的“猪仔馆”就向他们招手，引诱他们卖身出洋“掘金山”。人贩子一旦看中身强力壮而神色落魄的苦力，便会上前游说，如果对方已经饿得头晕眼花，还会带他们上饭馆吃一顿饱饭。人贩子对他们说：南洋（或美洲）那边发现了金矿，出大价钱招工，只要答应上船，就能先拿一大笔安家费。到了那边好吃好住、工资又高，挖几年金山，发了财回来买田地盖大屋，娶个年轻女子做老婆，下半辈子享清福。

这等信口开河的许诺，无疑都是骗人的鬼话，却是那些背井离乡的流民梦寐以求的。他们绝大多数人空有一身力气，身无分文、有家归不得，心想：何不出洋一搏？所以，很多人跟着人贩子来到“猪仔馆”，在卖身契约上画押摁指模，然后拿到一笔数目可观的银元或钞票。当然，这名苦力也随即失去了人身自由，成为名副其实的“猪仔”。外出时，“猪仔”身边总是跟着两名大汉，亦步亦趋，恐防他觑个空子跑了，人财两失。

为了牟取最大的利润，“猪仔馆”和人贩子设计了各种各样的赌档，引诱卖身得钱的苦力赌博。而骤然间得到一大笔卖身钱的苦力，也希望赌赢后赎身，衣锦还乡。实际上，大部分人无法扭转命运的安排，输光了卖身钱之后就被送上“猪仔船”，远渡重洋做苦工。

苦力贸易刺激了澳门的赌业，而日趋繁荣的赌业又吸引了更多青壮年由内地前往澳门碰运气。每个人都相信自己会有好运气，但输光最后一文钱之后，被关进暗无天日的“猪仔馆”和“猪仔船”时，后悔已经来不及了。苦力贸易和番摊、骰宝等华人喜欢的杂赌，在澳门这个特殊的环境中相辅相成，形成了畸形的经济结构。

据不完全统计，经澳门出洋的苦力多达20万人。他们卖身得钱，在赌馆老板和“猪仔头”引诱下，很多人又把卖身钱投进了赌档。贩卖劳工导致大量人口积聚，是形成澳门近代赌业第一个高峰期的重要因素；招工馆、“猪仔头”、数以万计寻找发财机会的劳工云集澳门，刺激了交通、赌业、房屋租赁、饮食、妓院等行业繁荣发展；也就是说，“猪仔贸易”直接导致了澳门博彩业的勃兴。

香港从开赌到禁赌

很多人都知道，香港和广东都曾经开赌，市场和规模比澳门大得多。可为什么香港和广东最终都采取了禁赌政策，而让澳门赌业一枝独秀呢?

我们先看看香港。

英国得到香港之后，清朝法律再也管不着这块“天朝土地”了，港英当局起初也像澳门那样让赌博合法化。

香港与澳门一样，大多数居民都是广东人，讲的是粤语方言，两地的饮食和生活习惯、民间风俗几乎没有什么分别。香港开埠初期并未禁止赌博，自从鸦片流毒中国后，在广州及澳门，赌博已渐渐形成风气，但不是很流行。所以在1841年至1844年这三年间，香港并未禁赌；所谓赌博，也只是几个人围在一起作局，小赌一番而已。[①]

到了1844年，一大堆法例先后在香港公布颁行；这一年共公布了22条法例，一类是关于维持治安，另一类是关于征税，其中《禁止赌博条例》即属征税方面的法例。《禁止赌博条例》规定，但凡聚众赌博最高罚款200元，赌馆主人或开赌者同样处置。当时香港禁赌的目的，并不在于禁绝这种不良的风气，而旨在从罚款中增加库房的收入。这是香港立例禁赌的开始，一直维持到1977年才略为改变。[②]

既然禁赌是为了增加库房收入，港英当局也就没有真正禁赌。1844年有禁赌的明文，赌博却越来越盛行。最初是三五人的聚赌，渐渐发展成几十人以至几百人的大聚赌。赌馆和赌场，在禁赌条例颁行之后反而越开越多，规模也越来越大。[③]

当时在香港最大宗的赌类是番摊，而赌风和贪风又是一对孪生兄弟，当赌风于1844年至1855年这十一年间形成之后，1855年5月5日就出现了首宗摊馆贿赂公务员的案例。此后，几乎年年都有警员被赌馆贿赂的事件发生，以至香港警方为了防止警员受贿，于1857年起在警员制服上钉上编号，以方便证人辨认勒索赌馆的警员。[④]警员制服钉上编号这一招，后来在世界各地大行其道。

---

① 鲁言：《香港赌博史》，香港广角镜出版社，1978，第2页。

② 鲁言：《香港赌博史》，香港广角镜出版社，1978，第5页。

③ 鲁言：《香港赌博史》，香港广角镜出版社，1978，第6页。

④ 鲁言：《香港赌博史》，香港广角镜出版社，1978，第9页。

到了1867年，香港上环的水坑口、大笪地、四方街、华里、东街、西街，以及荷李活道与皇后大道中周边的一些横街内，到处都是摊馆。这些摊馆差不多都是公开营业的，摊馆租用铺户来开设，其特点是门前垂下一块蓝布做的门帘，门外有人招徕赌客，高呼“发财埋底便（发财在里面）！”①

香港警方虽然常常扫荡赌馆，但因警员受贿，常和赌馆主人串通做戏瞒骗官府，结果是扫之不尽，越扫越多。一位叫作域陶（Whittell）的立法委员在立法局常会中提出，警方经常扫荡赌窟，而赌窟却“野火烧不尽，春风吹又生”，显见1844年的《禁止赌博条例》不足以达到禁止赌博的目的。他建议另订新的法例，准许开赌的人缴饷纳税，领取牌照开赌，这样既可纳赌博于正轨，也可扫除贪污。②

1867年6月17日，港英政府颁布了《维持社会秩序及风化条例》，赋予港督公开招商承饷开赌的权力。博彩合法化从该年7月1日实行，香港赌博开始了短暂的合法化时代。港督麦当奴指定由警察部门发给赌牌，赌商需列明赌馆所在地点和愿缴纳的赌饷数额。首次竞投赌牌开票共有12人投得，即批准12间赌馆合法开设，分布在基利文旧街、皇后大道中、上环水坑口、荷李活道、西街、西营盘和湾仔等地，每家每年缴纳牌照费（赌饷）

① 鲁言：《香港赌博史》，香港广角镜出版社，1978，第12页。

② 鲁言：《香港赌博史》，香港广角镜出版社，1978，第14页。

一万元，于7月1日正式营业。①

港英政府的这一措施，在民间引起颇多反对的声音，基督教圣公会牧师查理士四处奔走，向宗教界及社会知名人士征求签名，上书反对赌博合法化政策。当时主持《中外新报》的名人伍廷芳亦有签名，反对赌博在香港合法化。不过，因赌饷可观，而且确实能够起到遏止警察勒收贿款的作用，港督麦当奴没有收回成命。到了第二年再度公开竞投赌牌时，他干脆取消以年计算的方式，改为以月计算。②

港督麦当奴不顾社会人士反对，决意开赌，但赌博合法化引起的各种负面效应也随之而来。继基督教圣公会牧师查理士以及伍廷芳等社会知名人士提出公开反对后，1867年12月，英国贵族院议员丹顿、北擎咸公爵等人指责香港公开承饷开赌是一种违反文明的政策，是“英国这个文明国家之羞”。③

香港华人凭借商业发展和雄厚的资金，在19世纪60年代后期及70年代初期已经凌驾于在港欧人之上。在一些重大社会问题上，英国人也不得不看他们的面色。伍廷芳后来成为香港第一位华人大律师、首任华人太平绅士及首名华人立法局议员。他在洋务运动中还长期担任李鸿章的幕僚，任翻译员并协助李

---

① 鲁言：《香港赌博史》，香港广角镜出版社，1978，第16页。

② 鲁言：《香港赌博史》，香港广角镜出版社，1978，第17页。

③ 鲁言：《香港赌博史》，香港广角镜出版社，1978，第20页。

鸿章对外谈判。[①] 在反对香港开赌的过程中，在华商中享有崇高声誉和地位的伍廷芳所起的作用甚大。

1868年5月，香港西商会一致指责赌博令商业萎缩：不少客商原本携款来港购买洋货，却在赌馆把货款输光了；有些运土货来港的商人，卖货之后原可办运洋货回内地，也因将货款输光而无钱办货。面对社会上激烈的批评指责，港督麦当奴依然不肯回头。1871年1月12日第四届公开承投赌饷时，赌权已采用统一竞投的方式进行，结果由赌商何亚锡以每月1.5万多元投得。港英政府的全年赌饷收入也增加至18.96万元。[②]

眼看港英政府在开赌问题上越走越远，全港市民于该年发动了一次上书英伦的请愿运动，由当时的社会知名人士和商界知名人士发起，所有的商号都在请愿书上盖章，请港英政府转英国理藩院。与此同时，西商会也采取了同样的行动，于是年5月上书英伦。这两封请愿书，都力陈赌博贻害社会之惨。港英总督麦当奴虽然一度扣起了这两份请愿书，但赌害贻患之大，始终难以掩盖。结果，麦当奴于1871年12月由英国度假回港时，带回来了英国理藩院禁赌的命令。[③]

1872年1月13日，麦当奴贴出禁赌告示，于1月20日起封闭所有赌场，所有开赌牌照一律取消；嗣后一切赌博如闱姓、白鸽

① 张云樵：《伍廷芳与清末政治改革》，台湾联经出版事业公司，1987，第63页。

② 鲁言：《香港赌博史》，香港广角镜出版社，1978，第22页。

③ 鲁言：《香港赌博史》，香港广角镜出版社，1978，第23页。

票、花会及其他有彩私赌，一律禁绝，并加雇侦探严密侦缉，违者拘罚不贷。[①]

香港严厉禁赌后，大批赌客从香港转往澳门，使澳门早期博彩业走向勃兴。

① 郭双林、萧梅花：《中国赌博史》，文津出版社，1996，第350页。

清朝禁赌政策摇摆

香港有机会成为一个国际贸易商港，开赌却会让英国人的殷切期待化为泡影，所以伦敦方面下达了香港禁赌的命令。

那么广东呢？从秦汉到明清时期各朝都是禁赌的，《大清律例》明文规定“凡赌博财物者皆杖八十，所摊在场之财物入官”。何以存在禁赌政策摇摆的问题？

说穿了，其实就是朝廷没钱，又急于筹款打仗或搞地方建设，只好让地方官员自己想办法解决。广东赌风历来炽热，地方官员于是想到开赌筹款这一招；可开赌毕竟是违法的，所以等到问题解决了，又重新禁赌。

这是赌商最终选择在澳门“落户”的根本原因。

有清一代，广东赌风炽烈，尤其是珠江三角洲的经济发达地区，“赌风以佛山为尤甚”。[1] 其实岂止佛山，邻近地区赌风也同样厉害。在18世纪60年代，中国近代工业已在广东形成一定规模，顺德等地的缫丝工业相当发达。大批因战乱而流离失所或被剥夺了生产资料的人口聚集于此，他们中部分经香港、澳门到外国做苦力，也有部分在佛山镇从事冶铁。故此，赌博在广州、佛山、顺德等地盛行，是有一定的社会基础和经济基础的。

清咸丰十一年（1861），广东贡院因战祸焚毁，眼看闱试在即，不能再拖，官府却无力修复。在两广总督劳崇光[2] 及广东巡抚耆龄[3] 的首肯下，一批绅商承充闱姓两年，以赌饷修复贡院。为此，劳崇光等向朝廷奏请，广东乡试展期至十月举行，获朝廷批准。[4] 于是广东首开闱姓票赌，筹款专用以修复贡院。官府订明只许承办两年，下不为例。

两年后，广东官府如期停办闱姓，但这种“地方筹款”方式先例一开，日后地方大员们遇到类似难题便竞相效法。

1863年毛鸿宾任两广总督[5]、郭嵩焘出任广东巡抚[6]，朝廷

---

① 徐珂编撰：《清稗类钞》第十册，赌博类，《骆文忠公戒博》，中华书局，1986，第4890页。

② 劳崇光，湖南人，1859年5月21日至1862年9月30日任两广总督。

③ 耆龄，1859年10月7日至1862年8月18日任广东巡抚。

④ 《清文宗实录》卷三五〇，咸丰十一年辛酉四月辛巳（二十三日）（1861年6月1日）条。

⑤ 毛鸿宾，山东历城人，1863年7月6日至1865年3月7日任两广总督。

⑥ 郭嵩焘，湖南人，1863年8月13日至1866年4月11日出任广东巡抚。

国库和广东地方库房空虚。全国各地农民起义此伏彼起，烽火遍地，太平天国、捻军，再加上洋人进侵，朝廷频频调兵，饷需庞大。这一年12月7日，江浙前线战事紧急，朝廷急谕毛鸿宾、郭嵩焘二人："不论何项，先行赶解银数万两，并酌量情形，无论多寡，按月定数拨解若干，俾得源源接济。镇江军务，现在极关紧要，倘该督、抚任意迟延，致令饷项缺乏，贻误戎机，恐毛鸿宾等不能当此重咎也。"[①]

也就是说，前线战事紧张，广东无论如何也要先拿出几万两银子作为军需，以后每月还要源源接济；如果筹不到钱而贻误戎机，就拿总督和巡抚是问。至于如何筹到军费，是合法开赌还是采用事后"罚款"方式，朝廷就不管了。

过了两年，军情依然紧急，加上朝廷修建皇陵，以"定陵工程，需饷紧要……"着令各省督抚等迅速筹解所欠饷银。

此后，清政府面对内忧外患，财政日趋紧绌，经常命令各省"无论如何"都要筹款应急。至于怎样筹款，那是地方官府的事情，朝廷睁一只眼闭一只眼，先渡过难关再说。

1880年5月，被洋人欺负怕了的清政府，准备购入铁甲战舰以巩固海防。可是钱从何来？朝廷想到"默许开赌"这一招，便下令新任两广总督张树声设法筹款。当时广东正为筹建西学馆伤脑筋，在朝廷暗示下，张树声就从广东私收闱姓票银的"罚款"

---

① 《清穆宗实录》卷八十三，同治二年癸亥十月庚子二十七日（1863年12月7日）条。

中抽取，加上其他款项，应付了朝廷的燃眉之急，也解决了广东兴建西学馆的经费问题。[①]

1883年12月，中法战争爆发，朝廷军饷剧增。当时，洋务派人物张之洞出任两广总督。他为抗击法国侵略军而加强军备，筹设兵工厂、钱局、虎门炮台及秀英炮台，所需钱款甚多，库房却又缺乏银两。在大敌当前的危局下，张之洞下令招商承充闱姓，开赌筹款以资军需。这样一来，自然又重演招商承赌缴饷之故技，使得广东赌禁大开，赌风炽烈。

1889年8月张之洞调任湖广总督，接任两广总督的李瀚章继续招商承办闱姓抽饷。但是，鉴于广东赌风日炽，朝野间物议沸腾，清廷一直不敢明令开赌，后来更着令李瀚章查禁。不过，查来查去，广东赌风不但没有稍减，反而日见炽热。1895年初，马丕瑶抵粤就任广东巡抚不久，就奉旨查办两广总督李瀚章“纵赌营私事”。虽然没查出什么，但广东已不再是经营赌业的理想地方，赌商纷纷搬到了澳门。

这时，澳门赌博合法化已近半个世纪，赌博的方式也越来越多样化。除了彩票以外，全部是中式赌博，如番摊、骰宝（赌大小）、牌九、闱姓、山票、铺票等，赌收逐渐成为澳葡政府不可缺少的生财工具。即使葡萄牙国内1896年宣布禁赌，作为葡萄牙“海外省”管治的一部分的澳门也没有执行这一法例，照赌如仪。

---

① 樊百川：《清季的洋务新政》第一卷《总理衙门的设立和洋务新政的推行》，上海书店出版社，2003，第621页。

1899年12月，李鸿章出任两广总督，刚上任就大开赌禁，其原因是可以理解的。他曾任直隶总督兼北洋通商大臣，并参与掌管清政府外交、军事、经济大权二十多年，成为清末权势最为显赫的封疆大吏。但在他任内，大清这艘破船又遇上顶头风：1894年中日甲午战争爆发，清廷战败，他亲手签订的《马关条约》需向日本赔款2亿两白银。1895年11月，由于俄德法三国的干涉，中日签订了《辽南条约》，日军撤出辽东半岛；清廷为“酬报”日本交还辽东半岛，于签约八天后向日本交付了3000万两银子。

为了向列强缴付各种赔款，以及购置军火船炮，开发矿山、修建铁路、开通电报等，清政府不得不大量地举借外债。据统计，从清光绪元年（1875）至甲午战争前的1890年，清政府（包括中央和地方）共借外债25笔，总额约为3936.7万两白银。[①]从1894年甲午战争爆发至清王朝灭亡，清政府所借的外债次数和数额急剧增加。据统计，有案可查的外债共计122笔，借款额超过12亿两白银。巨额的债息负担，成了清政府财政的巨大包袱。[②]

深知朝廷财政状况的李鸿章出任两广总督后，毫不犹豫地全面开放赌禁，接连批准赌商缴饷承办番摊、小闱姓（白鸽票）、山票、铺票及彩票等赌博。澳门著名赌商卢九还与他签订了为期八年的小闱姓承包合同。可是，李鸿章在广东仅仅半年时间，就奉旨北上了。因为八国联军打进北京，慈禧太后带着光绪皇帝逃

① 周志初：《晚清财政经济研究》，齐鲁书社，2002，第189页。

② 周志初：《晚清财政经济研究》，齐鲁书社，2002，第190页。

离京城，急需熟悉洋务的李鸿章与洋人谈判。

李鸿章离粤后不久，广东的禁赌政策又出现变化。1902年出任两广总督的岑春煊严厉禁赌，澳门赌商卢九在粤承办的小闱姓本来为期八年，岑春煊不由分说立即停办。官方无故毁约，卢九损失巨大，预缴的饷项又被岑春煊扣下不予退还，最终卢九黯然离世了。

赌商最终选择了澳门

博彩业在澳门得以生根、开花、结果，形成中国土地上极其独特的社会现象，整个过程似乎充满了偶然性。

可是细细想来，那也是历史的必然。

鸦片战争前，综合国力远不如中国的葡萄牙是不可能完全占领澳门的。亚马留的出现，只不过是葡萄牙的一个历史契机。鸦片战争后，在列强环伺、中国国力衰微的环境下，即使没有亚马留，也会出现其他殖民主义者割断澳门与祖国母体的有机联系。

赌博在中国民间存在已久，但历朝统治者都没有开放赌禁；连葡萄牙这个欧洲国家也是长期禁赌的。19世纪中叶大规模兴起的苦力贸易，是促成澳门开赌的重要诱因，为处于日暮途穷的澳葡政府经济点燃了新的希望。葡萄牙人起初也没有意识到这一点，他们也是后来才慢慢发现这种新经济模式的。

大量的史料证明，在澳门博彩业走向合法化的过程中，是广东籍为主的华商起了主导作用，澳葡政府反而处于被动地位。由于仁慈堂早在1810年就公开发行西式慈善彩票，这就为1847年澳葡当局批准合法发行“中式彩票”（闱姓票）做了最好的铺垫。当时澳门人口不足十万，又缺乏各种资源，澳葡政府财政危机严重，本身是不具备开赌条件的。苦力贸易的突然兴起，使华商们看到澳门在合法开赌方面的天时、地利与人和，他们及时把握大好的商机，向澳葡政府提出开赌承饷的建议。恰好澳葡政府当时也遇到了前所未见的财政危机，双方一拍即合，澳门的赌业从此成为地方公共财政不可或缺的部分。

澳门博彩合法化之后，清朝有多位广东地方大员主张开赌，个中原因除了朝廷催逼之外，也有对数目巨大的赌税被澳葡政府专享的不忿。1880年4月，经派员调查后，两广总督张树声、广东巡抚裕宽在一份联名奏折中指出：“葡萄牙国小而贫，鲜贸易之利，其住澳门者薮盗庇匪，无所不为。所开闱姓馆皆洋人主之，取什一之利，岁入巨万，专恃此项以为资用。”①

可是，考虑到开赌对法律制度的冲击，给社会与民生带来的负面影响，明清两朝统治者都不敢贸然大开赌禁。粤港澳三地经

① 《两广总督张树声等奏陈遵旨察看广东闱姓请严禁投买以肃政体而杜漏卮折》，载中国第一历史档案馆、澳门基金会、暨南大学古籍研究所合编《明清时期澳门问题档案文献汇编》（三），人民出版社，1999，第1124页。

济发达而赌风炽热，港澳两地相继被外国人霸占，而港英政府与广东政府皆禁赌，唯独澳葡政府长期让博彩合法化。即使在葡萄牙本土禁赌时期，也没有妨碍澳门总督执行灵活的政策。反而是广东地方大员弛放赌禁，才对逐渐依赖博彩业的澳门社会经济构成重大的打击。

清朝中央政府及广东地方政府在禁赌政策和开赌承饷方面举棋不定，经常是换一任总督（或巡抚）就变一次。虽然开赌利钱丰厚，但朝廷和地方政府朝令夕改，时而大开赌禁，时而赶尽杀绝，承饷的商人不但要冒极大的风险，在缴纳各种名目的赌饷之外，还要向文武官吏们送上为数不菲的陋规“孝敬”，一次又一次地成为清朝地方政府大员们予取予求的摇钱树。

相对而言，澳葡政府的政策较为稳定，很少朝令夕改，而且在博彩合法化之后，葡萄牙人认准这条路就一直没有回头。澳门博彩业最大的市场不是本地，而是广东和香港；赌商们初期也不看好澳门，只是在内地禁赌期间把澳门作为临时的赌业大本营。但随着时光流逝，澳门适合博彩业发展的优势就逐步突显。赌商们由粤澳两地跑，转变为在澳门设立总部，把投资重点放在澳门。

赌业之所以后来能够在澳门成为支柱产业，还有一个十分重要的原因——澳门在内地历次政治变乱和战争中，往往都能够置身事外。自咸丰年间爆发的太平天国起义以来，内地每次发生战祸和社会动乱，都会有大批内地居民迁移到澳门躲避。部分人就此留下来，在澳门落地生根。

此外，广东民间的赌博风气，与澳门赌业的发达也有很大关系。诚然，赌博并非广东独有的社会现象，但晚清时期的广东确属赌风最为炽热且持续时间最长的省份。对此，我们可以从历史环境寻找原因：广东是中国近代工商业和对外经济最早兴起的省份，又有中国最早对外开放的口岸之一。早期的商业与投机是分不开的，社会一方面充满了商机，另一方面充满了冒险性，赌博在广东的持续炽热应与此有关。从澳门博彩业合法化一百多年的历史角度来看，博彩业实际上就是一种投机与娱乐结合的行业。赌业在澳门由分散经营转向形成集团垄断经营的过程中，无处不折射出人性的弱点。

不过，博彩业虽可充实财政，却亦会危及治安和带来诸多社会问题。赌博是人类一种不健康的娱乐方式，在高度崇尚儒家文化的华人社会里，赌博是贪婪、自私的代名词，它给社会带来不安定因素。

那为什么以博彩业为主要营生手段的澳门又能够相对稳定呢?

因为澳门是在特殊的政治与经济环境中走上博彩业合法化道路的。澳门没有比博彩业更重要的经济命脉，别无选择的澳葡政府不得不全力维护它，一切都要给博彩业让路。赌博之风始兴于内地，而最后生根于澳门。博彩业在澳门形成了一定的经济规模时，博彩业就是主干，因赌博而产生的社会问题就变成枝节；在这样的特殊社会环境中，政府当然也不怕由于开赌而影响其他行业的经营了。

早期的澳门赌商

20世纪八九十年代盛行港产片，其中不少都以澳门赌商为题材。

其实，当年在澳门营赌虽是合法行业，但毕竟属于偏门，登不得大雅之堂，故此谁也不愿公开承认自己是赌商。

清末赌业的繁荣，让澳葡政府一次又一次渡过难关，还造就了澳门第一代的赌商。赌商之中有的发财，后改行从事其他行当，就不再在自家传记及族谱里留下开赌这样“不光彩的一页”。后人当然也要为尊者讳，为他们立传时，只写这些赌商们如何得到朝廷功名光宗耀祖、如何行善及捐资办学，对经营赌业之事只字不提。因此，我们只能从当年的历史档案、报纸与族谱中大海捞针一样，寻找这批在澳门历史上对社会产生过重要影响的商人。

王禄、王棣家族

王禄是福建人，王棣是王禄之子，父子二人是澳门近代著名华商。王禄是澳门最早承充闱姓的商人之一，承包了澳门白鸽票、闱姓等生意。后来，王禄父子经营赌业致富，生意越做越大。1860年，王禄与友人合伙，组建一名为“绍昌堂”的置业公司，填海开辟福隆新街、福荣里、清和里、福隆新巷、清平直街、蓬莱新街、新市巷、新利巷、福寿里、白眼塘街等街道，兴建大小铺户160余间，使该处成为澳门一新区。王禄与其子王棣成为澳门当时最大的业主，也是澳门当时的首富。

1870年，王禄父子开始兴建澳门第一座粤剧大戏院——清平戏院。一百多年来，无数著名的大老倌与花旦在此登台，清平戏院蜚声粤港澳，成为这座城市的文娱艺术中心。

何老桂、何连旺家族

何老桂，广东顺德人，澳门有名的赌商，有子女十人，次子何连旺又名何廷光、字穗田，何连旺在经营及社会活动方面是兄弟姐妹中最出名的一个。何老桂家族很早就承包了澳门闱姓、番摊这些最能赢利的博彩生意。1880年初，何老桂成为澳门公钞会首位华人成员；1881年6月，鉴于何老桂对社会的影响并为表彰其慷慨捐赠，澳葡政府曾向他颁授耶稣基督骑士勋章。[1]后来，澳葡政府又把澳门新马路一条街道命名为“何老桂巷”，该街道至今犹在。到1894年，何老桂家族已积财至百万，在当时已属巨富。

何老桂于1888年去世后，家族经营事务由次子何连旺执掌。何连旺不但将家族赌业越做越大，成为澳门一代赌商，还承包全澳的卖盐专利及经营其他工商业，其中包括开设缫丝厂、爆竹厂和爆竹纸厂。1894年，何连旺被澳葡政府任命为澳门的城市卫生防疫公会会长。在1898年的戊戌维新运动中，何连旺支持维新党人在澳门创办《知新报》，并与康有为之弟康广仁（后来“戊戌六君子”之一）一同出任该报总理。

卢九、卢廉若家族

卢九花园（又名卢廉若公园，原名娱园），是澳门唯一的苏州园林式建筑，位于罗利老马路，如今是市政公园，其过去的主人就是大名鼎鼎的赌商卢九。

---

① ［葡］施白蒂著，姚京明译：《澳门编年史：十九世纪》，澳门基金会，1998，第223页。同时获得澳葡政府颁授勋章的，还有另一位澳门华商“TCHAN-LOK”。据考，“TCHAN-LOK”即陈六。《澳门政府宪报》1881年8月6日（第32号）载：“六月初二日，大西洋大君主赏给陈六御赐耶稣降生宝星（Cavalleiros da Ordem Militar de Nosso Senhor Jesus Christo）。陈六系澳门居住商人，大清国民人，因大君主查知陈六事迹，且大君主厚惠博施，故特赏赐。同日，所赐澳门居住商人何老桂，照上一体赏给。”

卢九（1848—1907），原名卢华绍，号焯之，因在兄弟中排第九，故称卢九。广东新会人，出身贫寒，弱冠至澳门、广州等地经营钱庄、烟、赌，在澳门投得赌权，并经营鸦片。烟、赌在当年均为合法事业，遂成巨富，成为清光绪年间澳门赌商。

卢九热心慈善公益事业，对澳门镜湖医院、同善堂以及内地严重灾害给予大量捐献。1890年、1894年，卢九两次获授葡萄牙国王勋章，成为名噪一时的濠镜绅士。澳门有一条卢九街，其命名即为纪念他对社会之贡献。[①]

李鸿章督粤期间，卢九在粤承办小闱姓（白鸽票），签订为期八年的承包合同。后来小闱姓停办，卢九损失甚大，所缴饷项数十万元又被两广总督岑春煊扣下不予退还。停办小闱姓对卢九是一个极其沉重的打击，也可以说是卢九人生的转折点。不久之后，他就黯然离世了。

卢廉若（1878—1927），卢九长子，名鸿翔，号廉若，曾获清廷诰授资政大夫、花翎一品顶戴、浙江补用通廪贡生，生于广东新会乡间。后迁居澳门，继承父业，承投澳门山票、铺票，经营烟、赌及金融业，且是南洋烟草公司大股东。清末，卢廉若与同人筹资，创办澳门孔教学校，招纳贫苦少年入学。1913年澳门商会成立后，曾任多届主席，1913年、1919年、1921年及1923年被推举出任澳门镜湖医院总理。卢廉若支持孙中山革命，曾于

---

① 吴志良、杨允中主编，中国大百科全书出版社、澳门基金会编纂：《澳门百科全书》，中国大百科全书出版社，1999，第336页。

1912年、1913年两次接待孙中山访澳，安排其下榻娱园（今卢廉若公园）春草堂。卢廉若于1913年获葡国三等嘉章，1925年4月13日获葡国政府基督一等勋章。1927年于澳门逝世。[①]

萧瀛洲（萧登）

清末民初澳门著名赌商，澳门商会（澳门中华总商会前身）创办人。1903年起，萧瀛洲承充澳门半岛、氹仔、路环白鸽票；1905年又与卢廉若一起投得澳门半岛、氹仔、路环闱姓生意，期限超过十年，直至1916年6月30日。

1911年，萧瀛洲被澳葡政府邀任全澳庆祝葡萄牙建立共和政制一周年大会副会长兼华人庆祝会场会长之职。1911年，他向澳葡政府承投澳门番摊总公司，在福隆下街设馆，取名德成公司，由于经营有术，成为各摊馆之冠。1914年，萧瀛洲与好友10人成立有成公司，承接澳门鸦片烟生意。1909年，澳门举行绅商大会，萧瀛洲被推举为华商代表。

1913年商界发起成立澳门商会，萧瀛洲被公推为第一届总理。

柯六

柯六，1856年生，又名柯翼堂、柯迁（传）善堂，清末民初

---

① 吴志良、杨允中主编，中国大百科全书出版社、澳门基金会编纂：《澳门百科全书》，中国大百科全书出版社，1999，第336页。

澳门著名赌商。1904年1月，柯六与卢光裕、卢九、曹善业及葡人白之咕等人，同被澳葡政府委任为澳门业钞公会成员。1910年曾以纳税较多的资格获任澳门理商局公举人。①

1908年之前，柯六曾与卢九、卢光裕三人合股成立恒和公司，代理澳门彩票，②经营的“中式彩票”遍及澳门半岛和氹仔、路环，在广州亦设有分铺。

柯六还开办过路环番摊馆。不过，其属下的路环番摊馆于1910年6月初准备开业当天，即毁于葡萄牙人“围剿海盗”的战火。③

伯多禄局长街的“柯传善堂围”，就是为纪念柯六而命名的。

李光

李光，约1862年生，广东新会七堡乡人，又名李镜荃、李镜全。早年以捞赌起家，是富而贵闱姓彩票厂的东主，富逾百万，至1905年，该彩票厂因清朝停止所有科举考试而停业。

---

① 《大西洋钦命澳门理商局长韦（Margues Vidal）》，《澳门政府宪报》1910年6月25日（第26号）。

② 《大西洋澳门按察司书吏穆（Miguel Rodrigues Morgado）为通知事》，《澳门政府宪报》1909年1月2日（第1号）：“恒和公司共三大股东，一即原告柯六，一即被告卢光裕，一系已故之卢九。”

③ 《葡萄兵攻过路环详志》，《香山旬报》第66期：“该处之摊馆，是澳门赌商柯某所承充，定于是日开办，亦经摧毁矣。”

1911年8月，李光被澳葡政府邀任全澳庆祝葡萄牙建立共和政制一周年大会成员。[①]他后来成为澳门商会创会副理，并连任多届值理。

葡人赌商：先拿·非难地家族

先拿·非难地（Bernardino de Senna Fernandes，1815—1893），又名飞南第伯爵，澳门葡人，三记行（彩票公司）东主。曾任仁慈堂理事会主席、中国移民总监督，1890年获葡国授子爵衔，1893年3月获授伯爵。1891年春，俄国皇太子尼古拉拟访问澳门，澳葡政府邀请华葡绅商组成公会以便办理迎接仪式，由其担任公会主席。[②]1890年前后，三记行曾经发行股票，并曾代收各赌馆票厂彩金，化解彩民对其他彩票公司的信任危机。

其子小非难地（Bernardino de Senna Fernandes Jr.，1867—1911）在澳门出生，青少年时代在英国深造。1887年回澳门营商。1893年12月27日继承其父非难地伯爵爵位。1894年之前，他已参与承包澳门半岛、氹仔、路环闱姓生意，1894年11月续约八年。此外，小非难地还承包澳门半岛、氹仔、路环签铺票生意。因生意失败，小非难地于1911年10月12日自杀。

非难地家族另一位成员飞南第（Francisco H. Senna Ferandes，

---

① 《澳门政府宪报》1911年8月5日（第31号）。

② 《大西洋澳门督宪幕宾费理剌（João G. Duarte Ferreira）奉督宪命为通知事》，《澳门政府宪报》1891年4月2日（第14号）。

1863—1923），先拿·非难地伯爵之侄，是孙中山先生的好友。他曾担任澳门市议员，创办了澳门首份中文商业周报——《镜海丛报》。

西化的澳门更适合赌商

赌商本是唯利是图的商人，但他们中也有一些人积累了巨额财富之后，通过各种方式回馈社会。例如在中日甲午战争中澳门赌商向内地捐助军饷抗倭，支持维新党人赴澳门办《知新报》，捐购清廷官衔，热心参与地方慈善公益事业，或是积极参与各种政治活动。他们这样做的主要出发点，首先是为未来的经营铺路，希望得到新政权的支持从而在内地大展拳脚；其次是以行善淡化营赌带来坏名声的影响，取得较高的社会地位，得到官方和社会人士的认同，以巩固自己的生意利益。各种慈善活动在客观上起到了缓和矛盾、稳定社会的作用，也逐渐从赌商个人的行为模式转化为固定的社会活动模式。澳门慈善事业的长期兴盛，相信可以说明这一点。

自古以来，中国历代王朝均采取“重农抑商”政策，商人的社会地位被抑制和贬低，所谓“士农工商”，以商殿四民之末。正经商人尚且如此，遑论被视为“捞偏门”的赌商了。明清以后，由于广东具有优越的人文地理环境，发达的商业性农业、手工业生产，同西方国家接触较早，又有朝廷给予的对外贸易开放政策，这里出现了有利于商人发展的社会环境，商人的社会地位也有所提高。[①]“粤人相传行商积善，故有余庆。”[②]可是赌商不在此列，清律禁赌，赌博也被视为社会乱源之一，清政府只是在万不得已的情况下，才允许赌商承赌纳饷的。只要朝廷财政状况稍为好转，或是开赌带来的负面影响大于经济利益时，清政府就会采取严厉的禁赌政策。

另一方面，赌商在广东的地位也远不如在澳门。他们不但要向广东地方政府缴纳巨额赌饷，还有名目不一的额外费用（如报效银）。每当朝廷的禁赌政策发生变化，或仅仅是换了一位地方大员，他们常常会被拿出来作为替罪羊。清朝政府初期虽然鄙视赌商，基本上还是尊重双方达成的协议；但到了清末最后十年，广东大吏对赌商几乎到了竭泽而渔的地步。清朝地方官罔顾协议条文内容，动辄取消或变更，赌商权益毫无法律保障。

与之形成鲜明对比的是，澳葡当局看到博彩业的巨大利益，以及其对澳门经济所起到的扭转乾坤的神奇作用，不但没有歧视

① 黄启臣、庞新平：《明清广东商人》，广东经济出版社，2001，序第1页。

② 梁嘉彬：《行商后记》，载《广东十三行考》，广东人民出版社，1999，第395页。

赌商，还给予他们较高的社会地位，让华人赌商担任一些有实权的公职。何老桂、何连旺、卢九、卢廉若、卢光裕等赌商在澳门被政府委以各种重要官职，出席重要的官方活动和外事活动，被授予勋章，即可说明这一点。鸦片战争后，在被列强瓜分而积弱之中国，华商在偏安一隅的澳门，能有这样高的社会地位，不得不说是异数。

“东方蒙特卡洛”

- 澳门早期的博彩税收
- 博彩业带来的负面影响
- 澳葡当局的应对措施
- 澳葡稳定博彩业的制度
- 城市的眼耳鼻舌正趋灵敏

蒙特卡洛（Monte Carlo）是位于法国南方的小国摩纳哥公国的一座城市，也是世界著名的赌城，濒临地中海，风光旖旎。这里每年举办的一级方程式锦标赛，被国际赛车界公认为最具挑战性的赛事。澳门的城市规模、濒海赌城和城市赛车跑道的特点，都与蒙特卡洛高度相似，故澳门被称为“东方蒙特卡洛”。

从1954年起，澳门每年都举办格兰披治大赛车，是中外赛车迷们的盛事。然而，24小时不停营业的娱乐场（赌场），才是这座城市的经济命脉。

赌博是人类一种畸形的竞技方式：在高度崇尚儒家文化的华人社会，赌博是贪婪、自私的代名词，给社会带来不安定因素。为什么以博彩业为主要营生手段的澳门，又能够相对稳定呢?

1557年葡萄牙人入居澳门并获准从事国际贸易，两三百年间一直享有其他欧洲国家所没有的专营权。为了争夺澳门这个国际商贸的重要口岸，荷兰人派出远征军向澳门葡人发动进攻；英国、法国和西班牙也蠢蠢欲动，想从葡萄牙人手上夺走澳门。然而，1840年爆发第一次鸦片战争后，中国门户大开，香港开埠、“五口通商”，澳门的国际贸易地位急剧下降。葡萄牙人虽然趁机全面占领了澳门，但无力让澳门重新成为“海上敦煌”；贸易利润和税收锐减，市面一片萧条，甚至连公务员的薪资发放也成问题。

然而，时代给了澳门葡萄牙人一个机会。

1838年以后，随着西方工业资本主义的发展，自由贸易逐步取代了垄断政策，奴隶贸易和奴隶制度先后被废除。1848年和

1851年，美国加利福尼亚州以及澳大利亚新南威尔士州先后发现金矿，对廉价劳动力的需求极为紧迫。此时，中国内地爆发太平天国起义，广东及福建大批失去土地的农民、失去谋生工具的城市小手工业者以及内地难民，逃到相对安全的澳门。这些年轻力壮的难民，便成为四处寻找劳动力新资源的西方殖民主义者猎取的对象、国际人口贩卖集团的“货源”。

伴随苦力贸易在澳门应运而生的便是人所共知的博彩业。

1846年出任澳门总督的亚马留，极力推行殖民扩张政策，于1849年封闭中国海关，驱逐清朝官吏。此后，澳门实际上脱离了清朝政府的管治，清朝的法律也不能在澳门生效了。所以，亚马留在澳门买卖人口、让赌博合法化乃至成为一门产业，清朝政府都无可奈何。

澳门赌业的勃兴与苦力贸易密不可分：赌业应苦力贸易之运而兴盛，二者同步发展，促使澳门形成一种畸形的经济体系。葡萄牙人对此乐观其成，因为这种建立在华人血泪之上的经济模式把他们带出了财政危机的深渊。后来，苦力贸易因惨无人道而被全球各国禁止，澳门赌业却已成形，成为澳葡政府的主要财税来源。此后澳门没有比博彩业更重要的经济命脉，澳葡政府遂全力维护它，一切都要给博彩业让路。

澳门早期的博彩税收

我们现在能够找到的最早的“中式彩票”税收记录，是在1847年7月至1848年7月，澳葡政府从“中式彩票”即闱姓彩票中得到2524.4两白银的税款，只占政府同期财政总收入的5.44%，可谓微不足道。当时澳门还没有开放“中式彩票”以外的杂赌，赌税的收入以“中式彩票”为主。但随着“中式彩票”的公开发行和销售额的增加，“中式彩票”税在政府财政总收入中的比例也逐渐提升。在1850—1851年度，“中式彩票”税收为3787.2两白银，比例增至7.76%，次年度增至9.33%。

博彩税在政府财政总收入中的比例，在1854—1855年度首次突破十个点（12.5%），其中“中式彩票”占了4.19%；徘徊一年后，1856—1857年度博彩税占比再次上扬至18.1%，“中式彩票”占8.71%；1857—1858年度博彩税占比增至25.07%，“中式彩票”占比渐渐增加至11.35%；到1858—1860年度，赌税已经占政府财政总收入的40%以上！[1]

所谓“中式博彩”（葡文：Jogo China），其实就是流行于广东地区的番摊赌博。这种赌博方式简单，赌具也可就地取材，但变化多端，很受赌徒欢迎。清代在澳门所开设的中式赌馆，绝大多数以番摊赌博为主，当时的报章报道和文献，往往把“摊馆”与中式赌馆混淆。1887年以后，《澳门政府宪报》中不再使用“中式博彩”字眼，取而代之的是“番摊”，可见二者是同一赌博种类。

澳门这一时期的赌博形式分为两种：一是场赌，也就是有固定场地的赌博，如番摊（又称“四角”）、骰子；二是票赌，即购买彩票，如铺票、白鸽票、山票等。[2]当时西方的轮盘、纸牌等赌术尚未在澳门流行，这一时期的场赌就是“中式博彩”，即番摊。

1850—1851年度，“中式博彩”税收达7700余两白银，超过“中式彩票”的3780余两；除了1852—1853年度稍微回落，以后就一直上升，1855年首次超过1万两，到了1860年中，澳葡政府光是从“中式博彩”得到的税收就已高达8.4万两，是“中式彩票”的三倍。

1867年9月，澳葡政府公布的下一经济年度（1867—1868年

---

① 胡根：《澳门近代博彩业史》，广东人民出版社，2009，第313页。

② 元邦建、袁桂秀编著：《澳门史略》，香港中流出版社，1988，第172页。

度）财政预算为237746元。

1882—1883年度，澳葡政府的赌税收入每年有30多万两白银，占政府总收入69%。

1884—1885年度，澳葡政府的赌税收入已超过46万两白银，占政府总收入高达75%，主要是来自“中式彩票”与“中式博彩”的税收。[①]

清光绪三十一年（1905）朝廷宣布取消科举考试，闱姓彩票走向没落。虽然后来也举行过补偿式的考试，但闱姓彩票的风光日子已一去不复返，稍后就被白鸽票、山票、铺票取而代之了。

然而，彩票赌博与杂赌的市场毕竟有所区别。虽然赌馆里面设有专供士绅耍乐的雅座，但仍有一些士绅觉得，在乌烟瘴气的赌馆呼卢喝雉并非斯文人所为，还是竞猜式的票赌来得更为文雅。因此，彩票赌博仍然有其市场。闱试取消之后，番摊赌在澳门并未能够全面取代彩票赌，原来投放在闱姓方面的彩金转而流向白鸽票、山票和铺票。以取消闱试前的1904—1905年度为例，澳葡政府闱姓票税的收入有2.9万余元，番摊赌税有7.9万余元；取消闱试后的1908年，番摊赌税维持在7万余元的幅度，新增的铺票税款则达到6.1万余元。[②]这足以说明，澳门“中式博彩”（即番摊赌博）与彩票赌博确实各有各的市场，长期并存。

---

① 胡根：《澳门近代博彩业史》，广东人民出版社，2009，第313页。

② 胡根：《澳门近代博彩业史》，广东人民出版社，2009，第315页。

博彩业带来的负面影响

赌博，是人类一种病态的娱乐方式，与色情行业和毒品合称“黄赌毒”。

开赌对华人传统社会所造成的负面影响是相当大的，首先是社会道德与善良风俗受到破坏。葡萄牙人为了解决澳门的财政危机而允许博彩合法化，当然也要考虑为此而付出什么样的社会代价。

社会风气及治安败坏

清代中叶，朝廷不但禁止澳门开赌，甚至重罚收留内地赌徒的欧洲人。清乾隆十四年（1749），澳门同知张汝霖和香山知县等地方官员定下了《澳夷善后事宜条议》，规定：“应禁止欧洲女子在家中窝藏因赌博或偷窃而潜逃之年轻华人。违反者，不但华人因有罪而应受惩罚，将其窝藏之欧洲人亦因违反禁令而受罚。那些违禁偷窃、赌博之人，情节重于嫖娼，应受重罚。”①

马丕瑶治粤期间赌禁森严，赌商与赌徒都从内地前往澳门，但广东的赌患并未因而解除。为防止赌博由澳门渗透入粤，粤方加强了香山县一带的日缉夜巡，并采取连坐法惩罚“勾结外匪入境”者及知情不报者。

然而，自亚马留“钉关逐吏”之后，澳葡政府已经取得澳门的司法管辖权，并且在澳门开赌，清廷对此毫无办法。澳门的赌馆为了增加生意额，千方百计讨好各种客人，妇女也成为赌馆拉拢的对象，有些赌馆竟备车迎送女宾。清末汪兆镛所写的《澳门杂诗》，便有如下写照：“轻车衢陌响辚辚，钏动花飞夜达晨。未必投壶同玉女，却看迎送有香轮。”诗人附注：“妇女入赌馆，最为风俗之害，甚至有馆中备车迎送之者。”

这种生意手法吸引了不少妇女进入赌馆，轻则失财损德，重则逼良为娼，而致家破人亡。这对华人为主的澳门社会善良风俗，当然会带来诸多负面的影响。

---

① ［瑞典］龙思泰著，吴义雄等译，章义钦校注：《早期澳门史》，东方出版社，1997，第246页。印光任、张汝霖在《澳门纪略》也提到此事。参见［清］印光任、张汝霖原著，赵春晨校注：《澳门纪略校注》，澳门文化司署，1992。

诈赌之术屡见不鲜

博彩合法化之后，澳葡税收增加，赌馆也越来越多。广东有句民间俗语——“十赌九骗”，反映了赌博活动的险诈。澳门赌业逐渐繁荣，番摊赌馆的增加，也带来了五花八门的诈赌事件。

赌商与赌徒都希望尽快赢钱，增加自己赢钱的机会，有的人无法循“正途”取胜，就在赌具或赌术上做文章，千方百计诈赌。因此，赌博与诈骗往往是分不开的。澳门人把诈赌之人叫作“老千”，诈赌之术就叫作“千术”。历年来，澳门的“老千”多如牛毛，“千术”层出不穷、防不胜防。

另外，受厚利所诱，赌商卷款私逃、吞没彩金的现象时有发生。为了挽回澳门赌业的声誉，经营闱姓彩票的商人经过商议，终于想出一个两全其美的办法：“凡有谢教银两（彩金）统放存三记行内，按日投票，银数亦系按期汇交三记，各子厂分毫不能隐藏，决不患谢教无着，必能按照所中之数计份均派。”

三记彩票行东主先拿·非难地这位土生葡人，在商界颇有威望，与政府及华人的关系都不错。虽当时他已去世，家族生意交给其遗孀主理，但大家还是乐意由三记行做中间人，保管彩金。

抢劫罪案增加

赌风炽热，对社会治安的影响当然是负面的。被视为“不义之财”的赌资往往成为匪徒觊觎的目标，因此而引发各种各样的罪案。广东禁赌期间，大量的赌徒、赌资从内地流入澳门，各种围绕赌场发生的治安案件都带有很强的“输入”性质。

由于抢案多如牛毛，很多摊馆不得不购备武器自卫。但在当时的治安报告中可以看到，有的贼人居然连摊馆用来看家护院的左轮手枪都偷走了。

赌风日盛，不仅成年人赌博，连儿童也卷入其中。1894年11月21日的《镜海丛报》就报道了一起儿童投买闱姓彩票遇劫的案件。

赌徒的钱财得来容易，有时连澳门的洋兵也为之眼红，动手就抢。1895年2月6日的《镜海丛报》就报道了一宗洋兵抢劫赢钱赌客的案件。

赌客在摊馆赌博本来就是输多赢少，好不容易赢了钱，出门却被人抢走，澳门俗称“抢摊”。1895年9月12日晚，发生了一起歹徒“抢摊”被葡萄牙士兵击毙的事件：“十二晚八打钟，康公庙前近海旁之街，有人突进摊馆夺去赌案洋银五元，当被喊追，遂为西兵所擒，解至捕房，乘人不觉，又复逃去。西兵跟踪飞赶，匪跃于河，兵以手枪轰之，中胸而毙。”[①]

当时澳门社会治安之恶劣，由此可见一斑。

---

① 澳门基金会、上海社会科学院出版社编：《镜海丛报》（影印本），上海社会科学院出版社，2000，第316页。

澳葡当局的应对措施

在赌场内外发生的刑事案件一多，不免影响赌场的生意。因此，强化治安就成为当务之急。澳门的报章也发表时评，呼吁澳葡政府加强赌场附近的治安巡逻，防止“抢摊”。

澳葡政府为了保住博彩税收，在维持社会治安方面是不遗余力的。当时澳门不但有军装巡警（绿衣），而且有便衣暗探在街头巡查；在市内各处更加设了公共照明系统，彻夜不熄。

为了改善社会治安，澳葡当局除了加强警队建设之外，还采取了各种各样的措施。

设立中国人口户籍登记

外来人口品流复杂，三山五岳俱有之，而且来无影去无踪，澳葡政府难以掌控，遂成为澳门社会治安的一大隐患。为了阻止“游手好闲之人利用澳门的疏松涌进澳门”，在澳门开放赌禁的总督亚马留于1848年12月20日下令对在澳门的中国人进行户籍登记，以规范地域管理。不过，亚马留这一招并未明显见效，澳门依然罪案频生。

亚马留这一措施未能奏效的主要原因，是澳门与内地人员来往频繁，人口的流动性较大。葡国人想效法内地的户籍制度，却没能学全，也没有设立保甲长之类的管理人员。很多澳门华人在香山等地有亲戚，谁进谁出，根本没有登记，当然也没有留下一个记录，不容易进行户籍管理。

亚马留被杀后，葡人趁机占领了澳门，社会治安却未能改善。澳葡政府曾发布治安通告，警告良民不得收留“奸细匪类”。不过，当时既没有赏格，也没有连坐法，效果如何也就可想而知了。见效果不佳，澳葡政府也不得不“入乡随俗”。1851年2月27日，鉴于频频有匪徒在澳门抢夺，澳葡政府为净化治安环境而发出一道赏格：

> 有能知该贼匪窝藏之处，或知其姓名，有确实偷抢证据，无论其在河在岸，赴亭报知，带兵拿获审确，每贼一名，立赏报信银三大元。

除了为陆地人口设立户籍之外，澳葡政府还对水上居民加强治安管理。1850年12月14日至1851年1月4日，澳葡政府连续发出两道命令，声称：“查闻有贼匪烂崽来澳偷抢，各铺户船艇切勿窝藏匪类。倘查出必定严责。”

取缔非法赌博

发出合法的赌牌之后，澳门街边的赌博依然不绝，影响了领牌赌商的生意。这种合法博彩与非法赌博的矛盾，在中国农历新年期间尤其严重。基于保护合法赌商即等于维护政府财政税收的考虑，亚马留总督遂于1849年2月1日发出一道命令：对所有在街上设点赌博和参加赌博的中国人施以二两银子的罚款。[①]在当时，这已是一个不小的罚款数字。

19世纪七八十年代，澳门的非法赌博甚为猖獗，对政府税收构成一定威胁。因此，澳葡当局需要经常采取措施取缔各类非法赌档。

1879年5月24日的《澳门政府宪报》，刊登了华政事务官梁绍签发的一则通告，严厉警告“私开赌局”之人。

虽然番摊、彩票等赌博已经合法化，但澳葡政府对骰子、“掷绵羊”等杂赌依然管制甚严。1880年8月发布的一项通告就明文规定：“所有二等牌馆，或下等牌馆，并掷骰子馆，及‘掷绵羊’各款赌博，均仍旧严禁。凡有私开赌馆，固有碍于公物

① ［葡］施白蒂著，姚京明译：《澳门编年史：十九世纪》，澳门基金会，1998，第98页。

会，亦有损于承充人……罚银一千元。”①

罚款一千元，这在当年是一个巨大的数额。尽管如此，澳门民间非法赌博的风气也未能遏抑住，巡捕仍然经常在街头拿获私下聚赌的赌徒。有的竟公然在街边摆掷骰子摊或“掷绵羊”摊。

到了20世纪初，澳门博彩业走上合法化轨道后，澳葡政府获得的税收日渐增加。但是，赌饷数额巨大，有的赌商为了取得最大限度的利润，就开了各色各样的“耍乐公司”。这类公司以会员制招揽赌客，名义上是“耍乐”，实际上成为巧立名目的非法“聚赌点”。

为堵塞“偷税漏税”，保住极为可观的合法博彩税收，澳葡政府发现后随即颁布了新的措施：“照得现闻有私在住屋及华人所设耍乐之公司内开赌番摊、牌九以及别样用现银赌买之不合例赌具等情，须知此项赌博，大干例禁。一经查确定，必严行拘拿，按律惩办，决不宽贷。”②

不过，民间赌风炽盛，“合法”与“非法”赌博混斥澳门的大街小巷，澳葡政府有时也会网开一面。中国的农历新春佳节，华人喜欢在家中与亲朋好友聚会之余赌两手，政府也管不了许多。但对于街边的杂赌，澳葡政府依然毫不放过，并且趁“开禁”之机，开投春节街边赌博临时牌照，额外大捞一把。

---

① 《大西洋钦命澳门地扪暨所属地方总督贾为谕知遵照事》，批给章程第六、第七款，《澳门政府宪报》1880年8月19日（第33号附报）。

② 《大西洋澳门华政厅马（José Luiz Marques）为示禁事》，《澳门政府宪报》1906年9月22日（第38号）。

与邻近地区互相移交逃犯

1849年发生沈志亮刺杀亚马留事件，迫于葡萄牙人和英国人的压力，清朝地方政府被迫将沈志亮拘捕并处决。此后，清朝广东地方政府实际上已形成了与澳葡当局互相移交逃犯的默契。广东当局一旦发现有刑事罪犯在内地作案后逃入澳门，就会向澳葡政府负责对华事务的西洋官开出名单，要求澳葡方面缉捕归案，移送内地惩处。

1851年2月15日，《澳门政府宪报》刊登了一份香山县政府向澳葡政府要求缉捕逃犯的答复照会，内文称：“……接准来文，请拿犯九名，今将犯三名解给，希为查收。”[①]这份照会表明：第一，香山县政府与澳葡当局当时已有互相移交逃犯的合作；第二，澳葡当局已把配合香山县政府的缉捕刑事罪犯的行动法制化，否则不会使用刊宪的形式；第三，葡方与香山县进行治安情报交流。直到二十余年后，粤澳两地之间这种治安合作依然有效地维持。1876年5月11日，澳门总督致函两广总督刘坤一，应其要求寄送一份在捕捉22名海盗中做出贡献的士兵名单，以便接受广东政府的奖励。[②]

1880年4月26日，澳葡当局与港英当局达成了移交华人罪犯

---

① 《署香山县左堂加十级纪录十次张为照复事》，《澳门政府宪报》1851年2月15日（第13号）。

② ［葡］施白蒂著，姚京明译：《澳门编年史：十九世纪》，澳门基金会，1998，第205页。

的协议。

不过，葡萄牙人只希望内地递解通缉犯回澳门，却不大愿意把人犯交给内地。尤其是中葡两国签订《中葡和好通商条约》时，葡方更一度拒绝在条约中加入有关移交罪犯的条款。经中方据理力争，到了两国于1887年签署《中葡和好通商条约》时，葡方才同意写入“移交逃犯”条款。

撇除政治因素不提，即使是有限度的治安合作措施，也可以避免刑事罪犯在异地作案后利用辖区不同的漏洞逍遥法外，有利于双方净化地方治安环境。站在澳葡当局的角度，这成为迅速改善治安、稳定社会的重要手段。

澳葡稳定博彩业的制度

19世纪80年代后，澳门博彩业逐渐步入稳定发展的阶段。博彩税收成为最重要的财政收入来源，澳葡政府为了保护这只“会生金蛋的母鸡”，采取多项措施确保商人不会逃税，并使之逐步规范化，日渐形成有澳门特色的公开竞投、开标（票）以及预防赌商作弊的各种制度。

彩票商需有担保人

1887年3月31日的《澳门政府宪报》刊登了一份将闱姓彩票批给商家“鱼塘行”的公告，可知在19世纪80年代中期，澳葡政府已对承充闱姓的商人做出多方面规限，确保赌客的合法利益，预防商人拐款潜逃。这一措施实际上也是为了保障闱姓票市场的正常运作，从而保证政府的博彩税收益。

澳葡政府在批给闱姓票这种“中式彩票”时，比较关心的是承投商有没有“担保或不开票应给还现银买票之银”，以及每间闱姓厂是否都有担保人。其中一个原因是，此前发生过永吉祥等一批彩票店突然倒闭的事件。当闱姓彩票大量发售时，如果彩金积累过巨，远超出担保金的话，闱商可能会卷款潜逃。这样势必会严重影响博彩业声誉和政府的税收。因此，澳葡政府采取了设担保人这种比较稳妥的办法。

赌商须以产业作保

除了担保人制度，澳葡政府在公开承充各项博彩专营时，为确保赌税的收入，通常会要求承充商预先缴付一定数额的现金；如果现金不足，则允许用不动产担保或找铺保。从澳门历史档案馆现存的一份清同治十二年（1873）澳葡政府承充番摊合约，可以研判出官方执行专营合约的灵活程度，以及澳门赌商早期的融资方式。

早期的专营合约是政府先收取承充商即赌商的规银（专营承充费用），那是一次性的，赌商缴付了规银之后，赌场的生意好坏盈亏就一概与政府无关。但是，后来发展为政府与赌商按照营业额分账的承充方式，由于很难准确地预判生意的好坏，必须更多地采取用现金兼不动产担保的办法。

严格规管彩票公司

澳门博彩业合法化初期，闱姓彩票和白鸽票是主要的“中式彩票”种类，白鸽票厂（公司）数目不受限制，闱姓彩票则规管较严。闱姓彩票在澳门发售，开彩结果（科举考试放榜）却在内地，不受澳门控制。换言之，虽然内地禁赌，广东省城及四乡居民只要买得澳门闱姓彩票，人在内地也可以知道开彩的结果。

由于闱试屡屡出现作弊情形，风险比较大，闱姓票厂一旦倒闭，对社会所造成的影响也相对严重，澳葡政府对闱姓彩票经营者做出比白鸽票厂更为严格的限制：规定闱商开设闱姓票厂的数目，并且必须在确有科举考试时才准出售彩票。为防止闱商弄虚作假，澳葡政府又规定售票之闱姓票厂必须详细申报地址及人事资料。时值清光绪末年，废科举之议极盛，如果闱商收取了一大笔票银而内地不开闱试，很有可能造成混乱。故此，澳葡政府明文规定以葡萄牙驻广州总领事馆来文为准，一旦朝廷取消科考，澳门闱商必须按约退回票银给彩民。

为了维护澳葡政府的博彩税收，连葡萄牙驻广州总领事馆也成了澳门彩票公司开彩的“公证人”，也算是令人大开眼界了。

毁约赌商须赔偿损失

赌商投得博彩专营权之后，如因本身的问题不能履行合约条款，未能按时缴纳担保合同银，就会被视为毁约。澳葡官方除了没收其先前缴付的银子，并将有关生意重新招商承充之外，还要向其追缴不足的差价。1881年12月24日的《澳门政府宪报》刊登了一段由澳督、臬司（司法官）、辅政司与公物会联合发表的公告，向未能按时缴纳担保合同银的赌商王和追索竞投差价。

公开招标承投

澳葡政府早期将博彩合法化，是本着“多多益善”的心态，只要商人提出要求，一概准予参加竞投。史料显示，澳葡政府于1847年1月批准开设闱姓博彩，在1849年4月正式发出番摊赌馆牌照。[1]澳门地方不大，19世纪中叶人口不到十万，若不加限制地滥批赌牌，其市场必定会遭到冲击。

1851年7月19日《澳门政府宪报》刊登了政府公物会的一则通告，内容显示白鸽票厂旧的合约约满后，需要重新招标。可见在此之前，澳葡政府就已经公开承投白鸽票了。公开招标就是政府设定底价，由商人下标，价高者得，政府可以得到最大限度的利益。

至于澳葡政府怎样抽取赌商的博彩税？税率是多少？参考澳葡政府当年在其他方面的税率，很多都是“十一税”，即“十抽一”。两广总督张树声、广东巡抚裕宽于1880年9月6日给朝廷的一份奏章中，也提到澳葡当局以“十一”抽闱姓彩票税。

---

① Boletim Oficial do Governo de Provincia de Macau e Timor 1888-3-15 NO-11, P. 100: “Receita do anno Economico de 1887-1888”.

这里顺便提一句，在葡萄牙人管治后期，澳门的博彩税已大幅度增加至35%，赌商另须把5%的毛收入拨作慈善文化用途。尽管如此，赌商依然大有赚头。

引入律师制度

博彩业之所以能在澳门落地生根，更重要的一点，是澳葡政府基本上能够尊重博彩合约的法律精神。从澳门现存的大量历史档案资料中，可看到律师活动很早就介入澳门的博彩竞投和经营之中，确保合约一经签订，双方就必须忠实履行。历来只有赌商违反合约被取消营赌资格，却从来没有由于澳葡政府政策或人事发生变化，而主动毁约或要求赌商增加赌饷之事。因此，有理由相信，这也是赌商选择澳门作为“大本营”的其中一个重要原因。

城市的眼耳鼻舌正趋灵敏

赌博是一种恶习，也是社会公害之一，会引起道德沦丧、治安败坏等社会问题，与文明、进步相悖。不过，澳葡政府利用合法开赌增加政府库房收益，使通过其他途径无法解决的财政危机迎刃而解，并且以赌税用于慈善事业，平衡及缓和各种社会矛盾。尤其澳葡政府是在本地经济萧条、财政收入朝不保夕、社会危机重重的情况下，才让多年来一直受禁的赌博转为合法经营的。也就是说，如果澳葡政府不让博彩业合法化，社会问题可能会更大、更多。现在回顾这段历史不难看出，博彩业合法化确实挽救了葡萄牙人，令澳门社会和经济转危为安。

当然，没有一个稳定的社会环境，博彩业是不可能有长足发展的。澳葡政府为了保住博彩业这只“生金蛋的母鸡”，采取了各种手段，包括强化治安、不断改进对博彩业的竞投制度和管理等等。

改善对外水陆交通

19世纪70年代中至90年代初，清朝广东政府多数时间执行禁赌政策，大批赌商和赌客转往澳门，使澳门的赌业发展得很快。来自省城广州、邻近地区及香港等地的旅客相当多，原来比较落后的交通条件，已经难以适应博彩经济高速发展的需求了。

首先是陆路交通开始改善。早在1885年，澳门就首次出现人力黄包车。[①]另外，澳门商人出资修建了前山至白石的公路。当时澳门中文报章刊登的消息表明，澳门至前山（现属珠海市）的公路已不能满足两地民间往来的需要，须延伸至白石。由澳门市区至白石村，有27公里之遥。加上道路崎岖，不像澳门市内马路那么好走，一来一回起码得大半天工夫。既花时间，车费亦不菲。但在没有其他公共交通工具的香山县，居民往来澳门仍以人力黄包车为主。

当时从美国檀香山携巨资回澳经营酒店的陈芳[②]先生，是位

---

① ［葡］施白蒂著，姚京明译：《澳门编年史：十九世纪》，澳门基金会，1998，第243页。

② 陈芳（1825—1906），字国芬，广东香山县杨梅斜村（今属珠海）人。早年随叔父赴美国夏威夷经商。1870年创办芳植记公司，从事甘蔗种植和制糖业，后渐发迹为夏威夷巨富，被誉为“商界王子”，并成为夏威夷公主驸马。1878年后，曾任夏威夷政府枢密院顾问、华人商董、中国驻夏威夷领事。1882年辞职。1890年变卖资产60万美元，返香港、澳门投资火轮业和酒店业，定居澳门，并在家乡创办学校和其他慈善事业。1906年，陈芳病逝于澳门。

热心公益的爱国归侨。前山至白石这段公路由他牵头捐建，以石块铺砌，下雨水淹也不怕泥泞。以当年的施工条件，也称得上是一项大工程了，此举可改善澳门对外交通，有利于澳门酒店业务扩张，对澳门博彩业当然也有好处。

清光绪末年，广东曾有兴建粤澳铁路之议，且有葡商意欲承办。1909年3月，澳葡政府在疏浚外港航道的同时，打算在澳门修筑一条铁路与省城之铁路相衔接，两项工程总共需费约600万元。[①]不过，基于各方面的复杂原因，这条铁路一直未能投入兴建。

其次是澳门对外水路交通方面，也得到了极大的改善。

澳门由古代的一个渔村变为外贸大港口[②]，各种大小船舶一直是主要的对外交通运输工具。此外，早在清乾隆时代的前期，即公元18世纪中叶，澳门的对外水上交通已有“省渡、石岐渡、新会江门渡”。[③]

19世纪末，澳门的贸易地位虽然已被香港和其他对外通商口岸超越，但来往省澳的旅客数量仍然相当可观。当时在澳门发行的报纸就提到：

---

① 《镜海工程》，《华字日报》1909年3月2日。

② 参见“（嘉靖）十四年，都指挥黄庆纳贿，请于上官，移舶口于濠镜……”（［清］印光任、张汝霖原著，赵春晨校注：《澳门纪略校注》：澳门文化司署，1992，第64页）。

③ ［清］印光任、张汝霖原著，赵春晨校注：《澳门纪略校注》，澳门文化司署，1992，第24页。

> 其往来省澳者，即系白云、前山、新洲三船以上。省港澳各船俱挂英国旗号。本年轮船所载华客，往香港者五十六万三千五百一十八人；往澳门者四万四千三百三十九人；由港来省者五十二万三千零八十三人；由澳门来省者四万六千九百八十一人；洋人不在此数。[①]

简单计算即可得知，光是乘船往来省澳两地的旅客，一年内已有9万余人次之多。想知道水上交通的具体情形，还可以参考1895年澳门的一些统计数字：

> 船只。查本年出入内地华船计一万八千五百九十四只，共载重八十二万四千七百零七吨。旅客。本年入内地者共十三万二千一百九十一人，出内地者共十一万五千八百九十四人。[②]

由澳门陆路进出关闸及乘船往来香港、外埠的旅客，虽未有进一步的统计资料可供准确计算当年来往港澳两地的旅客人数，但从当时关于香港人来澳门参加康乐活动的报道中，也可看出港

---

① 《中外报》，《镜海丛报》1894年12月12日。

② 《税册照登》，《镜海丛报》1895年8月7日。

澳水陆交通已十分便利。[1]

博彩业合法化之后，除了澳门至香港、澳门至省城广州这两条主要航线之外，澳门与外地的水路交通还有：澳门至新会双水口渡船，每位票价收银五毫。此外，还有澳门至顺德龙江渡船、澳门至南海九江渡船、澳门至罗定渡船、澳门至赤溪渡船、澳门至西江各埠渡船。

今天澳门的对外交通十分便捷，公路四通八达，轻轨即将连接内地轨道交通网络；港澳两地之间既有喷射水翼船和直升机这些往来交通工具，也有大桥相通，这是百年前所难以想象的。不过，一个多世纪之前开辟的这些水陆交通设施，让澳门得以发展成一个繁华的商业都市。

市政建设日趋蓬勃

博彩业的蓬勃，不仅促进了旅游、交通的发展，也促使澳葡政府在市政建设方面投放更多的公共资源，使澳门迅速成为一个比较发达的商业城市。以下是澳门博彩业合法化之后新建的、有文字记载的市政建设和大型设施。

医院与公共卫生：1867年至1873年间在澳门服役并致力于公共工程建设的葡萄牙军官卡瓦略（Henrique Augusto Dias de

① 《同乐其乐》，《镜海丛报》1895年12月18日。

Carvalho），完成了修建仁伯爵军人医院的工程。[1]1876年4月，在政府与私人各方捐助下，内设寺庙的氹仔医院工程竣工。[2]为了预防天花，1895年澳葡政府卫生部门还免费为全澳居民种牛痘。

重建市政厅大楼：1876年12月30日，澳门市政厅大楼重建工程完成。

填海及浚河：1877年7月2日，澳葡政府在内港一处淤泥滩上开展填海工程，用于兴建楼宇。1883年1月10日，官方在对氹仔与路环两年前的税收做出估算后，在居民区使用石子铺路、植树及建立绿化区。1883年9月16日，澳门航道淤塞严重，有951名澳门市民向葡萄牙王室写信，提出要以博彩收入整治航道。1885年3月17日，氹仔开通了一条向大海排放污水的总管道，形成一套合理的排污网络。到了1890年，政府又修建了连接澳门与青洲岛的海堤。1909年3月，澳葡政府开投浚港工程，挖深航道以容纳普通轮舶驶入。

建成中西戏院：1860年，澳门葡人兴建的伯多禄五世剧院正式启用。1875年，赌商王禄父子兴建的澳门第一座粤剧大戏院——清平戏院落成。

启用松山灯塔：1865年9月24日，视距最远可达20海里的松

---

① ［葡］施白蒂著，姚京明译：《澳门编年史：十九世纪》，澳门基金会，1998，第188页。

② ［葡］施白蒂著，姚京明译：《澳门编年史：十九世纪》，澳门基金会，1998，第206页。

山灯塔启用，这也是中国沿海第一个具有导航功能的灯塔。

管理公共照明系统：1871年1月28日，澳门市政厅以公开竞投的方式，招标负责全澳2302盏公共照明油灯的专营权，闽籍商人关才中标。1883年6月20日，政府批准由财政署出资安装氹仔和路环的公共照明设施。

兴建发电厂：1899年4月7日，Helio公司代表申请在澳门兴建发电厂。

兴建市政街市：1879年10月，在氹仔兴建一座临时市政街市，并于1886年9月建成永久性的建筑物。曾经承包1892年至1895年路环番摊生意的赌商沈泽英（沈进），于1893年以“氹仔、过路湾[①]街坊公局绅董”的身份，参与了氹仔、路环两岛街市的开设事务。

成立消防队：1883年5月2日，澳门消防队正式成立。早在19世纪70年代，澳门已有葡萄牙军官担任“救火公馆”消防督察。[②]

发展电信事业：1884年4月，澳葡政府批准港澳之间铺设通信电缆线，并由有关公司负责铺设氹仔至澳门的电缆。[③]电话被引入澳门之后，是当时相当稀罕的奢侈品，用上电话的人家非富则贵。1910年10月，总馆设于板樟堂街的澳门德律风馆（电话局），公布了全澳门100个电话号码。大部分的电话用户是澳葡

---

① 路环，古称“过路湾”。——编者注

② 《澳门消防队成立一百周年纪念特刊》，澳门消防队1983年编印。

③ ［葡］施白蒂著，姚京明译：《澳门编年史：十九世纪》，澳门基金会，1998，第234页。

政府部门、官员、主教府等，除此之外，就是当时澳门的富贵人家。据澳葡政府公布的电话号码名单，单是赌商已占了16个。

城市清洁卫生：早在清同治年间，澳门已经把城市清粪事务交与私人公司处理。1888年9月，澳门议事公局通过决议，在市内设立收费公厕。这是中国第一个收费公厕，意味着澳门已从南国边陲渔村步入先进城市的行列。①到了1894年4月14日，澳门议事公局议定在全澳增设公厕八间。②另据《镜海丛报》载：“澳中垃圾，向由议事公局选派西人督理搬运。每日晨早，车声轰轰，便是分操工役。”③由此可见，当时的澳门已经具备一定的城市规模。

随着人口增加、市面繁荣，商人还集资兴办慈善事业，其中包括：

镜湖医院：创建于1871年的镜湖医院，是澳门最早的华人慈善机构。据《倡建镜湖医院碑记》载：“此地居民，既已‘皇恩疏远，风雨失调’，复为瘴疠潜侵，饥病之苦、呻吟之声，求助何谁？所以仁德者，动同胞之情，发慈悲之念，广倡善德，以

---

① 《镜海丛报》1895年1月23日“请为豁免”：“洋场地面，无财不雄，盖无一物而不须钱也。甚而至于登厕。港澳两处，倘非家有粪所，犹须计次纳钱，囊乏一文，多不听进。”另见1888年《点石斋画报》所刊《围税新章》：“近日葡人澳门地再创立大便公钞，列厕于市，派人看守，凡仕商将顾者每人须纳一文钱，否则以闭门羹相待。”

② 《澳门政府宪报》1894年4月28日（第17号）。

③ 《统易新役》，《镜海丛报》1895年3月6日。

图济施，拯救贫苦众生，决志倡建镜湖慈善医院。倡建之始，集众推举三记行、何秉樟等一百五十二人为倡建值事。由沈旺、曹有、德丰、王六等四人，向葡公物会办理院址和立契手续。”三记行是当时最有名的博彩承充公司，王六即王禄，这四人均属清同治年间澳门的大赌商。

同善堂：1893年2月25日的《澳门政府宪报》，刊登了同善堂成立的消息及其章程。发起人多是当时的绅商名流，领衔人就是著名的赌商卢九。同善堂创办后，经常向贫苦大众派米施粥、赠医送药，济困扶危，在澳门的社会事务中发挥了相当重要的作用。

义殓：据《澳门镜湖医院慈善会会史》记载，1898年“本院九月九日重阳日堂期集议：卢焯之、何穗田两大善长，因分局义山地窄，刻下已经坟墓稠密，再无安葬之处，两大善长买受土名湾仔火燂村荒埔税地一丘为义山”。卢廉若接掌镜湖医院慈善会之后，亦曾充此善举。

平粜：1907年，内地风灾水灾导致物价上扬，米珠昂贵，百姓日陷困境。镜湖医院决定发起平粜工作，由卢焯之、柯翼堂（柯六）担保，在大西洋银行贷款，从外地购大米平价售予贫苦市民。柯翼堂还亲自到外地购买大米，直接运返澳门。据史料记载，在1907、1908两年间购进多批大米，共耗款逾62911两。平粜工作有力地稳定了社会经济与民生，彰显了澳门民间慈善团体在这方面的巨大作用。

城市卫生及防疫：1894年，澳门曾多次暴发鼠疫、霍乱等传染病，对社会经济造成极大影响。包括赌商在内的华商，积极参加城市卫生防疫事务，使经济迅速恢复。赌商何连旺更被澳葡政府任命为城市卫生防疫公会会长。1895年春夏之交，澳门再度暴发疫情，由于病人众多，医院容纳不下，澳督本拟将病人移置海傍。后来，澳门华人商绅提出在对岸的湾仔（时属香山县）搭建大棚厂一座，以安置病众。澳督批准了这一方案，并派出小轮护载。

兴学办校：清光绪二十四年正月，商人何连旺在澳门开设澳门大同女学堂。另外，何连旺曾经帮助康门弟子陈子褒等在澳门创设学校，兴办教育。戊戌变法后，何连旺任保皇会澳门分会会长兼总会财政部长，并设立东文学校，为保皇派培养人才。几年后朝廷废除科举，商人卢廉若“念华侨子弟半多贫苦，少年不读书识字，何以谋生，乃萃集同人筹措巨资创办孔教学校，每年生徒多至千数百人”。

上述史料显示，葡萄牙人虽然早在明朝末年已定居澳门，比英国人占据香港岛早285年，可是，澳门大规模的城市建设起步较晚。公共医疗、电力、电信、公共照明系统、戏院、街市和学校等设施建设，基本上都是在19世纪下半叶开展或完成的。澳门的道路交通、各种市政设施和文化设施建设，与其他先进城市没有太大的差别，但其建筑物融合了独特的中西文化元素。

工商业发展

城市发展的步伐越来越快，澳门的工商业逐渐发达起来了。由于各项工程建设需要大量的建筑材料，单靠外地输入已难以满足了。1887年，生产水泥、砖瓦和石灰的青洲水泥厂投产。该厂由英国人投资，产品除供应澳门使用外也有出口。[1]这是中国第一间水泥厂，也是澳门城市发展史上一个重要的里程碑。

博彩业的繁荣，造就了澳门第一代的赌商。他们不少人拥资巨万，社会地位很高。不过，经营赌业存在着相当大的风险，既有政治方面的因素，也有其他方面的影响，谁也说不准什么时候会被官府取消牌照或破产。此外，营赌的名声毕竟不好。所以，不少赌商都在营赌掘得“第一桶金”之后，就把资金分散到其他行业，兼营各种实业，如土地开发与建筑、金融、贸易、鸦片及其他专卖事业、工厂等等。如此，澳门的工商业走向多元化发展的道路，也减轻了邻近地区开放赌禁时对澳门社会经济的冲击风险。

土地开发及建筑

清咸丰十年（1860），赌商王禄与友人合伙，组建一名为“绍昌堂”的置业公司，买下原庇里喇茶叶行的旧址，并将后门对开一带海滩填平，开辟福隆新街、福荣里、清和里、福隆新巷、清平直街、蓬莱新街、新市巷、新利巷、福寿里、白眼塘街等街道，兴建大小铺户160余间，使该处成为澳门一新区。[2]

① ［葡］施白蒂著，姚京明译：《澳门编年史：十九世纪》，澳门基金会，1998，第247页。

② 吴志良、杨允中主编，中国大百科全书出版社、澳门基金会编纂：《澳门百科全书》，中国大百科全书出版社，1999，第464页。

1895年1月12日，澳葡政府将沙岗地段5396平方米土地批与赌商卢九，兴建大面积的房屋。当时的《澳门政府宪报》有以下报道：

据隶籍西洋之华商卢九禀请，将沙岗各地段批领，从廉构建屋舍，以便工艺民居等情。本部堂体查该处情形，允宜创建一坊，以为权兴，后即渐次开拓新桥，浸至望夏，并须开渠植树……况该华商资本丰厚，自能措置裕如，必不负所批也。①

另外，赌商萧登、卢光裕二人，于1907年3月获澳葡政府批租“坐落马蛟石炮台相连之山脚”的一块土地，面积为4290平方米。②

金融业

中华银行于1894年委任三记行（彩票公司）的土生葡人非难地爵士为该行之澳门代理人。中华银行由华商创办，总行设在香港。

---

① 《大西洋钦命澳门暨属地总督高为札谕事》，《澳门政府宪报》1895年1月12日（第2号）。

② 《大西洋澳门国课官柯为出投事》，《澳门政府宪报》1907年3月16日（第11号）。

赌商卢九、李镜荃二人的家族，于1881年在澳门大街合资经营宝行号钱庄。[①]

另据报道，1898年3月，美国永安人寿保险公司在澳门南湾街开设分行。

工业

缫丝厂：丝绸交易在当年是利润颇为丰厚的生意，一些赌商在澳门开办了缫丝厂。冯成开设了两间缫丝厂，分别位于蒲鱼地与和隆园一带；何连旺共开设过三间丝厂，包括与卢九、冯成、陈恒三位著名赌商合资的粤和昌丝厂、其详丝厂。这些缫丝厂的规模甚大，1895年的《镜海丛报》提到："澳地有丝厂，皆澳中富商合股而成，每日可用男女工人至八百余名之多。"[②]

爆竹厂：爆竹制作是澳门早期的主要工业之一，开设爆竹厂的赌商何连旺[③]，1890年在群队地瑞隆栈爆竹厂外建一分厂，制造爆竹纸，这是澳门爆竹行业发展的一个高峰期。1891年，由于清政府的税收暴增，广州的爆竹厂纷纷迁来澳门。

---

① 《大西洋澳门按察司兼理商局书吏穆为通知事》，《澳门政府宪报》1908年6月27日（第26号）。

② 《丝工暂停》，《镜海丛报》1895年2月20日。

③ 《澳门、地扪总督施为给照事》，《澳门政府宪报》1889年5月9日（第19号）："华人何廷光禀求开设爆竹厂一间，该厂坐落在望厦帽围第十一、十三号屋内之花园里。"

玻璃厂：香港旗昌洋行代理人、赌商先拿·非难地爵士，于1884年在妈阁开设水晶玻璃厂。

专卖生意

一如闱姓、番摊等有利可图的生意那样，澳葡政府对盐、鸦片、猪牛肉、火水（煤油）、火硝及硫黄等必需品和畅销商品，也采取专卖政策，有意承充这类生意的商人，必须通过投标形式出价，由澳葡公物会根据价码或其他条件定夺。澳门赌商为了分散经营风险，不少人都承包专卖生意，其中包括：

承充猪肉生意：卢九、胡衮臣。

出入口制卖火硝及硫黄：李镜荃。

出入口火水（煤油）：李镜荃。

澳门半岛、氹仔、路环卖盐：何连旺。

澳门半岛、氹仔、路环鸦片：萧瀛洲。

博彩业在合法化一百五十年后，到澳门回归前夕已成为当地的主要经济支柱，不但有专门法律法规管理这一龙头行业，澳葡政府也摸索出一套相当成熟的管理办法。澳门的工业，从19世纪的缫丝、爆竹、玻璃和水泥，逐步发展到20世纪80年代的塑料花、成衣、水泥、玩具与电子产品。提督马路、黑沙环和下环街等地，一幢又一幢工业大厦拔地而起，从事制造业的人口大增。

至于以博彩为主的旅游业，也进入了新的发展时期；加上格兰披治大赛车、美食和综合度假设施，澳门走上了旅游休闲产业这一有特色的道路。

“危”与“机”

- 柳暗花明又一村
- 葡人获准“永驻管理澳门”
- “香洲开埠”事件
- 日军为何没占领澳门？
- “一只只愤怒的眼睛”
- 名为“救灾”实则救亡
- 民国时期的禁赌政策

如果人有运气，城市同样有。

1622年6月22日，葡萄牙人以弱胜强战胜荷兰远征军那一仗，军事家们觉得匪夷所思。天主教徒们都说天主显灵，相信耶稣基督护佑着澳门；华人居民也说澳门是块“莲花宝地”，几百年来屡屡逢凶化吉、转危为机。

不过，澳门的“运气”不仅仅来自上天的恩赐。

澳门既是中华文明为主流、中西文化交融的国际口岸，也是一座宗教多元化的城市。在联合国教科文组织列入《世界文化遗产名录》的“澳门历史城区”，到处可见满满沧桑感的天主教教堂、佛教和道教庙宇，还有基督新教、伊斯兰教、巴哈伊教等宗教场所。佛教和道教同处一座庙宇，在澳门是很平常的事；圣保禄教堂遗址旁边就是哪吒庙，天主教与中国神话传说中的神祇和平共处超过四个世纪。四百多年来，不同的宗教信仰在澳门和平共存，从未发生过大的宗教冲突。

中外文明共融，澳门不同肤色、不同宗教信仰的居民得以和睦相处，一次又一次面对来自外部的危机。

柳暗花明又一村

1557年葡萄牙人获明朝地方政府允许入居澳门，并可进入广州参加“交易会”，一度令欧洲其他国家十分眼红。葡萄牙人所拥有的这种权利，实际上就是国际贸易专营权，为该国创造了巨额财富。荷兰人首先沉不住气，几次武装进攻澳门都没有得逞，反而被葡人打得落花流水，只得转而侵犯澎湖与台湾。英国人、法国人和西班牙人同样觊觎澳门，却一直没有机会。

1840年中英爆发第一次鸦片战争，清廷惨败，被迫签订城下之盟《南京条约》，把香港岛割让给英国。1842年香港开埠，加上内地“五口通商”，对澳葡当局不啻当头一棒。国际贸易税收大幅度下降，商家和居民的收入锐减，公共财政紧绌。

然而，国内外局势发生的一连串剧烈变化，也给澳门带来一次意想不到的“转运”机遇。

1838年以后，随着西方工业资本主义的发展，自由贸易逐步取代了垄断政策，英国等欧洲国家先后宣布废除奴隶贸易和奴隶制度，使美洲各个殖民地的劳动力供应更为紧张。1848年和1851年，美国加利福尼亚州以及澳大利亚新南威尔士州先后发现金矿，对廉价劳动力的需求极为紧迫。恰好就在这个时间段，中国内地爆发太平天国起义，社会处于长期动荡状态。广东、福建大批劳动人口无法维生，纷纷逃到澳门和香港避祸，成为四处寻找劳动力新资源的西方殖民主义者猎取的对象。

大量内地难民聚集在澳门，为人贩子提供了丰富的人力资源，苦力贸易市面因而出现很奇特的繁荣景象。苦力贸易数量巨大，澳葡当局从中获得新的税源，得以缓过一口气来。紧接着，苦力贸易又给澳葡当局带来新的财路——博彩业。

当时澳门人口不足十万，又缺乏各种资源，澳葡政府财政危机严重，本身是不具备开赌条件的。随着苦力贸易的突然兴起，华商们看准澳门在合法开赌方面的天时、地利与人和，及时把握商机，向澳葡政府提出开赌承饷的建议。恰好澳葡政府也遇到了前所罕见的财政危机，双方一拍即合，澳门的赌业从此成为地方公共财政不可或缺的部分。此后，由于找不到更佳的替代产业，澳葡政府集中力量维护博彩业，用各种办法消除或减轻开赌带来的负面影响。

葡人获准『永驻管理澳门』

“港澳”是一个很常用的说法，有人便因而以为澳门和香港的历史背景、社会状况接近，其实不然。

香港是清政府输掉鸦片战争后被迫割让给英国的。澳门则和香港不同，从1557年葡人定居澳门直至1849年，明朝和清朝政府都在澳门行使主权。这二百九十二年里，中国统治者从未把澳门“割让”给葡萄牙人，葡人每年必须向广东地方政府交地租，“租客”的身份是明摆着的。

1849年3月，以总督亚马留为代表的澳葡当局封闭了清政府在澳门的“关部行台”，驱逐了驻澳门的清朝官员，强行霸占了澳门。可是，清朝政府一直不认可葡萄牙人这种非法的行为，更未承认葡萄牙拥有澳门主权。尽管葡萄牙把澳门纳入“澳门-帝汶-索洛省”，派出总督管理这个“海外省”，中方对此并不承认。这让葡萄牙人觉得很不放心，千方百计想把澳门纳入葡萄牙的版图。

1887年，葡萄牙人的机会来了——清朝的海关交由外国人管理!

第一次鸦片战争失败后，清廷除了把香港岛割让给英国，按《南京条约》的规定，还开放广州、厦门、上海、福州、宁波五个通商口岸。到1858年又签订《天津条约》，增辟了营口、烟台、淡水、台南、汕头、琼州、汉口、九江、南京、镇江等十处通商口岸，并在这些口岸设立新海关，关税有进口税、出口税、子口税、复进口税、船钞和洋药厘金六种。

不过，控制清朝海关的是英国人赫德（Robert Hart）。赫德出生于1835年，19岁时（1854年）被英国外交部派遣来华。他起初在英国驻宁波领事馆工作，后来被调往英国驻香港及广州领事馆，担任书记官等职。1859年，赫德担任粤海关副税务司，1861年，他代行总税务司职权，1863年，他成为中国海关总税务司。这位洋人担任清朝总税务司这一要职，中国关税还有自主权可言吗?

所谓的“洋药”其实就是鸦片，澳门贸易很大部分是从香港进口走私鸦片。

此时清廷已无法管控澳门，为免税收遭严重损失，便希望英国人有效地管制鸦片贸易。中英两国于1885年在伦敦达成妥协，接着又在香港签署了一项协议。不过，光有中英两国协议还不够，管制鸦片贸易仍有赖澳葡政府的合作。为此，清廷需与葡萄牙谈判，让澳葡政府承认这一协议，否则英国将撤回协议。

清朝政府迫切希望澳葡当局“协查洋药税厘”，便等于有求于葡萄牙人了。

在赫德的幕后操纵下，清朝海关总税务司的一名英国代表、赫德的亲信金登干（Duncan Campbell），于1887年在里斯本与葡萄牙外交大臣达成了一项草约，加入给予葡萄牙最惠国待遇的条款，并在北京正式签约。这份条约还列明“由中国坚准葡国永驻管理澳门以及属澳之地，与葡国治理他处无异”，规定葡萄牙在鸦片协议一事上予以合作。

1887年3月17日，清政府授权长期担任中国海关驻伦敦办事处税务司的英国人金登干草签《中葡和好通商条约》；1887年12月1日，中国代表孙毓汶和葡萄牙代表罗沙签署了《中葡和好通商条约》。该条约共54款，另有两个附约。该条约主要内容有：（1）中国允许葡萄牙永驻和管理澳门以及所属之地；（2）葡萄牙得派公使驻北京，并在通商口岸设领事；（3）葡萄牙取得领事裁判权；（4）葡萄牙人可享受中国已给或将给予其他国家的通商特权，在通商口岸有居住、租买土地、建造房屋、设立教堂等权利。

取得清王朝承认葡萄牙有权“永驻澳门”的书面保证后，大喜过望的葡萄牙人，也承诺“未经中国首肯，则永不得将澳门让与他国”；“洋药税征事宜应如何协同各节，凡英国在香港施办之件，则葡国在澳门类推办理”。

条约签订后，遭到了部分中国官员的反对，他们谴责出卖中国主权的英籍总税务司赫德。可这又有什么用呢？谁叫大清王朝的海关交由一个英国人管理！

这时候的清朝处于弱势，葡萄牙人实际上已占领了澳门，并且有英国人在背后撑腰。尽管如此，中葡两国签订的《中葡和好通商条约》，也只是允许葡人“永驻管理澳门”。

葡萄牙人从1557年获明朝政府口头允许定居澳门，足足三百三十年后，仗着英国人的实力，这才迫使清政府书面授予其全面管治澳门的权力。但是，条约仍然坚持澳门是中国领土，未经中国政府同意，葡萄牙不能把澳门转让予其他国家。

国力不如洋人的清政府，只剩下这点可怜巴巴的“坚持”了。不过，这也让葡萄牙人始终未能将澳门变成殖民地。

1928年，《中葡和好通商条约》四十年期届满，这时清朝早已灭亡。国民政府于7月10日通知葡萄牙驻华公使，表明《中葡和好通商条约》已于1928年4月28日期满失效。同年12月27日，国民政府与葡萄牙签订《中葡友好通商条约》，澳门的地位与界址问题在该条约中没有被提及。以当时双方达成的默契，《中葡友好通商条约》并未废除《中葡和好通商条约》，只对其中条款做出修订，并未提及澳门的地位问题。

清廷与葡萄牙人签订了《中葡和好通商条约》，遗留下不少问题，澳门划界问题即是其中之一。中葡草约拟定期间，围绕澳门划界问题，双方曾经发生过激烈的争论。葡人与英国人赫德、金登干勾结，擅自在草约中“永驻管理澳门”一款后面加进“以及属澳之地”等字眼，为以后借口划定属地、任意扩占中国领土埋下伏笔。[①]《中葡和好通商条约》同时订明，澳门界址未划定，要等两国派员会商，再行特立专约。[②]到1909年中葡双方重开界务谈判时，因年代已久，人事全非；加上葡萄牙人当时已实际占领了关闸以南地区，以及氹仔、路环两岛，要葡萄牙人把到嘴的肥肉吐出来，自然没那么容易。但是，中国人民对外来侵略愤恨已极，葡萄牙人想趁机扩大地盘的企图也难以实现。

昔日的中国地图上，华南地区珠江口西岸的澳门，一度加上“葡占”二字，香港则以括号标注“英占”。

葡萄牙在近代国际政治中角色独特，且在南美洲、亚洲和非洲等拥有殖民地。这也造就了澳门极为特殊的政治环境，百多年来在内地的战争或动乱中，澳门往往得以偏安一隅。每次发生战乱，便有大批难民涌入澳门，让澳门既有“危”，亦有“机”。

---

① ［葡］萨安东：《大清国大西洋国和好通商条约》，载《葡中关系史料汇编》（卷六），澳门大学，2000，第1173页。

② ［葡］萨安东：《葡中关系史料汇编》（卷六），澳门大学，2000，第1173页。

『香洲开埠』事件

香洲旧属香山县（现属珠海市）。清光绪末年，清政府实施“新政”，鼓励华侨实业家回国投资。1908年，邑人王诜和美国侨商伍于政计划集股在香洲开埠，于1909年得到清政府的批准，于是出现一场威胁澳门博彩业乃至整个澳门生存的“香洲开埠”危机。

香洲是清代广东对外开放的九个商埠之一，其余八个为广州、潮州、琼州、北海、拱北、三水、江门、台山公益。与香洲同时开埠的还有台山公益，均得到两广总督张人骏批准。

香洲开埠很明显是冲着澳门来的，也可以说是葡萄牙人逼出来的。

清朝末年朝政腐败，连战连败导致赔款割地，国力衰微。不但列强嚣张，连过去低声下气的欧洲蕞尔小国葡萄牙，也自亚马留“钉关逐吏”之后，继而占氹仔、攻路环，完全占领了整个澳门。此时更不甘心长期困居澳门一隅，意图向香山扩张领地。

葡萄牙人虽然于1887年与清廷签订了《中葡和好通商条约》，但该约并未明确澳门的界址，亦即是澳葡政府的水陆管辖范围。对此一直耿耿于怀的葡萄牙人，历年来多次在澳门附近岛屿搞小动作，企图迫使清政府承认“既成事实”。

1902年2月21日，葡国外交公使白朗谷在一份照会中，声称葡人愿在澳门振兴商务，修浚河道，订明《中葡和好通商条约》未定之事。葡方在外交照会中蛮横无理地提出：对面山、大小横琴二岛，均系澳门“一埠生成，不能离弃之属地”，企图把这三个岛划入澳门。①

中方官员据理斥退葡人后，1908年葡人又在小横琴岛擅自兴建兵房，还想霸占大横琴岛、洋船湾、十字门等地。同年7月，澳葡当局勒令湾仔（今属珠海）的船户缴回清国执照，转领葡萄牙执照，不服从的船户均被勒罚银15元。

1908年2月，在澳门与广东之间水域发生“二辰丸”案。日轮“二辰丸”偷运枪支弹药，在路环岛附近海面被中国官兵截获。由于罪证确凿，日轮船主本已认罪服从惩处，日本政府和澳葡当局却声称“二辰丸”航行的水面是“葡萄牙领水”，而且已

① 光绪二十八年正月十四日《葡国公使白朗谷为请会订澳门属地界址并将对面山等地划归葡有事致外务部照会》，载台湾“中央”研究院近代史研究所编《澳门专档》（三），台湾“中央”研究院近代史研究所，1995，第256页。

经葡方官员允许，要求清政府放船、道歉、惩官及赔偿。日本政府态度凶横且以武力要挟，英国人赫德也出来干预此案，清政府不但没有没收日本走私船上的军火，反而卑躬屈膝地全部接受日方的条件，包括鸣放二十一响礼炮以赔罪。

清政府再次丧权辱国，激怒了海内外华人和有正义感的官绅。事件发生后，朝野间一片反对澳门勘界之声，指责葡萄牙人想通过勘界把他们对澳门的占领完全合法化。国内人民包括港澳同胞发起了近代历史上第一次抵制日货运动，并强烈要求清政府与葡萄牙划定澳门界址。

“二辰丸”事件后，两广总督张人骏立即加强粤澳边界防务，在吉大、湾仔、银坑、横琴等地增派军队，防止葡萄牙人进一步侵越。葡萄牙人为了向清政府示威，从里斯本和莫桑比克调来巡洋舰和炮舰，部分战舰竟泊入对面山的银坑，并偷偷把设于湾仔海面中心的浮标移至湾仔岸边，又在鸡头山外海道擅自增添浮标，企图以此扩充边界。

澳门“界务之争”白热化

事件越闹越大，海外华商华侨的电报有如雪片般飞至。从美洲到亚洲，尤其是印尼、菲律宾、泰国、越南等地的华侨都纷纷驰电北京，呼吁朝廷据理力争。

在国内，香山县百姓对澳葡当局的扩张行为极为愤慨，各乡民众纷纷表示要拼死抗争，甚至有暴动的迹象。广东自治会呼吁民众切勿暴动，又呼吁各乡镇订立族规家法，约束子弟不许前往澳门嫖赌及吸食鸦片烟，如有违反定行“革胙出族”。此外，广东自治会又悬红截缉澳门发售的彩票，呼吁清政府与葡人严重交涉，将在澳门开赌之广东重要人物提回内地惩办。

面对葡人的扩张行径以及国内外华人的抗议声浪，清廷不得不对澳门采取重兵压境的军事措施。两广总督张人骏紧急调集了大批军队到澳门附近设防，又调来“广元”号兵轮在澳门附近的银坑驻泊，与葡人针锋相对。

中方官员再三强调：“澳门仅限于至三巴门的地区。”① 此时，澳门界务之争导致中葡双方剑拔弩张，大有一触即发之势。

清廷少见的强硬使葡萄牙人不敢轻举妄动，要是真的打起来，澳门不见得有好处。于是，1909年2月，中葡双方派出代表谈判查勘澳门地界，以香港为谈判地点。次月，香山县绅商、学界代表300余人，在拱北乡举行会议，成立“香山县勘界维持会”；广州、香港也先后成立总会及分会，支持政府与葡萄牙谈判勘界。8月，香山县勘界维持会通过《联办九十八乡民团章程》，宣布成立民团，拿起武器，随时准备抗击澳葡方面的入侵。

当时，广东省内有舆论建议振兴香洲以制港澳，因为自葡萄牙租居澳门，英国占据香港，中国经济损失巨大；不如在毗邻澳

① ［葡］马楂度著，舒建平、菲德尔合译：《勘界大臣马楂度葡中香港澳门勘界谈判日记（1909—1910）》，澳门基金会，1999，第50页。

门的香洲开辟新的商埠，作为钳制港英与澳葡当局的手段。这一颇有见地的建议，很快就得到香山县民众的积极响应，并随即发起“香洲开埠”。

发起“香洲开埠”的主角是一批捐得官衔的商人，包括王诜、伍于政、戴国安、冯宪章等。他们选定的地点在“香山县属山场、吉大两乡交界处（今属珠海），有民荒一段，土名沙滩环，纵横约七百亩，地高沙绕。屡遇飓风，未尝为灾。兼以渔船不时出入，可以振兴渔利”。[①]他们建议在此地凿石填堤，兴商移民，并且预备了章程和规划图纸。

至于开埠经费，估计需银170多万元，其中由王诜、伍于政、戴国安、冯宪章等四人自备开办经费10万元，其余由外埠认股。开埠规则中订明“洋烟赌具，一律严禁”，酒楼娼院则任人择地设立。该计划还考虑到将来兴建铁路、建设巡警公所、学堂、善院、公家花园、休息场及戏场等公用设施，命名为“香洲商埠”。

在当时的政治环境下，“香洲开埠”实际上已成为清朝朝野遏制澳葡方面扩张的一种特殊手段。香洲开埠后一段时间内，商业兴旺，有大小铺户一千多间。

清宣统三年（1911），清政府批准香洲成为自由港。后因香洲火灾、埠商和地方乡绅内讧、投资者转移资金等复杂原因而未

① 《劝业道为沙滩环开埠事具督院禀稿》，《香山旬报》第16期，己酉年二月十一日。

成事。“香洲开埠”期间，国内外发生了一系列重大事件：1910年10月5日，葡萄牙国内发生革命，推翻君主制，建立共和政府。1911年10月10日辛亥革命爆发，推翻了清王朝，则成为“香洲开埠”最终流产的重要因素。“香洲开埠”虽以失败而告终，中国却在外交、军事上成功地向澳葡政府施加压力，遏制了澳葡当局再次扩张的意图。

澳门博彩业在“香洲开埠”事件中一度受到严重的威胁，如果当时香洲真的成功开埠，澳门赌业的发展必定会受到影响。随着“香洲开埠”流产，澳门赌业的基础没有被真正动摇。相反，随着辛亥革命的爆发以及民国的成立，内地禁赌的声浪日益高涨，赌商云集澳门，澳葡当局接连对番摊、山票、白鸽票等赌博项目进行招标，坐收其利。

就这样，澳门的赌业再度获得一段相对稳定的发展时期。

日军为何没占领澳门？

在中国人民抗日战争时期，乃至第二次世界大战整个过程中，澳门是唯一未被日本法西斯占领的“孤岛”，大批难民在这个“中立区”躲避战火。

1937年卢沟桥事变后，抗日战争全面爆发。1941年12月7日太平洋战争爆发，之后日军攻占香港。可是，日军始终没有占领澳门，这到底是什么原因呢？

日军没有进攻葡萄牙人治下的澳门，表面上的理由是葡萄牙在第二次世界大战宣布“中立”，日本与葡萄牙并非交战国。其实，日本人这样做，是有其战略原因的。

一种流行的说法是“巴西日侨论”：16世纪初，葡萄牙占据了巴西。19世纪20年代，巴西虽然宣布独立，但与葡萄牙仍保持着密切关系。19世纪80年代，为开发巴西，当时的葡萄牙国王派员与日本政府协商移民巴西，日本即与巴西签订条约，商定每年迁移一定数量的日本人去巴西。到第二次世界大战爆发前夕，巴西已有几十万日本人。日本发动全面侵华战争后，葡萄牙非常担心日本人侵占由葡萄牙占领的澳门，遂向日本政府发出照会：如果日本军队用武力侵占澳门，巴西就会将已经迁往巴西的日本人全部遣送回日本。日本政府权衡利害得失，决定不侵占葡萄牙占领下的中国澳门。

不过，“巴西日侨论”有值得怀疑之处：在葡萄牙外交部及国家档案馆中，澳门学者至今未找到这类文献或有关记载。有学者认为，日本全面侵华时，日本人大量移民巴西的历史已近半个世纪，其中大部分已归化巴西籍或是日裔巴西公民。有鉴于此，巴西即使与葡萄牙的关系素来密切，也不会为澳门而做出驱逐自己公民的举动。①

第二种说法是“情报和战略物资补给论”：香港沦陷后，澳门实际上在某种程度上取代了香港，众多的情报间谍人员集中到澳门半岛，形成另一个新的远东情报中心，日本人可以从澳门取得各种情报，还可以在澳门购买各种战略物资和军需品，这是日本不侵占澳门的一个原因。而在欧洲，葡萄牙的首都里斯本倒是个名副其实的国际情报中心，希特勒有意留着它，让第五纵队开展活动。日本谍报人员也特别活跃，在那里获得大量有关苏联和

① 金国平、吴志良：《抗战时期澳门未沦陷之谜》，《澳门公共行政杂志》2001年第14期。

英美的情报资料。如果占领亚洲一个小而没那么大用处的澳门，日本的情报人员就要被逐出里斯本，这样的蚀本买卖，日本人自然也不会做。

第三种说法是“葡萄牙承认满洲国论”：1938年10月21日广州陷落后，澳门面临日军的占领。在此严峻的形势面前，澳葡政府为保存澳门，对日展开了一系列外交活动。一周后，澳门警察司令葛古诺访问广州，拜访日本占领军的高级官员，尤其是安藤利吉总司令。1939年2月中，葛古诺又由澳葡总督派遣访问日本。有人推测，葡日之间达成了一些秘密协议。东京《朝日新闻》报道称“葡萄牙政府可能正式承认满洲国”。

但是，葛古诺与侵华日军接触只是为了与日方保持亲善关系，似乎未负有签署秘密协议的使命。为此，葡萄牙驻东京公使馆曾登报，否认日葡之间就“承认满洲国”等达成秘密协议。1939年5月10日，葡萄牙驻华外交公使利马也照会中国外交部辟谣：“我可以荣幸地向阁下保证，关于葡萄牙政府与日本政府有任何条约或谈判的消息实属不确。”①

1941年8月27日，日本驻澳门领事发给戴思乐总督一份照会：

> 根据日本帝国政府的指示，我非常荣幸地请您关注在澳门进行的不利日本的下列活动。这已得到日本有关

① 金国平、吴志良：《抗战时期澳门未沦陷之谜》，《澳门公共行政杂志》2001年第14期。

当局所获得的情报及调查结果的证实。请您特别注意如下三点：（1）协助重庆政权的社团向重庆政权控制下的地区走私军事物资及交通器材。（2）重庆政权所属组织在此的秘密活动。（3）反日宣传等。作为日本帝国及重庆政权之间战事的升级，华南日本军事当局将通过海禁及陆禁严格禁止重庆政权控制下地区物资的进出。日本政府将与南京国民政府合作，寻求东亚的和平及全面繁荣。鉴于此，我希望阁下考虑到日本与葡萄牙的历史友好关系，尽早寻求接受所附建议书的途径，以示澳门政府愿意真诚地同日本对南京政权政策的合作。[①]

日本驻澳门领事向澳门葡萄牙当局“建议”如下：

1. 禁止向重庆政权提供军事物资及交通器材，以协助重庆政权管制下的地区。

（a）禁止通过澳门从中国沿海、缅甸、法属印度支那、广州湾等向重庆政权管制下的地区提供一切可以帮助重庆政权的军事物资及交通器材。

（b）大量进入重庆政权管制下的地区的军事物资及交通器材，许多是通过澳门的走私小艇进行的，破坏

① 葡萄牙外交部历史外交档案馆，2° PA48，M212，Proc. 33.2，澳门总督戴思乐1941年9月3日致殖民部长公函附件。

了日本的海上封锁。必须对澳门湾内的一切船只进行随时的检查，以防止走私。

（c）日本当局将协助澳门政府施以严禁，以保证前两款（a与b）的执行。为此，澳门政府为日本当局驻澳船只及人员提供便利及保护。

2. 关闭重庆的机构并遣返日本当局指定的敌对人士。

（a）在日本当局的指定下，关闭重庆政权旨在于日本占领区制造混乱情报的组织及（驱逐）间谍人员。

（b）对以公司或个人名义所进行的禁运物资的运输，采取严格的禁止措施。

3. 全面取缔反日宣传、谣言、印刷品及组织。

（a）取缔任何国籍人士的反日宣传及反日、反南京中国政府的电台、影片及政治活动。

（b）取缔恐怖活动并防止此类人员进出澳门。[①]

向澳葡当局施压的不单是日本人，已迁至重庆的国民政府，也警告澳葡当局不能把澳门变成日军的侵华基地，做出违反“中立”的事情。葡萄牙人夹在中日两国、英美盟军和法西斯敌对阵营中间，可谓左右为难。

① 金国平、吴志良：《抗战时期澳门未沦陷之谜》，《澳门公共行政杂志》2001年第14期。

为避免受到国际社会的压力，澳葡当局在取得里斯本方面的同意后，采取了较低规格的外交活动，将日澳关系置于“地方性”的层次。其间，葛古诺这位保安部门高官始终与日本人保持接触，并就一系列问题达成了一定的默契。但作为中立方，澳门也好，葡萄牙也好，都不能与日本签订任何协议，否则将失去“中立”地位。

第四种说法是“澳门缺乏战略价值论”：澳门地方太小，当时还不到20平方公里，港口淤塞严重，连1000吨的轮船也不能停靠。自鸦片战争以来，海运优势全被香港所占，澳门的国际贸易地位早已一落千丈。弹丸之地的澳门，既无深水良港，又无航空机场，毫无战略意义，日本人如果为了这毫无战略价值的地方和葡萄牙撕破脸皮，太不划算。何况，日军只需占领了香港和珠江口，整个澳门半岛连同氹仔、路环就尽在日军包围圈内。

那么，日本人和澳葡当局有秘密协议吗？

到目前为止，学术界尚未发现日本和葡萄牙双方达成过澳门地位问题的秘密协议。澳葡当局频频与日方接触，似乎更关心中葡之间多年存有争议的岛屿——对面山、大横琴和小横琴。葡萄牙一直声称对对面山、小横琴及大横琴持所有权，但1887年中葡签订的《中葡和好通商条约》并未明确澳门及其属地的界址。澳葡政权打算借日军占领广东之际，解决这个悬而未决的问题。日军则需要占领这三个珠江口西岸的岛屿，确保对中国内陆实施有效的封锁。

早在九一八事变第二年即1932年，葡萄牙就在日内瓦国际联盟总部发表声明，宣布在中日战争中保持中立。葡萄牙既与日本不是交战国，澳门当时作为葡萄牙“海外省”管治的一部分，是受到国际法“保护”的。

可是，葡萄牙的中立政策并非绝对，既左右逢源，也时常左右摇摆。第二次世界大战时，葡萄牙萨拉查政权和西班牙的佛朗哥政权一样，都曾倾向于法西斯轴心国阵营。所以，在日本法西斯眼中，葡萄牙也算得上半个“自己人”。可另一方面，葡萄牙又与反法西斯阵营的英国保持友好关系。鸦片战争后，港英当局与澳葡政府经常联手对付清廷，扩大各自利益版图。

日寇侵占华南地区后，澳葡政府惧怕日军势力，在澳门制止反日宣传和抗日活动。日本也在澳门设立特务机关，汉奸狐假虎威欺压市民，损害澳葡当局的管治威信。为了遏抑日伪势力，澳葡当局又对抗日活动睁只眼闭只眼。

当年的报道显示，伪军和土匪时不时从内地进入澳门市区为非作歹，作案后又溜回内地的黑窝。澳葡当局对此十分恼火，便与中共领导下的五桂山抗日游击大队接触，希望游击队给予帮助。游击队答应了澳葡当局的请求，并付诸行动，将经常骚扰澳门的“老鼠精”等匪徒擒拿，送交澳葡当局处置。

投桃报李，澳葡当局也答应了三个条件以回馈五桂山抗日游击大队：一是同意安排游击队的小部分伤病员到澳门留医；二是同意游击队到澳门购买一些急需的药品和子弹；三是同意游击队派人到澳门秘密发动爱国抗日募捐。

以上种种事实说明，澳葡当局的“中立”完全是见风使舵式的，在不同形势下态度不同。葡人的目的，是要竭力保住澳门这块在远东的“飞地”。

『一只只愤怒的眼睛』

在日方压力下，澳葡当局禁止以印刷品或其他方式进行反日宣传，取缔公开的抗日组织。澳葡政府新闻处专责审查澳门出版的报刊，如发现有反日抗日言论则不准发行。爱国报纸如《大众报》《朝阳日报》《华侨报》《新声报》等，遇到被政府新闻处禁止刊登反日消息时，便干脆整个版块留空，“开天窗”以示抗议。文化界形容“这是有良知的澳门知识分子的一种抗议，这些空格就是一只只愤怒的眼睛”[①]。

由于澳葡政府实行严格的新闻检查制度，禁止报纸上出现“日寇”“救国”等字眼，除了爱国报纸“开天窗”，澳门新闻

① 《抗战时期的澳门文化界》，中央人民政府驻澳门特别行政区联络办公室网站，2015年8月25日。

界还改变策略，通过刊载历史小说针砭时弊，专栏作家撰写杂文指桑骂槐地讥讽和抨击敌人，并大量报道欧洲与非洲战场的消息，让民众了解世界反法西斯力量正在节节胜利的形势。

文化界爱国人士也通过文学、戏剧、歌咏、美术等活动，巧妙地宣传抗日救亡。一些避居澳门的粤剧、话剧剧团和演员，排演宣传民族气节的话剧如《明末遗恨》等，传播全民族团结一致抵御外侮的主张，唤起澳门同胞的爱国热情和觉悟，积极支援内地抗战，在国内外都产生了积极的影响，在中国抗战史上有着特殊的地位。

太平洋战争爆发后，内地抗战形势日益严峻，日军早已侵占了华南地区，香港也被日军攻陷。澳门的人口本来只有10余万，由于大批难民涌入这个“中立地区”，外来人口数量竟超过本地人口数量的几倍，最高时接近50万！

随着难民和资金流入，澳门市面一度十分繁华。粮食短缺，租金腾贵，许多旧式平房挤满了难民。处于战时状态的这段时期，澳门的报纸销量大增，每天的新闻基本上都与战局有关。

《大众报》等爱国报纸经常大篇幅地报道抗日救亡的消息，刊载宣传抗日的文艺作品，成为澳门同胞了解抗日动态、宣传救亡主张的舆论阵地。澳门同胞的爱国热情空前高涨，爱国团体经常举办义卖义演活动，筹款支援前线抗日将士。虽然战场形势总体不妙，日军长驱直入，但每逢中国军队偶尔打个胜仗，或占据战场主动，澳门整个社会便为之沸腾，好像过年过节那般热闹，鞭炮声和庆贺之声不绝于耳。

名为『救灾』实则救亡

故土沦陷，不愿做亡国奴的同胞纷纷离乡逃难到“中立地区”；广州的培正、培道、岭南等学校也陆续迁至澳门，被迫流亡的师生数以千计。他们无不盼望早日把侵略者驱逐出中华大地，好重返旧日的家园和校园。

澳葡政府屈服于日军压力而取缔抗日组织、禁止举行反日活动，却无法阻止澳门同胞“救灾”。1937年秋，澳门爱国人士组织了“澳门四界救灾会”（“四界”即学术界、音乐界、戏剧界、体育界）。这是澳门在抗日战争时期最大的爱国团体，由于澳葡当局强调在中日战争中保持“中立”，禁止民间的抗日宣传活动，所以，社会各界只能以“救灾”为名，在澳门展开实质上是“抗日救亡”的活动。

由《朝阳日报》和《大众报》联合发起组织的“澳门四界救

灾会”，汇集了澳门各方面的青年爱国力量，是团结澳门各阶层青年的抗日救国团体。1937年8月12日，“澳门四界救灾会”代表大会在澳门柿山孔教学校召开，共有代表100余人参加。会上推举《朝阳日报》社长陈少伟为临时主席，并通过组织章程，发表成立宣言，以“筹款赈灾，拯救受难同胞”为宗旨。大会选出理事11人，理事会下设总务、财务、宣传、游艺、体育5个部，陈少伟出任理事会主席，会址设在澳门营地大街104号《朝阳日报》和《大众报》共用社址内。

“澳门四界救灾会”成立后，立即投入抗日救国工作。初期主要是筹募钱款，宣传救亡及动员、慰劳工作；后期则主要是组织服务团，发动爱国青年回内地参加抗战，先后动员服务团11个队的爱国青年回内地服务，为抗日救国做出贡献。

在“澳门四界救灾会”主办的活动上，爱国同胞积极认购“救国公债”，购买“七七纪念章”；就连堕入风尘的舞女们，也自发组织了“花界救灾会”，在福隆新街等色情场所举行“义舞”演出，捐献“救灾款项”，还积极向外界人士劝销。一些红牌姑娘还当场摘下身上佩戴的项链和金饰，放进捐赠箱内，在场人士无不动容。当时的澳门报纸标题赞叹道：“商女也知亡国恨。”

此时，对抗战前途，国民党内笼罩着一片悲观情绪，一批批党国大员投靠日本人，他们在澳门这些风尘女子面前应该感到羞耻！

民国时期的禁赌政策

孙中山先生矢志解救国民，振兴中华，得到海内外华人华侨的拥戴，澳门很多赌商都支持孙中山，出钱出力帮助他推翻清朝、建立共和的革命事业。孙中山是旗帜鲜明禁赌的，不过，他手中没有多少实权，他掌权时广东禁赌，他一旦下野或由军阀执掌广东军政，政策又会发生变化。

民国初期的广东，由于地方财政困难，竟一度开办“公赌”。“公赌”即由政府招标，商人竞投，中标的承商负责组织和经营赌博，政府从其利润中提税、提饷。这一政策使得广东赌馆遍地开花，而政府则坐收渔人之利，赌商日进万金。

在广东承包赌业的著名商人霍芝庭，是一个有代表性的人物。他通过军需品生意起家，经营赌业致富，生意遍及省港澳，影响力及于内地政局与澳门博彩业走向。1915年底，霍芝庭拿下江门、佛山两地的铺票分厂经营权，此后，霍芝庭专营官准“公赌”，把“公赌”生意做到全省。

辛亥革命后，民国建立，陈炯明任广东副都督、代理都督，1913年出任广东都督，1920年又获孙中山任命为广东省省长兼粤军总司令。陈炯明憎恨赌博，掌握实权后严令禁赌。他担任议员时已提出禁赌议案，出任广东省省长后更把禁赌作为一项重要工作。他主张以雷霆手段一律禁绝赌博，不留任何余地，才能收效。霍芝庭曾给陈炯明提供过军需品援助，以为陈炯明会对自己法外开恩。不料陈炯明六亲不认，严令限期取缔所有赌博，勒令所有赌馆关门歇业。

禁赌之前，广州大小赌场随处可见，经常有人因为赌博家破人亡。陈炯明认为赌博的陋习就是阻碍广东发展的最大壁障，抱定了禁赌的决心。他一纸禁令传遍广州，凡赌博者一律军法从事，吓退了很多赌博者。

失去了日进斗金的博彩业，早已支付给政府的税饷也收不回来，损失巨大的霍芝庭无计可施，竟用断绝政府税收来源的方式威胁陈炯明，希望广东政府收回成命。但陈炯明禁赌决心已定，听说禁赌造成财政紧张，便下令将政府公职人员裁减四分之一，减少开支。同时，又派出行动队逮捕霍芝庭。霍芝庭听到风声连忙逃往港澳，他在广州的赌馆也全部关门。

广东开办“公赌”及广州开赌时期，澳门博彩业难免受排挤，但赌商并未因而关闭澳门赌馆。他们早已领教过内地开赌禁赌摇摆不定的政策，在参与内地博彩业务的同时，澳门的赌场和彩票业务如常开办。所以，陈炯明在广州厉行禁赌，对澳门赌业起到的是“锦上添花”作用。

不久，陈炯明因反对北伐及鼓吹“联省自治”，被免去广东省省长和粤军总司令职务。1922年6月，陈炯明指使所部叛变，炮轰观音山总统府。孙中山通电讨伐陈炯明，陈炯明只得下野退居香港。其后，因相继发生省港大罢工、国民革命军在广州誓师北伐、共产党领导广州起义等一连串重大事件，部分内地富裕人家避居澳门，带旺了澳门博彩业。

1929年至1936年，粤系军阀陈济棠主政广东时期，支持合法开赌。陈济棠是广东人，北伐时留守广东，历任国民革命军第四军军长、第八路军总指挥等职，是国民党陆军一级上将，人称“南天王”。陈济棠治粤，在军队建设、广州市政建设、教育事业等方面最需要财力。霍芝庭用巨资支持这位实力派军阀，陈济棠则投桃报李，力挺霍芝庭，广东赌馆遍地开花。

但是好景不长，陈济棠联合广西李宗仁、白崇禧反蒋。1936年，蒋介石策反了陈济棠的空军精锐，由黄光锐率领驾机北上投蒋。陈济棠反蒋失败被迫下野，南京国民政府重新控制两广，宣布厉行禁赌。正在积极推行“新生活运动”的蒋介石，还为广州题词：永禁赌害，消灭烟毒。

广东重新禁赌，赌客赌资流入博彩业已经成形的澳门，令澳门赌业大旺。霍芝庭在广东省的赌业生意一落千丈，只好返回港澳寻求发展。不过，此时澳门博彩业的专营权在傅老榕手上，没有霍芝庭插手的余地。1937年，傅老榕的泰兴公司继续投得澳门博彩专营权。无法再经营赌业的霍芝庭，便将产业一部分投向农村大量圈地，一部分投向港澳开办银行。1939年，一代赌商霍芝庭因病逝世，临死前告诫后代要“远离赌博”。

1937年卢沟桥事变爆发，日军开始全面侵华；1941年12月香港沦陷；葡萄牙管治下的澳门则宣布“中立”，没有被日军占领，赌业大旺。

1945年8月日本投降，1946年6月全面内战爆发。1949年10月1日中华人民共和国成立，全国禁娼禁赌，唯独葡萄牙人管治下的澳门继续合法博彩，并进入新的稳定时期。

“半个解放区”

- 战后收回澳门呼声高涨
- 长期打算，充分利用
- 关闸事件
- 黄金转运贸易中心
- 打破西方封锁的阵地
- “开埠”四百周年事件
- 影响深远的“一二·三”事件

1887年签订《中葡和好通商条约》时，西方列强亦虎视眈眈，两次鸦片战争都输得一败涂地的清朝政府，无力抗衡有英国人撑腰的葡萄牙。因此，该条约同样是不平等的产物。1945年8月15日中国人民战胜日本法西斯之后，内地民众、港澳同胞乃至海外华侨华人都主张收回澳门。

战后收回澳门呼声高涨

1946年5月21日，西康省参议会向全国发出快邮代电，要求国民政府收回澳门。1947年5月，国民参议会第十五次大会通过及早收回澳门的决议。6月21日立法院第三百二十八次例会建议外交部迅速向葡萄牙交涉，在最短期内收回澳门。

1947年4月19日，广东省参议会和民众团体更组织了“收回澳门促进委员会”[①]，研究具体方案，采取实际行动。他们在6月间曾举行一次民意测验，参加投票者超过126万人，其中七成以上的人主张以武力收回澳门。不过，正忙于内战的国民政府，并没有执行收回澳门的决议。1947年4月1日，国民政府外交部部长与葡萄牙驻华公使就废除领事裁判权等事务换文时，回避了收回澳

① 刘正刚、邱德鑫：《试析抗战胜利后地方报纸收回澳门的报道》，《澳门研究》2019年第93期。

门的问题。[①]

当时，中国的军力和晚清时期已不可同日而语，中国既与英美是同盟国关系，更是对日作战的战胜国，人民爱国热情高涨。故此，澳葡当局不得不放软身段，积极寻求与广东省方面改善关系。1946年4月，澳督戴思乐以葡萄牙总统特使身份访问广州，拜访了广州行营主任张发奎，以及广东省省长、广州市市长等官员，表示愿意与中国和平相处，缓和粤澳两地的紧张局势。此后，国民党澳门支部和民盟澳门分部等中国党团组织恢复在澳门公开活动，内地恢复对澳门供应生活必需品。澳门童子军到内地参加全省大露营，澳门派出运动员赴广州参加广东省的体育比赛。1947年两广发生水灾，澳门同胞发起赈灾募捐行动，各校学生参加卖旗活动募集捐款，代理澳督也捐出了3万元。

澳门的烟、赌、娼被称为“三大害”，荼毒社会风气，也是罪恶的渊薮，邻近地区深受其害。澳葡当局觉得禁赌禁娼都不现实，一旦禁绝赌博，每年便少了70万元博彩收益。但对广东省方面的诉求又不得不有所回应，便做做样子禁了一下，赌馆由12家减少至7家，福隆新街的妓院也一度门庭冷落。在“三大害”之中，澳葡政府偏重于禁鸦片烟：1946年7月1日正式实施《禁烟条例》并采取严厉措施，次年年底全澳门根绝吸食和出售鸦片烟。

---

① 邓开颂、吴志良、陆晓敏主编：《粤澳关系史》，中国书店，1999，第500页。

另外，澳葡政府还应澳门中华妇女会的要求，撤销了1909年制订的《华人风俗习惯法典》，结束了华籍男子可娶三妻四妾而不受法律约束的旧俗。

长期打算，充分利用

在抗战胜利后收回港澳的呼声中，一些驻守广州的国民党将领曾经说，攻占香港只要一个师的军队，收回澳门则只需一个营就足够了。按照当时的战略态势，中国军队收回香港还须考虑英美因素，收回澳门则简单得多。葡萄牙人明知无法与中国军队抗衡，便摆出一副愿意配合的样子，表示可以把澳门交还中国。事实上，澳门的防务力量薄弱，不要说军事力量悬殊，光是封锁水陆交通，澳葡当局也吃不消。不过，国民政府忙于内战，无暇顾及澳门一隅。

1949年10月14日，中国人民解放军第四野战军所部解放广州后，继续挥师南下，几日后便抵达港澳边界。可是，解放军既未跨过深圳河，也没有越过关闸进入澳门，而是就地布防安顿下来。

为什么不乘胜追击、一鼓作气收复香港和澳门?

根据已解密的史料，1949年2月初，毛泽东会见斯大林派来的特使米高扬时，曾说过这样一番话：“目前，还有一半的领土尚未解放，大陆上的事情比较好办，把军队开去就行了。海岛上的事情就比较复杂，需要采取另一种较灵活的方式去解决，或者采用和平过渡的方式，这就要花较多时间了。在这种情况下，急于解决香港、澳门的问题，也就没有多大意义了。相反，恐怕利用两地的原来地位，特别是香港，对我们发展海外关系、进出口贸易更为有利些。总之，要看形势的发展再作最后决定。”①

根据中央决策，在广东全境即将解放的时候，中共中央华南分局外事办公室制订了“对港澳的方针和政策”，主要内容包括：

1. 暂时维持现状（各边界），对领土主权不做任何表示。

2. 采取一切正确的有效办法避免军事冲突，并防止边界纠纷；但在边界上必须严加警戒，坚持“人不犯我，我不犯人”的原则。

3. 在平等、互利和互相尊重领土主权的原则基础上，和对方进行贸易。

---

① 黄庆华：《中葡关系史（1513—1999）》，黄山书社，2006，第1059页。

4. 在深圳地区设立外事机构，以掌握政策和及时收集情报。

5. 迅速制订和公布对外贸易和通汇的各种条例，发表阐明我对外贸易和保护外侨的谈话。[①]

中国国内政权易手，葡萄牙政府上下都担心会失去澳门。1949年10月，葡萄牙驻华公使丰赛嘉在致葡萄牙外交部的报告中，建议“全力避免国民党军队逃避到澳门，以免共产党指控我们包庇或协助敌人”，以及“公开抗议国民党人逾越中立线”。

中华人民共和国成立后，面对美国等西方国家的封锁，中国政府没有立即收回香港和澳门。第一代领导人根据当时的国际环境和港澳地区的实际情况，制订了“长期打算，充分利用”的八字方针。中央政府充分利用香港和澳门的独特环境，为社会主义建设和我国外交战略服务。

① 转引自邓开颂、吴志良、陆晓敏主编：《粤澳关系史》，中国书店，1999，第507页。原载广东省档案馆馆藏档案。

关闸事件

中国人民解放军以弱胜强，打败了拥有美式装备的国民党军队，最终把蒋介石政权赶到台湾。1950年1月，为了保住香港，英国率先承认中华人民共和国。然而，葡萄牙政府内部在承认中华人民共和国的问题上犹豫不决，继续与台湾当局保持“外交”关系，在澳门问题上仍然坚持殖民立场。中方则根本不承认澳门的“殖民地”地位，也不认可澳葡官员的身份。故此，中华人民共和国成立后粤澳官方关系一直处于冰点，双方官员长期不接触、不交往。直至1952年7月，爆发关闸冲突事件。

事件的起因是，抗战胜利后，葡方在关闸以北30米处偷设一个岗亭，这是澳葡对外扩张惯用的手法。中华人民共和国成立后，中方曾向葡方提出交涉，但葡方置若罔闻，未撤回岗亭。1952年7月25日，澳门驻守岗亭的葡国士兵将铁丝网往中方边界移动，一名非裔葡兵更越过了中立线。解放军哨兵上前查询时，葡兵突然向中方开枪，解放军哨兵也扔出手榴弹还击。双方顿时发生激烈的枪战。稍后又各自调集援兵，由枪战发展到炮战，战斗持续了两天，双方互有死伤。

关闸发生冲突事件，我国外交部并未采取动作，因为中葡两国尚未建交，中方也不承认澳门是“殖民地”，不承认澳葡官员的身份。中方严格遵照中央“避免军事冲突，并防止边界纠纷，在边界上必须严加警戒”的指示，坚持“人不犯我，我不犯人”的原则。事发后，与葡方交涉的是珠海边防局及广东省有关方面。中方出面公开表态，指责葡方不但闯入中方地界，还首先开枪，因此要负全部责任。8月2日，广东省方面宣布加强边界防卫和检查，停止向澳门供应粮食和果菜。澳门一向依赖内地供应基本生活资料，广东省禁令一下，澳门粮价立即上涨，人心惶惶。[1]

澳葡当局在强大的压力下，不得不通过华人代表何贤等人出面，与广东省方面沟通，寻求和解。经何贤等人调停，澳葡官员与广东省有关方面进行了半个多月的谈判，澳葡政府经济局局长罗保带着澳督的道歉书，在何贤等人陪同下，前往拱北会见广东省有关方面代表。澳葡当局答应将关闸以北的哨位后移，赔偿中方在冲突中的损失，并保证今后不再发生类似事件。

就这样，中华人民共和国成立后粤澳边界首次重大冲突，最

---

① 邓开颂、吴志良、陆晓敏主编：《粤澳关系史》，中国书店，1999，第512页。

终通过双方谈判，以葡方道歉而告结束。

关闸冲突事件发生时，内地正值抗美援朝关键时期；由于西方国家实施对华禁运和经济封锁，我国战略物资补充困难，香港和澳门是一个难得的窗口，爱国人士冒着各种风险，将抗美援朝急需的战略物资偷运入内地，支援正在朝鲜前线浴血奋战的志愿军将士。中央领导人听取了广东省人民政府主席、华南军区司令员叶剑英的汇报，分析过总体形势之后，认为美国及其“仆从”（“联合国军”）才是主要敌人，故而有“大国从严，小国从宽”的说法。

结果也不出所料，澳葡当局首次尝到中华人民共和国的厉害，不得不道歉和赔偿损失，事情也告一段落。

黄金转运贸易中心

澳门如何成为中华人民共和国打破西方国家贸易封锁的其中一个窗口？首先必须交代一下澳门特殊的国际政治环境。

世界上没有永久的朋友，也没有永久的敌人。这句话放在澳门葡人身上，可说是最适合不过了。他们长期处在复杂的地缘政治环境中，早已学得一套求存的本领。

在第二次世界大战期间，英国与美国是同盟国关系，共同对抗德意日法西斯阵营；葡萄牙则声言“中立”，游走于两边搞平衡。

美英等44个国家筹建国际金融秩序时，澳葡也看准时机大捞一把！

1944年，德意日轴心国败局已定，英国这个老牌殖民主义国家元气大伤，美国却成了最大的赢家。美国向全球各地输出了大量军火，世界各国的黄金则源源流向美国。为了在战后重建陷于崩溃状态的国际金融秩序，巩固美元的霸权地位，美国牵头与英国等共44个国家筹建“布雷顿森林体系”（Bretton Woods system），并于战后签约投入运作。对世界金融经济产生巨大影响的“布雷顿森林体系”，其中一项重要政策是采用“固定汇率制”，订定每盎司黄金为35美金，使成员国的货币与美金挂钩。由于世界黄金产量不足以支撑庞大的需求，该体系的签约成员国禁止进口黄金作私人用途。

“布雷顿森林体系”的建立，把美元和黄金挂钩并实行固定汇率制度，此举稳定了国际金融秩序，有利于扩大国际贸易，刺激战后世界经济增长。美元作为国际储备货币和国际清算手段，弥补了全球黄金产量和储备的不足，提高了全球的购买力，促进了国际贸易和跨国投资。

这一体系实际上把美元等同于黄金，人们开始把美元称作“美金”，美元的强大地位由此可见一斑。“布雷顿森林体系”确立了美元的霸主地位，西方主要国家都纷纷加入了这个体系。然而，在第二次世界大战中“中立”的葡萄牙，却没有加入这个体系。也就是说，这个以美元为中心的国际货币体系约束不了葡萄牙，自然也约束不了葡萄牙管治下的澳门。

然而，就在这一时期，中国内地不仅对黄金有很大需求，黄金价格与国际市场也有很大的落差。“布雷顿森林体系”订定每盎司黄金价格为35美金，中国内地的黄金市价却达到每盎司50美金，中间差价超过42%！这样可观的差价，便成为黄金走私客竞逐的利润。香港在英国管治下，因受“布雷顿森林体系”约束而无法进行交易；于是，大批黄金便通过正当或走私的渠道，被运到澳门市场上交易。

黄金在澳门市场上交易是合法的，但葡萄牙人不想太过张扬，刺激英美等“布雷顿森林体系”签约国，便不声不响地躲在一旁发财。单在1947年，澳门合法进口的黄金总量已达到10万盎司（即2830公斤），白金为5万盎司（即1415公斤）。

当时，澳门的黄金走私由“五福堂”和泰兴公司旗下一个商号垄断，而控制垄断者却是澳葡政府经济局局长罗保博士（Dr. Pedro José Lobo）。这些黄金每晚通过商船或帆船从东南亚和香港的港口偷运到澳门，抵达后便被熔铸成市值50美元或500美元的金条，然后再出口至其他国家。

1947年，澳门许可进口的黄金总量为10万盎司、白金为5万盎司；据报道，1949年时每月运来澳门的黄金为50万盎司。澳门这种黄金贸易，当然会引起已加入“布雷顿森林体系”国家的不满。但是，第二次世界大战结束后大批人口和资金流失，澳门的经济陷入可怕的萧条，甚至面临彻底崩溃的危险。虽然博彩业仍然是支撑起澳门经济的支柱，但对外贸易逆差相当严重。在找到其他出路之前，黄金贸易的利润和手续费能让这座城市再次渡过危机。在生存问题面前，澳葡当局自然也顾不上他人的不满了。

提到第二次世界大战的黄金，还有一段小插曲：一名曾任职于澳门黄金进口委员会的公务员在报章披露，在澳门进口的黄金发现印有纳粹标记和Reichsbank（德国国家银行）字样。此事传开后一度引起议论，皆因在第二次世界大战期间，纳粹德国洗劫欧洲各国时掠夺了大批黄金，但“纳粹黄金”在战后下落不明。为何会有一批“纳粹黄金”出现在澳门呢?

有人猜测，当时除了瑞士，同为中立国的葡萄牙亦协助德国购买物资，结算时付的就是黄金。战后，存有大量“纳粹黄金”的葡萄牙把黄金运到澳门、帝汶等地再出口。虽然有关方面否认，当事人也没有拿出证据，但这件事说得有板有眼，实在是耐人寻味。

葡萄牙没有参加“布雷顿森林体系”，澳葡政府也不愿遵守英美等西方国家制定的规则，以便从中取利。这就在澳门形成一块灰色地带，为中华人民共和国成立后打破西方国家的经济封锁，创造了有利的条件。

打破西方封锁的阵地

中华人民共和国成立不到一年，百废待兴之际，却爆发了朝鲜战争。为了保家卫国，拒敌于国门之外，中国人民志愿军跨过鸭绿江，与美国为首的“联合国军”展开血战。

现代战争打的是钢铁和经济，一穷二白的新中国，咬紧牙关也要打赢这场生死存亡的立国之战。可是，巧妇难为无米之炊啊！

除了部分军事援助来自苏联，澳门和香港也是内地不可或缺的供给线。

1951年，周恩来总理在同新华社香港分社社长黄作梅的一次谈话中说：“我们对香港的政策，是东西方斗争全局战略部署的一部分。不收回香港，维持其资本主义英国占领不变，是不能用狭隘的领土主权原则来衡量，来做决定的。”“香港对我们大有好处，大有用处。……香港是我们通往东南亚、亚非拉和西方世界的窗口。它将是我们的瞭望台、气象台和桥头堡，它将是我们突破以美国为首的西方阵营对我国实行封锁禁运的前沿阵地。近两年的发展证明，我们在解放全国时留下个香港是正确的。”①

1954年8月，周恩来总理又指出：“香港的居民绝大多数是中国人，大家都认为香港是中国的，但时机尚未成熟，我们不要去谈。”②

1957年4月，周恩来总理又提出，内地“要进行社会主义建设，香港可作为我们同国外进行经济联系的基础，可以通过它吸引外资，争取外汇”，所以，“保持和扩展香港这个阵地有好处”。③

周恩来总理这些话虽然讲的是香港，但大家都知道，国家领导人从来都是把港澳作为一个整体来考虑的。因此，这些讲话的基本精神同样适用于澳门。

1950年至1953年的抗美援朝战争，新中国与苏联、朝鲜同属社会主义阵营，而葡萄牙则属于西方资本主义阵营的一员，立场是对立的。

---

① 邓开颂、吴志良、陆晓敏主编：《粤澳关系史》，中国书店，1999，第508页。

② 邓开颂、吴志良、陆晓敏主编：《粤澳关系史》，中国书店，1999，第508页。

③ 邓开颂、吴志良、陆晓敏主编：《粤澳关系史》，中国书店，1999，第508页。

如此长时间的“反封锁反禁运”，澳葡政府不可能不知道，那为什么大批战略物资又能够通过澳门偷运入内地呢？事实上，美国在朝鲜战争期间也十分关注这个问题，即大量石油、战争物资和军需物资源源不绝地从澳门输入内地。美国曾向葡萄牙施加压力，要求澳葡政府配合美国对苏联集团国家的贸易禁运政策。

澳葡当局再次成为“夹心人”。

虽然葡萄牙没有派军队加入“联合国军”，但在公开层面，他们表示会遵从美国的禁运要求，加强反走私工作。另一方面，葡萄牙人深知澳门的日常生活用品都要依赖内地供应，和内地保持某种程度的合作是必要的。因此，南光公司组织爱国人士从澳门运送“违禁货物”进入内地，澳葡当局往往睁一只眼闭一只眼。

1952年的关闸冲突事件是葡萄牙士兵引起的，爆发了小规模的武装冲突，双方互有死伤，最终由澳葡政府向广东省方面道歉并赔偿损失。但从国际关系的角度来看，这一事件也让葡萄牙人可以向美国有所交代——你看，我和共产党的军队都打起来了。当然，真要打的话是打不过中国的，何况澳门吃的用的都靠内地，也不能弄得太僵。

况且，志愿军的秘密物资补给线不单来自澳门，香港也有。“联合国军”里面有1万多名英国兵，英国人不也禁不住物资经香港流入内地吗？

抗美援朝战争持续了三年，港澳地区也默默地为祖国内地打破西方阵营封锁努力了三年，这个特殊的“阵地”，在中华人民共和国成立后数十年来依然长期发挥着独特的作用。葡萄牙人和中国统治者打交道已有四百年，深谙澳门的生存之道。从明朝到明清交替，从日军侵华到抗战胜利，再从共产党打败国民党取得全国胜利，葡萄牙人虽然不能做得面面俱到，但他们见风使舵的本领还是不错的。

早在抗战时期，澳葡政府就曾与中共接触并进行秘密合作。当时澳门附近最有影响力的抗日队伍，就是中共领导下的五桂山抗日游击大队。日军在澳门设立特务机关，汉奸狐假虎威欺压市民，不把澳葡政府放在眼里。澳葡当局派出代表与五桂山抗日游击大队达成协议，游击队将经常骚扰澳门的匪徒擒拿后，送交澳葡当局处置；澳葡当局也同意游击队送伤病员到澳门留医，到澳门购买药品和子弹，派人到澳门发起秘密募捐。

从抗战时期到抗美援朝，澳门成为中国共产党打破日本帝国主义及西方国家经济封锁的一个窗口。其实，早在20世纪30年代初，中共已在香港建立秘密交通站，传送物资、情报和资金，护送重要人员进出境。毛泽东主席曾对中央红色秘密交通线有这样的评价：“交通线就像我们身上的血脉。”

“开埠”四百周年事件

“关闸事件”过后第二年，抗美援朝战争也结束了。这一时期，国际上反对殖民主义浪潮高涨，民族独立解放运动风起云涌。在世界各地拥有众多殖民地的葡萄牙，也受到国际舆论的猛烈抨击。然而，时任葡萄牙总理萨拉查是一名顽固的殖民主义者，他不但不放弃殖民主义思想，还千方百计加强对澳门的集权统治。

1955年1月14日，萨拉查批准成立“澳门开埠四百周年纪念委员会”，澳葡当局于是开展筹备工作，包括设计及发行“纪念邮票”，兴建“纪念碑”。为了掩人耳目，萨拉查又将澳门改为葡萄牙的“海外省”管治的一部分，并于1955年7月5日批准及颁布了所谓的《澳门海外省组织法》。

葡萄牙人为什么认定澳门“开埠”是1555年，而不是1553或

1557年？葡方的根据是“提及澳门名字的第一份文献——平托的一封信”。在这里，葡萄牙人回避了明朝政府默许他们租居澳门的历史事实。

得知葡方的庆祝计划后，中方反应强烈。1955年10月8日，周恩来总理在北京与港督葛量洪会面时问及此事，葛量洪向他证实葡方确有相关计划，又指葡萄牙政府的一名部长将前往澳门参加“庆典”，并可能宣示澳门是“葡萄牙的神圣土地”。周恩来总理采取了严肃的态度，表示中国政府和中国人民不喜欢这种典礼，澳门和香港的中国人也不喜欢。①

葛量洪将此理解为是一个严重的问题，美国驻港总领事馆的官员也视该表态为一种警告。在中方通过港英政府向葡萄牙转达中方的立场后，《人民日报》连续发表文章，严厉谴责葡萄牙政府及澳葡当局欲举办占据澳门四百周年庆祝活动的挑衅行为，重申“澳门是中国领土，中国人民从来没有忘记澳门，也从来没有忘记他们有权利要求从葡萄牙手中收回自己的这块领土”。同时又严正警告澳葡当局：“现在的中国已经不是六年前的中国，更不是四百年前的中国。如果澳门葡萄牙当局以为可以利用中国的和平政策向伟大的中国人民进行挑衅，那它就错了。中国人民从来不容许挑衅者得逞，挑衅者必将自食其苦果。”②

---

① 黄庆华：《中葡关系史（1513—1999）》，黄山书社，2006，第1097页。

② 黄庆华：《中葡关系史（1513—1999）》，黄山书社，2006，第1098页。

澳门华人团体也纷纷抨击澳葡当局的倒行逆施，表示将抵制所谓“澳门开埠四百周年”庆祝活动。内外交困之下，澳葡政府不得不取消了准备发行的“纪念邮票”，拆除了兴建中的“纪念碑”，于10月21日以“缺乏财政资源”为由，宣告取消庆祝活动。[①]

然而，从澳门后来发生的一系列重大事件来看，这次所谓“澳门开埠四百周年”庆祝活动的被迫取消，并未引起葡萄牙萨拉查政府和澳葡当局的深刻反思，葡萄牙在澳门的殖民政策也没有因而发生变化。

---

① 黄庆华：《中葡关系史（1513—1999）》，黄山书社，2006，第1096页。

影响深远的『一二·三』事件

“一二·三”事件，是澳门成为“半个解放区”的关键。

抗日战争时期，共产党人巧妙地利用澳葡政府与日伪的矛盾，把澳门变成中共游击队的后方医院、物资补给和经费筹募基地；一批又一批澳门爱国青年奔赴抗日前线，不少人还献出了宝贵的生命。在柯麟等中共地下党员的影响下，澳门居民深刻地认识到：只有中国共产党才能救中国。中华人民共和国成立后，大批澳门居民返回内地参加社会主义建设。在共产党人的感召下，爱国爱澳团体不断壮大，活动从隐秘到公开，逐步能与亲台湾的国民党势力相抗衡了。

1966年爆发的“一二·三”事件，对澳门当代历史进程的影响巨大且极其深远。这是一场大规模反抗澳葡统治的社会事件，造成至少8人死亡、200多人受伤。该事件使国民党势力被肃清，爱党爱国力量从此实际上主导着澳门的政治生活。

事情的起因源于氹仔贫穷市民孩子读书的坊众小学校舍狭小，且年久失修，无法满足当地居民子女读书的需要。许多孩子不得不每天乘船渡过2公里的海峡到澳门半岛的学校就读，非常不方便，遇恶劣天气更容易发生翻船沉船事故。1966年4月，为了扩建校舍、改善学习环境，校方向澳葡当局提交书面申请，但连续24次申请都毫无音信。对澳葡当局感到灰心的居民于是打算自己集资，自己动手改善校舍，按照惯例先行搭棚动工。

1966年11月15日，离岛市政署代理署长晏德地（Rui de Andrade）发现学校门前搭起棚架，便向警察厅报告。警察出动到场阻挠坊众小学施工，双方由此发生冲突，数十人被打伤或被警察拘捕。同日下午1时，澳门中华总商会派人与离岛市政署联络，建校代表亦派人前往该局交涉。岂料，他们当中4人未与局长会面即被拘留了一晚，次日由澳门中华总商会副会长崔德祺出面才得以保释。澳门华人领袖何贤闻讯，特地会见澳葡当局代理总督施维纳上校（当时葡萄牙候任澳督嘉乐庇尚未到任），要求他以大局为重，谨慎处理事件。然而，施维纳以强硬的态度回绝了对方的忠告，反而警告华人社群不要闹事，否则他就要动用武力镇压。

11月18日，由澳门工会联合总会（以下简称“工联总会”）、街坊总会和妇联会等爱国社会团体代表组成的“氹仔居民学校筹建委员会”，正式向澳葡当局提出“惩办肇事者、不得阻挠居民修建校舍、释放被捕人员、赔偿损失，并保证以后不再发生同样事情”等五项要求。可是，施维纳根本不予理睬。事情很快便急转直下。

11月22日，在交涉无效的情况下，澳门各界社团400多人在中华总商会大楼举行“澳门各界代表座谈会”，谴责澳葡当局的倒行逆施。

11月25日，候任澳门总督嘉乐庇准将抵达澳门。花了几天时间了解情况后，他虽然意识到正在酝酿着一场巨大的政治风暴，却存有侥幸之心。这位新任澳督先是承认动用警察镇压要求修建校舍的居民一事不妥，表示愿意成立一个由官方与民间人士组成的调查委员会，调查事件真相。不过，对于群众撤换肇事者晏德地等人的要求，他又要起了太极，推说要里斯本方面批准，试图糊弄过关。澳葡当局毫无诚意，澳门各界当然拒绝派出代表参加调查委员会，局面继续僵持。

12月2日，一批由工联总会、菜农合群社及学校师生等组成的代表进入总督府，要求向总督递交抗议书。但是，嘉乐庇只是派秘书长波治代表接受，其本人没有露脸。代表们很是不满，在总督府内大声要求面见总督，并高唱革命歌曲。

当时，澳门民生建设落后，行政效率低下。澳门的公务员基本上都是葡萄牙人或土生葡人，来自里斯本的葡人占据着政府高层职位，土生葡人难以获得升迁机会，政府管治无能，行政混乱且贪污盛行。部分土生葡人在华人群众面前作威作福，以显示自身的特权和优势，引起了华人市民的反感，由此形成的社会矛盾越积越深。这时澳门华人居民爱国主义热情高涨，遇上冥顽不化的殖民主义者，终于导致“一二·三”事件的爆发。

1966年12月3日中午，五个华人团体的代表再次进入总督府抗议，澳葡当局调动防暴警察用警棍殴打代表，造成多人受伤。

如此暴行引起了群众的愤怒，数千群众集中在市中心的市政厅广场举行了大规模的抗议活动。人群冲击了市政厅，还将市政厅广场上被视为殖民主义象征的美思基达①军曹的塑像推倒。

澳葡总督嘉乐庇见局势有失控的趋势，忙调集非洲裔葡萄牙士兵开进市区，开枪镇压示威群众，并宣布实施戒严及宵禁。次日，军警又向在街上抗议的市民开枪，并逮捕了数十名市民。两日内总共造成至少8人死亡、200多人受伤，一名在家中阳台看热闹的市民也中弹身亡，爱国爱澳同胞被彻底激怒了。

事件迅速演变为反抗澳葡当局的大规模群众运动。工联总会、中华教育会等爱国团体和群众宣布进行无限期罢工、罢课、罢市，澳门所有的集贸市场、餐厅、摊贩不卖任何食物给葡萄牙人，不向葡人提供任何服务。一时间社会上谣言四起，银行出现挤提，市面陷入瘫痪。

12月9日，广东省人民委员会外事处在经过紧急开会研究后，为争取合法权益的澳门同胞草拟了一份声明，于次日通过何贤正式提交给澳葡当局，着令澳葡当局立即无条件答应氹仔居民在11月18日提出的五点要求：

---

① 美思基达，澳门土生葡人，于1849年8月白沙岭事件中率葡兵占领关闸、袭击北岭炮台，杀害清军官兵，后逐渐升为上校。——编者注

1. 立即向中国人民公开认罪并赔礼道歉；

2. 赔偿死难同胞一切损失，承担死者丧葬费和伤者医疗费；

3. 释放全部因此事被捕的群众；

4. 严惩主要肇事者，包括驻军司令施维纳、警察厅长傅基利、警察厅副厅长颜端尼、代理离岛市政署署长晏德地等人，并保证今后绝对不允许台湾特务机关继续利用澳门对祖国大陆进行渗透和破坏活动；

5. 把羁押在看守所里的七名国民党特务交给内地公安机关。

中方声明正式公布当日，澳门附近水域出现了七艘解放军炮艇，在海上穿梭巡逻。这既是威慑澳葡当局，也是给澳门爱国同胞打气鼓劲。

在中国人民解放军面前，葡萄牙军队吓得全部缩在军营内。下令军队向澳门平民开枪的驻军司令施维纳，甚至躲在地下室里不敢出来。澳督嘉乐庇与里斯本方面联系后，表示愿意和中方谈判，同时做好一旦解放军开火就随时撤离澳门的准备。

罢工、罢市、罢课令整个澳门陷于瘫痪状态，加上解放军强大的军事压力，澳葡当局不得不向澳门同胞低头。12月12日，澳葡当局通过澳门电台宣布，完全接受广东省人民政府和澳门各界同胞的要求。

12月13日，澳葡警方将罗德光等七名国民党特务从市政监狱提出，押往拱北口岸交给广东省公安人员。同日，澳门市政厅贴出通告，立即查禁所有台湾国民党驻澳特务机构，取缔所有台湾社团，并将其所有人员全部逐出澳门。当天，中方点名要求惩办的葡萄牙官员也全部灰溜溜地离开这座城市。

1967年1月29日，澳督嘉乐庇亲自前往澳门中华总商会签署《认罪书》，当众呈交给工联总会会长梁培，接受了澳门各界同胞提出的所有条件。至此，持续了两个多月的“一二·三”事件以中方的全面胜利而告终。

值得一提的是：澳葡政府在与台湾当局保持“外交”关系的情况下，宣布取缔国民党在澳门所有机构和团体，不准悬挂青天白日旗，禁止在澳门从事反对中华人民共和国的敌对行为。葡萄牙当时尚未与中华人民共和国建交，“一二·三”事件后，葡人管治威信尽失，爱国力量成为社会主导力量，澳门也被外界称为“半个解放区”。此后，澳葡政府施政必须与“一二·三”事件中发挥巨大影响力的爱国社团磋商，爱国人士加入咨询会、立法会、市议会等机构。何贤为首的工商界知名人士不畏风险，在事件中积极斡旋，提出解决方案，建立了社会威望。澳门回归后，爱国力量也就顺理成章地成为“澳人治澳”的重要政治基础。

改革开放前后

- 澳门不是殖民地
- 全国首家“三来一补”企业
- 全国最早的现代化旅游设施
- 澳门人与“两弹一星”
- 内地与澳门人口流动
- 巴黎会晤出现转机
- 中葡建交水到渠成
- 中葡官员和各界往来密切
- 粤澳经贸文化往来

澳门松山之巅有一座灯塔，从1865年9月24日起，每当夜幕降临，就会发出两条雪亮的光柱，向四周扫射。灯塔的光芒最远可达25海里，在黑暗中为人们带来光明，为伶仃洋的夜航者指明方向，彻夜不熄。

一个多世纪以来，古老的中国出现无数的风云变幻；松山灯塔下的这块土地，也经历了道不尽的沧桑。

澳门不是殖民地

20世纪70年代，中国内地和国际上发生了一连串重大事件：首先是1971年10月25日，第二十六届联合国大会以压倒性多数通过第2758号决议，决定恢复中华人民共和国在联合国的一切权利，承认中华人民共和国政府代表是中国在联合国的唯一合法代表。

紧接着在1972年3月8日，即中华人民共和国恢复在联合国权利后四个多月，中国常驻联合国代表黄华致函联合国非殖民化特别委员会主席，指出“香港和澳门是被英国和葡萄牙当局占领的中国领土的一部分，解决香港、澳门问题，完全是属于中国主权范围内的问题，根本不属于通常的‘殖民地’范畴”。[1]

---

① 黄庆华：《中葡关系史（1513—1999）》，黄山书社，2006，第1129页。

1972年11月，第二十七届联合国大会通过决议，将香港和澳门从反殖民主义宣言适用的殖民地名单中删去，明确香港和澳门并非殖民地。

1974年4月25日，葡萄牙发生不流血政变，一群年轻军官推翻了萨拉查独裁政权。新政府宣布将起草新宪法，实行非殖民化政策，以政治办法而非军事手段解决海外战争问题。新政府外交部部长苏亚雷斯公开表示，葡萄牙希望与中华人民共和国建立外交关系。①

在这一时期，澳门也发生了巨大的变化。1975年1月6日，新任总督李安道成立修订《澳门组织章程》工作小组，指定华人代表何贤和崔德祺为工作组成员。同年12月31日，葡萄牙取消“澳门地区独立司令部”，葡萄牙军队从澳门撤走。②

1976年4月25日颁布的《葡萄牙共和国宪法》，进一步确认《澳门组织章程》，没有把澳门说成是葡萄牙领土，而称澳门是“葡萄牙管理下的领土”。这句话虽然有些含混，但基本上包含了“澳门是葡萄牙管理下的中国领土”的意思，并写进了葡萄牙宪法。③

---

① 黄庆华：《中葡关系史（1513—1999）》，黄山书社，2006，第1143页。

② 黄庆华：《中葡关系史（1513—1999）》，黄山书社，2006，第1144页。

③ 黄庆华：《中葡关系史（1513—1999）》，黄山书社，2006，第1152页。

全国首家『三来一补』企业

1978年中共十一届三中全会吹响了我国改革开放的号角，全国四个经济特区深圳、珠海、汕头、厦门，除了厦门在福建，其余三个均在广东。珠海经济特区就是因为毗邻澳门而成立的。

其实，早在中华人民共和国成立不久后，澳门商人就已进入广东省投资，包括20世纪50年代初成立的广东省华侨投资公司。改革开放后至90年代中，在广东省引进的港澳资金中，澳资约占10%。①

与国际金融中心和世界航运中心香港相比，澳门经济实力无疑要弱得多，但也存在着香港所没有的独特优势。

① 邓开颂、吴志良、陆晓敏主编：《粤澳关系史》，中国书店，1999，第550页。

20世纪70年代的澳门，受惠于欧洲共同体纺织品配额制度，吸引了大批港商前往澳门开设纺织厂。1972年，关贸总协定纺织品委员会成立工作小组研究纺织品贸易安排问题，至1973年12月20日签订《多种纤维协定》，参加缔约国41个。其中欧洲共同体作为一个单位计算，《多种纤维协定》规范了全球三分之二的纺织品及成衣贸易。

当时与澳门签订纺织品双边协议的国家和地区，主要有欧洲共同体、美国、加拿大、挪威和土耳其等。相对其他地区，欧洲共同体和美国给予了澳门较优厚的纺织品入口配额。这成为澳门工业的新动力，吸引了以港商为主的外来资本，使纺织品及成衣制造业快速发展。

与此同时，澳门人力资源不足，内地改革开放正好为澳门纺织工业提供了机会。开办“三来一补”企业，是港澳商人早期投资广东较普遍采用的形式。“三来”即来料、来件、来图样，必要时提供一些设备；广东当地企业负责加工装配，成品交港澳客商运往港澳或转口销售，加工企业按件收取加工费。“一补”是指补偿贸易，外商提供设备或技术的资金，不使用现汇支付，由加工企业从加工费中安排偿还。“三来一补”主要涉及纺织、服装、玩具、人造花、电子产品、家电、鞋帽、工艺品、塑料等行业，比较集中在珠江三角洲地区。[1]

---

① 邓开颂、吴志良、陆晓敏主编：《粤澳关系史》，中国书店，1999，第551页。

1978年11月，珠海引进的第一家“三来一补”工业企业——香洲毛纺厂，在毗邻澳门的珠海动工。合作的澳商是澳门纺织品有限公司，投资者是有“世界毛纺大王”之称的香港商人曹光彪，由他在澳门的女儿曹其真负责管理。该厂引进国外先进的设备，生产粗梳毛纱。1979年11月，香洲毛纺厂正式投产，当时的报纸以“香洲毛纺厂——中国改革开放的标志”为题，报道了这一消息。1981年12月，香洲毛纺厂提前补偿完毕，转为自营生产外销企业。

1984年8月12日《人民日报》报道：“珠江三角洲现在这类企业相当多，中山市（原中山县）有四百三十家，东莞县有一千零三十家。其中80%是区、乡办的，另外一些是镇办的。”

据统计，从20世纪70年代到1992年底，在广东开办的粤澳三资企业达1401家，投资总额达24.45亿美元。其中合资经营企业540家，投资总额10.26亿美元；合作企业684家，投资金额12.28亿美元；独资经营企业177家，投资金额1.91亿美元。[1]

今天看起来，这些数字似乎不怎么起眼。可那是普通人的月工资只有36—45元人民币的年代，万元户在当时已属罕见的富翁。改革开放之前，中国的外汇储备规模非常小，处于极为短缺的状态，1981年末外汇储备才突破10亿美元大关。由此可见，澳门在当时为国家创汇所做的贡献是多么宝贵；加上香港这个创汇大户，那就更加可观了。

---

① 邓开颂、吴志良、陆晓敏主编：《粤澳关系史》，中国书店，1999，第553页。

全国最早的现代化旅游设施

酒店房间有空调和独立的卫浴，住客不必带牙膏牙刷，打个电话就可享受送餐进房间服务，酒店内有中西餐厅和商务中心，可以打长途电话……我们今天对这些早就习以为常。但在改革开放前的内地，这些设施和服务却是不可想象的，就算是干部出差所住的招待所也没有这些，洗澡只能上公共浴室或公厕，繁忙时间得排队。

由澳门商人吴福投资兴建的珠海石景山旅游中心，建成于1980年，是全国第一家集旅游、饮食、购物、度假、娱乐为一体的合资现代旅游酒店，是最早运用国外先进酒店管理模式，被国务院誉为“中华之最”的先进酒店。石景山旅游中心开业后，生意十分火爆，每天168元的标准间几乎天天客满。要知道，当时内地一名普通工人的月薪不过30多元，一瓶茅台酒的价格在8元左右。不少客人来自国内各个省、自治区、直辖市，大家都来学习这种全新的酒店管理方式，回去后推广开来。

1980年，珠海市旅游公司与澳门拱北旅游发展公司合作兴建位于拱北口岸附近的拱北宾馆；1981年，澳门海外投资有限公司与特区发展公司合作兴建珠海度假村；1982年，澳门知名人士何贤、香港知名人士霍英东与珠海市旅游公司合作建成珠海宾馆……

珠海石景山旅游中心和珠海度假村，接待了一批又一批党和国家领导人、外国政府首脑、海外华侨和华人，留下一片赞叹的声音。

此后，现代化酒店和旅游度假村在大江南北遍地开花。

澳门人与『两弹一星』

原子弹、导弹和人造卫星，简称“两弹一星”，是我国科学技术界皇冠上的明珠，更是国防安全体系最重要的基石。原子弹、氢弹和导弹是核威慑的有机组成部分，能够发射人造卫星就意味着掌握了导弹“快递”技术，世界上能够同时掌握这三种技术的国家寥寥可数。

中国“两弹一星”研制成功时，技术力量薄弱，物质条件匮乏，试验设施简陋，人才奇缺，加上西方国家的垄断封锁，困难可想而知。然而，从1970年发射第一颗人造地球卫星“东方红一号”，到进行载人航天飞行，实现宇航员太空行走，中国的航天事业得到了长足的进步和发展，现在已经跻身世界航天大国的行列。

在极其艰难的环境中，中国科学家们实现了高水平的技术跨越。从原子弹爆炸成功到氢弹爆炸试验成功，中国仅用了两年零八个月的时间，比美国、苏联、法国所用的时间要短得多。中国在导弹和卫星研制中所采用的新技术、新材料、新工艺、新方案，在许多方面都跨越了传统的技术阶段。

人们大概不会想到，小小的澳门也曾为我国的“两弹一星”做出过贡献；准确地说，我国卫星事业发展的过程中，也有澳门居民的一份功劳。

2019年12月15日，由澳门特别行政区政府、中央人民政府驻澳门特别行政区联络办公室和国家航天局共同指导的“澳门星、航天情、中国梦”庆祝澳门回归祖国二十周年航天科普展在澳门科技大学开幕。该展以珍贵图片和模型等展示澳门首颗科学与技术试验卫星概况，记录澳门支援祖国航天事业、内地与澳门在航天领域的交流合作成果以及祖国航天发展历程中令人难忘的重要瞬间，传达了内地与澳门各界共情同心，携手崇尚科学、探索未知、敢于创新、砥砺奋进，以航天梦托举中国梦的美好愿望。

开幕式上，还向全国政协副主席何厚铧，中国航天基金会名誉理事长吴福，时任全国政协常委、现任中国航天基金会副理事长和澳门科技大学校董会主席廖泽云，澳门立法会副主席、中国航天基金会理事、澳门科技大学基金会信托委员会主席崔世昌，全国政协原常委、时任中国航天基金会理事、澳门科技大学校董颜延龄，中国航天基金会理事、澳门大学校董会主席林金城，中国航天基金会理事、澳门城市大学校董会主席陈明金，澳门基金会行政委员会主席、中国航天基金会理事吴志良，中国航天基金会理事、澳门科技大学校董欧安利以及已故中国航天基金会名誉副理事长钟立雄（其后人代领）等颁发了“中国航天杰出贡献奖”。

这些澳门居民，都是中国航天事业的有功之人。

澳门知名商人何鸿燊就是为国家航天事业做出了可贵的贡献的人之一。20世纪90年代，中国航天事业正处于走向市场的初期，航天企业的生存环境并不好。何鸿燊倡议并率先捐款成立基金会，致力于中国航天科技及管理人才的培养，扩大中国航天在国际上的影响力，推进中国航天科技的发展。1990年10月，何鸿燊倡议并率先捐款成立“何鸿燊航天科技人才培训基金会”，总部设在香港。1993年，何鸿燊在基金会成立之初捐资1500万港元，用于在河北廊坊建设“何鸿燊培训楼”。直至现在，该处仍然是航天人的培训基地。2008年，他又捐资支持廊坊航天人才培训中心改建扩建项目。

与此同时，基金会还资助在职航天人员出国及赴香港进修，重视青少年航天科普教育工作。自1992年起，何鸿燊基金会支持举办航天科技夏令营，开创内地（大陆）与香港、澳门、台湾地区航天科技交流与合作。此后数十年，基金会资助了大量的航天人才教育和交流项目，内地大量技术和管理人才从中受益。他们当中不少人成为载人航天科技领域的技术和管理骨干。此外，基金会还为促进境内外航天科技界的交流做出积极的贡献。

澳门商人吴福、钟立雄很早就支持国家的航天事业发展。1993年，吴福和钟立雄在澳门注册成立了澳门宇宙卫星通信服务有限公司，这是一家由中国内地、中国澳门、葡萄牙三方股东所组成的合资公司。公司的主要业务是卫星电视和电信领域，今天听起来似乎很简单，可那是1993年，你搞卫星业务首先得有卫星呀！搞卫星缺钱，国家当时还不富裕，怎么办？吴福他们又在香港成立了一家通信卫星有限公司，筹集到更多的资金。

1996年7月3日，吴福、钟立雄带着一群来自中国澳门和葡萄牙的记者，紧张地等候在西昌卫星发射中心，目不转睛地盯着屏幕上的动静。北京时间18时47分，随着一阵隆隆巨响，大地剧烈颤抖，“长征三号”运载火箭徐徐升空，成功地将“亚太1A”通信卫星送入了轨道。这是“长征三号”火箭的第10次飞行，也是长征系列火箭的第41次飞行。

澳门宇宙卫星通信服务有限公司在创立和发展过程中，还为我国人造地球卫星发射提供地面站服务，培养了一批在卫星通信、电视广播和国际商务策划与管理方面具备丰富知识和经验的优秀人才。

我国改革开放以来，澳门爱国人士长期支持国家科技发展，关爱科技人才，无论航天事业处于何种境地，从未间断过对航天科技人才培养的资助。

内地与澳门人口流动

1978年以后，内地大幅度放宽了居民出境条件。在内地居民赴澳门定居问题上，中国有关方面与澳葡政府签订了协议，规定了每年移居澳门的人数上限。资料显示，1979年至1980年这两年，从内地前往澳门领取身份证的有5万多人；1981年至1984年，这一人数为3万多。1985年，内地与澳门之间进一步商定：每月批准发放120人的赴澳门单程通行证，每年为1440人。据统计，1981年至1990年经政府批准合法进入澳门的内地居民有4万多人。

除了遵循合法途径移居澳门，从20世纪50年代到80年代还有数量颇多的非法移民。在改革开放前，全国各地都处于经济较困难的时期，广东省毗邻物质相对丰裕的港澳，部分群众为了谋生而偷渡出境。广东省方面虽然与澳葡政府有遣返偷渡人员的协议，但澳葡政府并未认真执行，因而有很多非法移民在澳门居留。20世纪70年代后澳门工业起飞，需要大量的廉价劳动力，澳葡政府于1984年、1988年、1990年三次“大赦”，向非法入境的内地居民发出临时居留证。领取了临时居留证的人士在若干年内无不良记录的话，即可换领正式居民身份证。

1979年6月，广东省公安厅正式启用“港澳同胞回乡证”，以取代原来一次性的“港澳同胞回乡介绍书”。“回乡证”在有效期内可多次使用，极大方便了港澳同胞出入境，推动了港澳同胞回内地旅游探亲次数的增长。加上粤澳经济合作全面展开，港澳同胞因商务需要回家乡的机会大增，1979年进出澳门的人数已达173万人次，到了1990年更高达1580万人次。

巴黎会晤出现转机

20世纪70年代末，中葡双方都积极推动两国关系正常化。

1974年葡萄牙“四二五”革命之前，萨拉查政权在政治、经济、军事和外交等方面甘受美国控制，不承认中华人民共和国，且与台湾国民党当局保持官方关系；同时又顽固地坚持殖民主义，残酷镇压各个殖民地的民族解放运动，使葡萄牙在国际社会中日益孤立。所以，葡萄牙新政府成立后希望通过非殖民化和开放政策，尽早得到更多国家认可，特别是在国际事务中举足轻重的中华人民共和国的承认，并且实现中葡两国关系正常化。

然而，要实现中葡关系正常化，两国首先要解决两个至关重要的问题：一是葡萄牙政府与台湾国民党当局之间的关系，二是澳门的法律地位。

1975年1月6日，葡萄牙政府决定与台湾当局断绝“外交”关系，葡萄牙外交部秘书安德里森召见台湾当局驻里斯本三等秘书杜光镖，向他递交一份半官方声明，告诉其在里斯本的使命已经完成。但直至3月27日，台方才撤走人员，关闭驻里斯本官方机构。[①]

大家都知道，中华人民共和国与葡萄牙建交是在1979年2月8日，有人可能会问：葡萄牙在1975年就与台湾当局“断交”，为什么四年后才与中华人民共和国建交？

不错，葡萄牙虽然在1975年初就与台湾当局断绝了“外交”关系，但在澳门问题上态度尚未完全清晰。葡萄牙临时政府要员曾在不同场合多次表示：澳门是中国领土，不是葡萄牙的殖民地，葡萄牙人只不过是在中国政府容忍之下，借以栖身并经营贸易。但是，葡方从未提出过将澳门交还给中国，还声称葡萄牙人一直在这块土地上行使主权。因此，即使葡萄牙政府口头上承认澳门是中国领土，这也仅仅是两国建交的一个基本前提。交还澳门与否，以及何时交还澳门给中国，才是双方建交谈判的关键所在。[②]

我们不妨把目光放回到20世纪70年代的巴黎。

自1964年中法两国建立外交关系，巴黎就成为中国交涉和处理与其他尚未建交国家之间事务的重要地点。葡萄牙共和国与台湾当局断绝“外交”关系后，1975年春夏之交，中葡两国驻法国

---

① 黄庆华：《中葡关系史（1513—1999）》，黄山书社，2006，第1151页。

② 黄庆华：《中葡关系史（1513—1999）》，黄山书社，2006，第1152页。

大使开始了非正式的直接接触，通过以个人名义互访的形式在巴黎进行多次会谈与磋商。

此后，中葡两国在促进建交谈判方面互动日益频繁：1976年10月7日，葡萄牙外长费雷拉在纽约会见了中国外长乔冠华，双方就建立外交关系及澳门问题谈判等进行了初步探索。1977年4月21日，葡萄牙外长费雷拉又在联合国与中国代表进一步探讨了建立双边关系等问题。1977年4月29日，高梅斯应邀率领葡萄牙共产党代表团访华，受到中共中央主席华国锋等党政领导人热情接待。8月至9月间，葡萄牙（马列）共产主义青年联盟、葡萄牙武装力量运动、社会党、社会民主党及社会民主中心党等党派组成的代表团先后访问了中国。同年10月1日，由何贤与柯正平等促成，经中国政府安排，澳葡总督李安道出席了中华人民共和国国庆活动。双方的这些交流，对加深中葡两国之间的了解和改善两国之间关系，都起到了积极的作用。①

---

① 黄庆华：《中葡关系史（1513—1999）》，黄山书社，2006，第1153页。

中葡建交水到渠成

1978年1月9日，中国驻法国大使韩克华与葡萄牙共和国驻法国大使马尔丁斯举行正式谈判，主要议题围绕着两国建立大使级外交关系和澳门问题来展开。4月29日，葡萄牙新任外长马沙度在巴黎会见了中国大使韩克华，双方都对建交谈判的进展感到满意，并希望能在短期内互派大使。6月初，葡萄牙外长马沙度与中国外长黄华在纽约会面，双方就建交问题进行了“十分诚挚”的交谈。6月10日，韩克华大使应葡萄牙大使马尔丁斯邀请，首次出席了在葡萄牙驻法国大使馆内举行的“葡萄牙日”活动。这表明，中葡两国有关建交及澳门问题谈判的准备阶段基本结束了。

1978年6月14日，葡萄牙部长会议通过一项秘密决议，以指导马尔丁斯大使与中国大使在巴黎的谈判。该秘密决议中有这样一段话：“葡萄牙（宪法）没有把澳门划入葡萄牙领土，只是把澳门看作是在葡萄牙管理之下。葡萄牙政府认为，葡萄牙对澳门领土管理的终结，可以成为中华人民共和国与葡萄牙谈判的议题，谈判可在两国政府认为适合的时机进行。在此期间，葡萄牙政府承担严格尊重中国居民的责任。葡萄牙政府向中国政府保证，不允许利用在其管理下的这块土地从事反对中华人民共和国的活动。”①

经过四年的非正式及正式接触，中葡两国驻法大使根据各自政府的指示，就澳门过去的地位、葡萄牙归还澳门的时机，以及两国建交公报中是否提到澳门等问题，进行了秘密磋商。在这种友好的气氛中，中葡两国建立外交关系一事已扫清所有障碍，可以用“水到渠成”来形容了。

1979年2月8日，中国驻法国特命全权大使韩克华与葡萄牙驻法国特命全权大使马尔丁斯在巴黎签署了建交的《联合公报》，全文如下：

> 中华人民共和国政府和葡萄牙共和国政府决定自一九七九年二月八日起建立大使级外交关系，在三个月内互派大使。两国政府将根据互相尊重主权和领土完整、互不干涉内政和平等互利的原则维持其外交关系。葡萄牙共和国政府承认中华人民共和国政府为中国的唯

---

① 黄庆华：《中葡关系史（1513—1999）》，黄山书社，2006，第1155页。

一合法政府，台湾是中华人民共和国不可分割的一部分。葡萄牙共和国政府声明，早已自一九七五年一月起同台湾断绝外交关系。中葡两国政府商定，在平等互利的基础上，根据国际惯例，在各自首都为对方的建馆及其执行任务提供一切必要的协助。

很多人都注意到，这份《联合公报》没有提及澳门的历史地位，也未提到澳门何时归还中国。因此，澳门葡人社群一直流传着中葡双方另有一份“秘密协议”，消息灵通的葡萄牙传媒还提及过“秘密协议”的大概内容。如今终于可以证实，中葡两国驻法国大使在巴黎进行建交谈判时，双方已就澳门前途问题达成共识；但在两国政府未最终就解决澳门前途问题进行正式外交谈判之前，中葡任何一方都不得公开这份“秘密协议”。

中葡建交时签署的“秘密协议”，主要内容为“澳门目前是在葡萄牙管治下的中国领土，将于日后交还中国，至于日期和交还方式，可在将来适当时间由两国政府通过谈判解决。在澳门交还中国之前，葡萄牙政府应尊重及维护澳门华人的权益”。

证实这份“秘密协议”存在的是葡方。

1985年11月，葡萄牙新一届政府执政不久，从外交部档案中发现中葡两国驻法国大使于1979年2月8日在巴黎签署的一份“谈话纪要”，内容为中葡两国驻法国大使分别以中华人民共和国及葡萄牙共和国名义举行有关澳门问题的谈话，亦即是所谓的“秘密协议”。不过，当时的葡萄牙政府基于本国最高利益以及尊重中国政府的意愿，未曾公开这份秘密文件。直至1987年中葡两国政府就澳门前途问题进行外交谈判，因部分党派及议员反对在20世纪结束前将澳门交还中国，葡萄牙政府才不得不于1987年1月9日通过《新闻日报》披露了中葡两国驻法国大使就建交问题的“谈话纪要”部分相关内容。[①]

① 黄庆华：《中葡关系史（1513—1999）》，黄山书社，2006，第1157页。

中葡官员和各界往来密切

中葡建交后，双方的友好往来明显增加。1980年是中葡双方人员往来最密切的一年：

1980年3月，澳门总督伊芝迪应邀访问北京，获中国领导人邓小平等接见，双方就澳门问题和中葡关系交换了意见。伊芝迪是中华人民共和国成立以后，首位获中国政府邀请以官方身份访华的澳门总督。

6月4日至7日，广东省省长习仲勋应邀访问澳门，他也是第一位以官方身份访问澳门的广东省省长。

6月11日至16日，文化部副部长刘复之率领的中国文化代表团，对葡萄牙进行正式访问，就两国在文化和体育方面开展合作交换了意见。

6月30日至7月4日，葡萄牙贸易暨旅游部部长赫尔塔率领葡中工商会代表团，对中国进行正式访问，与中国外贸部部长李强就建立贸易双边关系等问题进行会谈，并签署了《中华人民共和国政府和葡萄牙共和国政府贸易协定》。

7月2日至5日，葡萄牙议会议长暨社会民主党领导人阿尔美达，与社会民主党国际关系委员会主席、议员亚丁访问中国，与中国党政领导人进行了会谈。

7月16日，澳门南光公司总经理柯正平及澳门中华总商会会长何贤等访问了葡萄牙，受到葡萄牙总统埃亚内斯（António dos Santos Ramalho Eanes，又译作“恩尼斯”）接见。

7月14日至20日，葡萄牙前总理、社会党总书记苏亚雷斯偕夫人，以及葡萄牙前驻法国大使马尔丁斯对中国进行友好访问，中国副总理李先念和外交部副部长韩克华会见了葡萄牙客人。

7月23日至26日，西尔瓦将军率领的葡萄牙军事代表团来华访问，会见了中国人民解放军总参谋长杨得志、副总参谋长伍修权。

7月23日至8月3日，应中国人民外交学会邀请，葡中友好民主协会秘书瓦斯宫赛罗斯率领由葡萄牙前外长马沙窦、教育暨文化部前部长高迪纽、社会民主党全国委员会委员卡瓦留等组成的代表团，对中国进行友好访问。

10月4日，葡萄牙本古江基金会乐团赴北京访问演出。

1981年6月25日至7月2日，中国人民对外友好协会会长王炳南率团访问了葡萄牙，受到埃亚内斯总统接见。10月30日至31日，中共广东省委第一书记任仲夷一行访问香港后到澳门进行私人访问。12月，广州市市长梁灵光率领“广州市友好访问团”赴美国访问，归途中顺道访问了澳门，澳葡政府和澳门各界人士予以热烈欢迎。

1981年10月，新任澳督高斯达应邀访问了广州和珠海经济特区。他上任后，推行了不少有利于民生建设和中葡友谊的措施，包括首次让中国籍居民参与选民登记和立法会选举。中方投桃报李，也经由时任中华总商会会长何贤向传统爱国社团发出呼吁，要求他们服从澳葡政府的管治。中方这样做，一是因中葡双方已正式建立外交关系，在建交协议中提到，澳门目前是葡萄牙管治下的中国领土；二是因1966年“一二·三”事件后，澳葡政府实际上成了“跛脚鸭”，社会上出现“无政府主义”的苗头。因此，此时维护澳葡政府的有效管治，也是维护澳门在回归祖国前的安定繁荣的重要部署。

1982年4月8日，中国对外文化联络委员会主任黄镇代表中国政府在北京与葡萄牙驻华大使加西亚签署了《中华人民共和国政府和葡萄牙共和国政府文化科学技术合作协定》。5月14日至26日，葡萄牙三军总参谋长、前任澳督伊芝迪将军偕夫人访华期间，中国人民解放军总参谋长杨得志及夫人申戈军在人民大会堂设宴招待葡萄牙客人；在京期间，伊芝迪将军拜会了全国人大常委会副委员长、广东省前省长习仲勋。6月23日至27日，中国国务委员兼外交部部长黄华对葡萄牙进行国事访问，并就双边关系与澳门未来等问题，先后与葡萄牙外交部部长佩雷拉、总理巴尔赛芒、总统埃亚内斯、议会议长迪亚斯、副总理兼国防部长阿马拉尔、葡萄牙社会党总书记苏亚雷斯等进行会谈。10月4日，国务委员兼对外经济贸易部部长陈慕华与葡萄牙工业能源暨出口部部长奥尔塔分别代表本国政府签署了《中华人民共和国政府和葡萄牙共和国政府经济、工业和技术合作协定》。

1983年8月22日至26日，广东省省长梁灵光应澳督高斯达邀请正式访问澳门。梁灵光一行抵达澳门时，澳督高斯达率政府官员和各界代表到关闸迎接。由于梁灵光的兄长梁披云是教育界知名人士、澳门福建同乡领袖，福建乡亲对梁灵光访问澳门也十分高兴。澳门居民祖籍广东和福建的占了大多数，所以，这位广东省省长访问澳门让众多澳门同胞觉得特别亲切。访澳期间，梁灵光与澳督举行了会谈，双方都表示要加强双边关系，促进粤澳经贸等领域合作。此外，梁灵光还拜会了澳门中华总商会、工联总会等爱国社团。

1984年4月30日至5月8日，葡萄牙副总理兼国防部部长平托，就处理中葡双边事务及解决澳门前途问题等，应邀访问了中国。其间，平托先后与中国国防部部长张爱萍、外交部部长吴学谦及总理赵紫阳进行了会谈。6月29日，广东省副省长匡吉率团访问了澳门，并参加了粤澳电力并网仪式。12月11日，广东省省长梁灵光率团访问英法等国家后，返国途中顺道访问澳门，参观了澳门当时唯一的高等学府——东亚大学，并主持了粤澳学术交流协议的签字仪式。

1985年2月4日至12日，澳葡总督高斯达就发展中葡双边关系、加强经贸合作以及处理澳门事务等问题访问了北京。其间，高斯达先后拜会了国家主席李先念、国务院港澳事务办公室主任姬鹏飞、对外经济贸易部副部长郑拓彬等。高斯达此行，纯粹是为葡萄牙总统埃亚内斯5月份访华铺路的；所以，2月7日国家主席李先念接见高斯达时说："澳门的问题通过谈判是不难解决的，何况中葡两国在发表建交公报时，已经通过一项协议，对原则性的问题做出了特别的规定。"[①]

这时，中英两国就香港前途问题进行的外交谈判已接近尾声，李先念主席对高斯达说的这番话，显示中方已将中葡两国谈判解决澳门问题纳入了议事日程。

2月10日，澳督高斯达访问了北京和上海之后，顺道访问了广州，这是他任期内第二次访问广东省。在广州期间，高斯达参观了广美食品公司和花园酒店，并向广东有关官员介绍了澳门的现状、发展前景和粤澳合作关系等。

---

① 黄庆华：《中葡关系史（1513—1999）》，黄山书社，2006，第1163页。

粤澳经贸文化往来

中美关系正常化之后，西方国家也纷纷与中华人民共和国建交，开展经济、体育、科技、教育与文化等多个领域的合作。

在这一重要的历史时期，澳门再次发挥了中西经贸文化交流的桥梁作用。

中葡两国高层官员、澳葡政府与广东省官员频频互访，在这股友好气氛带动下，广东省属机构以及珠海、中山等地官员也纷纷到澳门访问，与社会各界接触，洽谈招商引资。与澳门早已有商业往来的广东省，尤其是广州市和珠海市，也开始在澳门设立窗口公司，学习并逐步熟悉市场化商业运作。

据统计，从20世纪70年代末起，广东省及其所属部门、地区和企业开始在澳门直接投资开办企业，到80年代末，这类企业已超过10家，完全融入了澳门市场运作，在澳门当地业界举足轻重。[1]其中较著名的有广东省人民政府驻澳门的经济机构南粤贸易公司，也是广东省各进出口公司和经济企业在澳门的总代理。1981年1月成立后，其经营范围和经营规模不断扩大，除了采取合作经营和“三来一补”等方式在广东省内投资办企业、经营酒店等业务，还涉及资金与技术引进、进出口贸易、信托投资、交通运输、旅游、酒店、建筑、地产、工程、保险、劳务输出等范畴。1987年正式组成集团公司，下辖八个全资公司、八个合资公司。

与南粤贸易公司性质相似的在澳企业，还有广州市的羊城企业有限公司、珠海市的珠光（集团）有限公司、中山市的粤中发展有限公司、江门市的粤江发展有限公司等。20世纪80年代后半期，澳门相继上马一批大型建设项目，包括国际机场、松山隧道、新港澳码头、第二座澳氹大桥、赛马车场等。上述粤资企业和内地其他中资企业参与了这些项目，从原材料供应、劳动力、工程技术人员到项目管理等方面，与澳方进行合作。[2]

与香港相比，澳门的经济体量虽然小得多，但在20世纪70年代后期，澳门得益于欧美纺织品配额制度，纺织及制造业、旅游业、建筑业、金融业等行业迅速起飞，出现一些有相当规模的企业和集团。澳门与世界各地有广泛的经济联系，经济外向程度

---

① 邓开颂、吴志良、陆晓敏主编：《粤澳关系史》，中国书店，1999，第553页。

② 邓开颂、吴志良、陆晓敏主编：《粤澳关系史》，中国书店，1999，第554页。

很高，而且粤澳经济往来已有悠久的历史。因此，广东省成立三个经济特区后，粤澳经贸合作迅速升温，双方开展了经济领域的全面合作。

澳门的自来水、食品和副食品很大程度上要依靠内地供应，改革开放前是内地“创汇”的途径之一。进入新时期后，随着常住人口增加，澳门市场对鲜活农副产品的需求更加庞大。

澳葡政府对外贸易年报及统计年鉴资料显示，1978年内地向澳门出口贸易额只有3.3亿澳门元（下同），1981年已增长至13.3亿元。1978年内地从澳门进口货值只有区区23万元，1981年超过1.46亿元，增幅之大令人咋舌。

改革开放的春风，从毗邻香港和澳门的深圳吹起，吹遍了广东，吹遍了长城内外、大江南北。中国开始大变样了，出现了中华人民共和国成立以来人们从未见过的许多新鲜事物，发展速度可以用“一日千里”来形容。“勤劳致富”成了最时髦的话语，人民的腰包鼓起来了，脸上的笑容充满了自信和希望。

归　途

- 中葡谈判拉开序幕
- 前三轮谈判波澜不惊
- 澳门的回归日期
- 签署《中葡联合声明》

在改革开放的浪潮中，香港和澳门的回归是中国人民永远无法忘怀的大事。

澳门在历史上从未割让给葡萄牙，也不属于殖民地；葡萄牙在1974年爆发“四二五”革命后，与中华人民共和国的关系更是迅速升温。因此，尽管中国政府与葡萄牙政府尚未开展正式的外交谈判，澳门前途问题其实已经相当明朗化。

澳门回归祖国，只不过是时机与时间问题。

与澳门问题相比，香港问题复杂得多。清朝在英国的炮口下，分别于1842年、1860年和1898年签署了三个不平等条约，先后割让了香港本岛及九龙，又将“新界”租借给英国，为期99年。为了解决香港前途问题，中英两国政府由1982年起，举行了22轮外交谈判。直至1984年9月中英《关于香港问题的联合声明》在北京草签，香港问题才算是尘埃落定。1984年12月19日，中英双方经过艰难的外交谈判后，两国政府首脑在北京正式签署了关于香港问题的联合声明，确认中国政府将于1997年7月1日对香港恢复行使主权。

英国人管治下的香港将重返祖国怀抱，那葡萄牙人管治下的澳门又何时回归?

人们都把关注目光集中到珠江口西岸的澳门。

1984年10月3日，邓小平在京会见港澳同胞国庆观礼团时，观礼团成员之一、澳门出入口商会会长吴荣恪当面向邓小平询问关于澳门问题的意见。邓小平稍稍思考了一下，答道：“澳门问题的解决也是离不开‘一国两制’，将会像香港一样，同一个时间、同一个方式解决。”不过，邓小平又补充了一句：“至于解决澳门的问题会不会影响其他，是早解决对香港有利，还是迟解决对香港有利，我还在考虑，现在想听下大家的意见。”①

这是中国领导人第一次公开谈及澳门回归祖国的问题，第二天就成为港澳各大报章的头条新闻，在中国港澳地区和葡萄牙引起了热烈的议论。

澳门和香港有所不同，香港是国际金融中心和世界航运中心，澳门则长期依赖博彩业。大家都知道中国是禁赌的，那么，澳门回归之后允许继续开赌吗？

三天后，邓小平在接见澳门中华总商会会长马万祺时，进一步指出，今后澳门也是按照解决香港问题的那些原则治理，如“一国两制”“澳人治澳”。至于澳门赌业将来是否可以继续存在的问题，邓小平明确地表示：赌业仍然可以继续办下去，这是尊重历史、尊重现实的做法。

这颗“定心丸”派了出去，澳门工商界都松了一口气，认为“一国两制”有利于澳门回归祖国后继续保持稳定繁荣。

---

① 黄庆华：《中葡关系史（1513—1999）》，黄山书社，2006，第1162页。

中葡谈判拉开序幕

香港问题通过中英外交谈判得以顺利解决，中国政府有了香港作为蓝本，加上中葡两国关系良好，澳门也不存在主权争议问题，解决澳门问题已是水到渠成的事情。

1984年11月16日至19日，应葡萄牙共和国总统邀请，中华人民共和国主席李先念及夫人林佳楣对葡萄牙共和国进行正式访问。埃亚内斯总统亲自到机场，迎接有史以来第一位访问葡萄牙的中国国家主席。陪同李先念访葡的还有国务委员兼外交部部长吴学谦、对外经济贸易部副部长郑拓彬等。

在欢迎宴会上，双方虽然没有提到澳门，但会谈气氛十分友好。

李先念在会见苏亚雷斯总理和阿马拉尔议长时，就如何正视与解决澳门前途问题指出："对历史遗留下来的问题，应该很好地加以解决。不要因为对历史的不同解释，引起人们的不愉快。要注重现实，面向未来。现在已经是20世纪，我希望21世纪应当更加太平。”①

当时，葡萄牙国内党派对澳门前途问题有不同的意见。由于两国建交时已确认澳门是中国领土，不存在主权争议，所以，李先念主席这番话，是希望葡萄牙有关人士放下历史成见，注重现实，共同为两国及澳门创造更美好的未来。

11月17日，陪同李先念访问葡萄牙的外交部部长吴学谦，在里斯本接受葡萄牙和中国港澳记者采访时强调：“澳门自古以来是中国领土，澳门问题是中葡两国之间一个历史遗留下来的问题。1979年两国建交时，葡萄牙政府明确声明，澳门不是葡萄牙的一个省，承认澳门是中国领土。”他又说：“我们应该承认这个问题还没有解决。我相信，通过两国政府间的友好谈判，这个问题是能够得到妥善解决的。”②

大家都意识到，澳门问题已是瓜熟蒂落，水到渠成。

1985年5月21日，军人出身的葡萄牙总统埃亚内斯偕夫人，在外交部部长伽马、外贸国务秘书费莱拉等数十人陪同下，对中国进行为期一周的国事访问。这是葡萄牙共和国成立以来第一位访华的总统，埃亚内斯一行获得了中国方面的最高礼遇。5月22

① 黄庆华：《中葡关系史（1513—1999）》，黄山书社，2006，第1162页。

② 黄庆华：《中葡关系史（1513—1999）》，黄山书社，2006，第1163页。

日，国务院总理赵紫阳在人民大会堂与埃亚内斯总统进行了近两个小时的会谈。双方出席会谈的还有：中国外交部部长吴学谦、地质矿产部部长孙大光、外交部副部长周南、对外经济贸易部副部长贾石、中国驻葡萄牙大使陆济新；葡萄牙外交部部长伽马、外贸国务秘书费莱拉、葡萄牙驻华大使洛博登。双方回顾了两国建交以来在经济、贸易、科技、文化等方面愉快的互利合作，对未来的双边互利合作前景充满信心。双方还在友好的气氛中，就中国收回澳门的时间和程序等问题交换了意见。

5月23日，中葡两国政府通过外长级会谈，就解决澳门问题达成协议，并发布了《中葡联合公报》，内容提到："葡萄牙共和国总统埃亚内斯访华期间，中葡两国领导人在友好气氛中，就历史遗留下来的问题进行了讨论。双方满意地回顾了1979年2月中葡两国建交时达成的谅解和在此基础上两国政府在处理澳门事务中的良好合作。双方同意于近期内通过外交途径就解决澳门问题举行谈判。"[①]

这份《中葡联合公报》提到"双方满意地回顾了1979年2月中葡两国建交时达成的谅解"，可以理解为向外界暗示：双方谈的不是主权问题，而是澳门在什么时候以何种方式归还中国。

1985年5月24日，邓小平在人民大会堂会见埃亚内斯总统时说："中葡之间只有一个澳门问题，这个问题原则上在1979年已

① 黄庆华：《中葡关系史（1513—1999）》，黄山书社，2006，第1165页。

经解决。”

外界普遍认为，埃亚内斯总统这次访华意义重大，掀开了中葡两国就澳门前途问题进行外交谈判的序幕。中英两国就香港问题进行谈判时，英方提出诸如“三个条约有效论”“以主权换治权”。如今中葡两国就澳门前途问题进行谈判，则已不再存在类似的棘手问题，这也决定了中葡会谈在友好气氛中进行，而且不会旷日持久。

1986年3月，葡萄牙大选后，前总理苏亚雷斯当选新一任总统。中国国家主席李先念派出特使崔月犁及周南参加其就职典礼。苏亚雷斯表示，他在竞选期间曾就澳门问题发表过谈话，他将信守诺言，继续执行现行政策，与中国进行谈判，双方有条件就澳门问题迅速达成协议。

值得一提的是，作为李先念主席特使之一的外交部副部长周南，是中英香港问题谈判的中方代表团团长。1984年1月至9月，周南以中国政府代表团团长身份参加了第8轮至第22轮中英香港问题谈判，并代表中国政府草签中英两国政府关于香港问题的联合声明。这位杰出的中国外交家出现在里斯本，其实是向外界发出一个明确的讯息——他将在中葡谈判充当重要的角色。

果然，1986年3月18日，中国与葡萄牙同时向新闻界公布了中葡谈判双方政府代表团的名单。中国政府代表团团长由外交部副部长周南担任，代表团成员有柯正平（澳门南光公司总经理）、邵天任（外交部法律顾问）、柯在铄（外交部港澳事务办公室主任）、诸桦（国务院港澳事务办公室澳门司司长）、赵稷华（外交部港澳事务办公室副主任）；葡方代表团团长是由驻联合国大使梅迪纳（Rui Medina）担任，团员有加斯帕尔（Caros Gaspar，总统法律顾问）、阿胜生（Ascensão，海洋法专家）、耶苏斯（Henriguede Jesus，澳葡政府前经济协调政务司）、拉莫斯（João de Deus Ramos，驻华大使馆前一等秘书）、洛雷纳（Nuno Lorena，葡萄牙驻华大使）。

就这样，关于澳门前途问题的中葡谈判拉开了序幕。

前三轮谈判波澜不惊

1986年6月30日至7月1日，中葡首轮会谈在北京钓鱼台国宾馆举行。

会谈第一天，外交部副部长周南以东道主中国政府代表团团长身份作了开场白，他笑容满面地说：

> 不久以前，我们到意大利的水城威尼斯，坐上一只叫作“贡多拉”的小木船，那时潮水已经退下来，就在小船上听着那桨声，使我想起了一位中国诗人孟浩然的两句诗：“潮落江平未有风，扁舟共济与君同。”这真是种美的享受。所以我希望阁下和各位朋友在紧张的工作之余，每次都有机会到我们国家参观一些地方，看看中国的景色。

周南念的这两句唐诗，出自孟浩然的《济江问舟中人》。诗句的意思也不难懂，在场的人士和中外记者可理解为“潮水退了，江上风平浪静，但愿我们同舟共济”。

中外记者拍完照就离开了会场，双方代表团继续举行闭门会谈。谈的是什么？记者们当时无从得知。后来才知道，第一轮会谈开始时，中方代表已就会谈的总议程向葡方提交了建议：

1. 中国政府对澳门行使主权的有关问题；
2. 中国对澳门行使主权后的安排；
3. 过渡时期的安排。

澳门的主权早已明确属于中国，双方不存在争议。因此，这场外交谈判，中方一开始就处于主动地位。对此深有认识的葡方代表，很快就同意了中方代表提出的总议程，并按这份总议程开展讨论。

不仅如此，中方代表还提交了《中葡联合声明》草案的中、葡、英文版本，并做出简要的说明与解释。葡方想到和没想到的问题，中方都考虑到了，葡方谈判代表也乐得省事，拿回去看就是了。

第二轮中葡会谈，于1986年9月9日至10日在北京举行。

知道周南喜欢在开场白中吟诗，有些港澳记者提前准备了《唐诗三百首》，以备撰写新闻稿时查阅出处。岂料这次周南不吟唐诗了，他在开场白中讲的是晋朝书画家顾恺之倒吃甘蔗的故事：

晋朝有个大画家，叫顾恺之，很喜欢吃甘蔗，而且吃法与众不同，是从尾部到头部，倒着吃的。有人问他为什么是这样的吃法，他的回答也很好，说这就叫作“渐入佳境”！

港澳记者们准备的《唐诗三百首》派不上用场了，好在周南的意思也很清晰——期望双方谈判“渐入佳境”。

第二轮会谈开始时，中方代表团提交了《中葡联合声明》的附属文件，并做出相关说明。葡方代表团表示，他们需要先对全部档案进行深入研究，然后才能做出全面的评论。为此，他们提议在第三轮会谈上才做出全面评论。会议结束之前，双方就第三轮会谈的时间、第三轮会谈后成立工作小组的时间，以及中方代表团团长周南在11月访问葡萄牙之新闻公报细节等进行了磋商。

9月10日下午，中葡双方代表团在北京国际俱乐部发表新闻公报：

中华人民共和国政府代表团和葡萄牙共和国政府代表团，于1986年9月9日至10日在北京举行了关于澳门问题的第二轮会谈。双方在友好融洽的气氛中，就各项议程的实质性问题进行了讨论，并取得了进展。双方决定，于1986年下半年在北京举行第三轮谈判。

到北京采访中葡谈判的港澳记者，当时得到的讯息是：前两轮中葡会谈主要是事务性的，围绕着“如何移交”的问题。可是，中国到底在什么时候收回澳门？中葡双方还没有达成一致，可以说各有各的想法。

10月21日至22日，第三轮中葡会谈在北京钓鱼台国宾馆二号楼举行。

这次中方代表团团长周南又以唐诗作为开场白了，他引用了唐代诗人刘禹锡的七言绝句《秋词》中的“晴空一鹤排云上，便引诗情到碧霄”这两句。外国记者不懂唐诗，便向中国记者讨教；可中国记者也说不出具体代表什么含义，只能说这代表新的阶段开始了。

然而，这个“新阶段”具有颇为深远的意义。

进入第三轮会谈后，葡方代表团将中方的意见分为“同意、接受的”“需要做出适当修改和补充的”以及“需要进一步弄清一些概念的确切内容和含义后才能做出评论的”。中方代表对葡萄牙代表的积极回应表示赞许，并就葡方代表提及的一些拟修改的问题进行磋商。

澳门的回归日期

会谈中，葡方代表提议，将部分重要的、实质性的、难度较大的问题留待周南团长访问葡萄牙时，才与葡萄牙总统和总理磋商。

周南似乎预感到什么，当即表示："不能将我的访问视为一轮关于澳门问题的谈判，也不能以我的访问来代替关于澳门问题的正式会谈。我在与贵国领导人的会晤中，如谈到澳门问题，也只能是我们在谈判中遇到的重要的、悬而未决的问题，而不是把所有的问题留到访葡时才解决。"

其后，中葡双方就设立工作小组的细节进行具体讨论，并草拟所提出的全部协议文件。最后，双方同意工作小组在周南团长访葡后便开始工作。

到底是什么问题，非要待中方代表团团长访葡时与葡萄牙国家元首和政府首脑磋商才能决定呢？

是澳门政权的交接日期!

在此之前，中方已在会谈中表达本世纪结束之前收回澳门的意愿，葡方代表团团长和葡萄牙驻华大使都表示同意。

可是后来怎么又变卦了呢?

里斯本有消息说，由于中英香港问题谈判过程十分艰辛，葡萄牙人基于面子不希望澳门问题太过草率。另一个原因是中方在不违背大原则的情况下，往往在一些枝节问题上让步；殊不知让步越多，引来的麻烦越大。①

周南在后来的专访中说：“澳门问题有一条跟香港不同，就是主权问题。这在1979年建交公报也已写明：澳门主权属于中国，由葡萄牙暂时管理，收回的时间双方再商定，所以没有出现‘主权换治权’这一复杂的争论。但是关于收回澳门的时间，当时对方提出，‘中方给香港12年的过渡时期，我们葡萄牙人从国家尊严考虑，过渡时期也不能少于12年的时间’。还有一种议论，说既然我们葡萄牙人已经决定把澳门还给中国，早点迟点都无所谓。那就可以考虑将葡萄牙人来到澳门460年或500年的时候把澳门还给中国，同时象征着一段历史的结束和另一段历史的开始。不过议论归议论，在前三轮谈判葡方并未将这些在会上提出。”②

---

① 黄庆华：《中葡关系史（1513—1999）》，黄山书社，2006，第1170页。

② 张春生、许煜：《周南解密港澳回归——中英及中葡谈判台前幕后》，新华出版社，2013，第171页。

这样一来，“澳门何时回归中国”就成了中葡谈判新的焦点。

中葡谈判刚开始时，中方坚持在1997年收回香港的同时收回澳门。后来，葡方提出在2003年才交还澳门给中国，甚至有人提出要在2007年，即葡萄牙人定居澳门450周年，取个整数，届时才体面地向中国移交澳门，并且把归还澳门的时间作为解决其他问题的一个重要筹码。中方收回澳门的时间底线是20世纪之内，不一定非在1997年，但也不可能轻易让步到下一个世纪。

从第一轮谈判开始，每轮正式谈判结束后，中方都邀请葡方代表游览一个地方。据周南回忆，一次看承德，一次看泰山，一次看长江三峡，一边看一边商量问题。有些在正式会议上板起面孔不好说的话，边走边聊就可以谈了。

可是，第三轮会谈之后，葡萄牙总统接待访葡的中方代表团团长周南时，忽然提出：“本世纪内交还澳门不合适，时间太早，应该考虑在下一个世纪，就是21世纪的适当时间来解决澳门问题。”

周南当场就反驳道：“贵国的谈判代表、特命全权大使，都同意了在本世纪内交还澳门，怎么现在又提出异议？”

守候在总统府外面的记者留意到：原定半个小时的会晤，却用了两个多小时；而且，周南离开时，脸上没有太多的笑容。由此判断，会谈出现了新的曲折。

谈判僵住了，可有理的是中方。

1986年12月31日，中国外交部发言人态度明确地表示：“在

2000年前收回澳门，是中国政府和包括澳门同胞在内的10亿中国人民不可动摇的坚定立场和强烈愿望，任何超越2000年后交回澳门的主张都是不能接受的。”

这番话可谓掷地有声！

1987年1月6日，鉴于中国政府坚决的态度和立场，葡萄牙最高国务会议经过讨论后，原则上同意在1999年由中国在澳门恢复行使主权。

葡萄牙人为什么又让步了呢？3月16日至17日葡萄牙共产党总书记阿尔瓦罗·库尼亚尔提醒葡萄牙总理注意以下五点：（1）保证保护葡萄牙在澳门的文化和历史财富；（2）确保在澳门的葡萄牙公民的权利；（3）在谈判中避免利用不考虑中国的感情和因此而危害谈判进展的历史、法律或外交方面的论据；（4）在签署协定的日期方面，不在最后时刻设置障碍；（5）考虑加速谈判进程，并迅速达成一项协定。①

澳门最终是在1999年回归，那具体日期又是怎么定下来的呢？

1987年1月20日，葡萄牙外交与合作国务秘书阿泽维多·苏亚雷斯访问中国，正式向中方传达葡萄牙最高国务会议的意见。当时，苏亚雷斯对周南说：“我们经过最高国务会议的研究，同意贵国政府的意见，本世纪内解决澳门问题，就在1999年12月31

① 黄庆华：《中葡关系史（1513—1999）》，黄山书社，2006，第1191页。

日吧。”周南听完说道：“澳门也好，香港也好，葡萄牙也好，你们不是12月25日要过圣诞节吗？接着就新年放长假了，在放长假期间搞回归庆典，合适吗？是不是稍微提前一点？”苏亚雷斯表示他做不了主，得报告政府后决定。

过了两三天，他答复说：“我们同意让一让，让到12月20日。”

澳门历史上最重要的一个日子，就这样定下了！

1999年12月20日，中葡两国政府举行澳门政权交接仪式；这一天，也是澳门特别行政区成立的日子。

签署《中葡联合声明》

前三轮会谈双方虽有些争论，但总的来说比较顺利。葡方代表团表示愿意接受《中葡联合声明》的总意图和总目标，包括赞成中方将保持澳门在过渡时期的社会稳定和经济发展以及中国恢复行使主权后，给予澳门特别行政区享有高度自治权等的立场。在一些特殊问题上，双方也基本上达成了协议。比如土生葡人的国籍问题，中方同意采取比较宽松的态度，中葡双方可以按照各自的国籍法对待本国公民。澳门回归后，土生葡人可自由选择国籍；澳门自回归那天起，任何人都不能因为和澳门的关系而取得葡萄牙公民的资格。同时，双方还同意在过渡时期内应解决澳门公务员的本地化、澳门法律的本地化、中文的官方地位这“三大问题”。

第三轮中葡会谈结束后发表新闻公报如下：

一、中华人民共和国政府代表团和葡萄牙共和国政府代表团，于1986年10月21日至22日在北京举行了关于解决澳门问题的第三轮会谈。双方在友好、融洽的气氛中，继续就各项议程的实质性问题，进行了深入的探讨，并取得了广泛的一致。二、双方决定，为了具体讨论和修订中葡会谈中双方提出的全部协议文件草案，在双方代表团之下，成立一个工作小组，工作小组将于近期内在北京开始工作。三、两国代表团的下一轮会谈日期，将视工作小组的工作进展情况另行商定。

社会各界注意到以下几个关键词：会谈气氛“友好、融洽”，各项议程的实质性问题“取得了广泛的一致”，这意味着中葡双方就澳门前途问题的外交谈判取得了实质性进展。

1987年3月18日，中葡双方在北京进行第四轮也是最后一轮会谈。

在这轮会谈中，中葡双方代表团解决了澳门葡裔人士拥有双重国籍、保护澳门的葡萄牙文化特色等问题，中方容许葡裔澳门居民自行选择国籍（即中国籍或维持葡萄牙国籍），中方亦尊重澳门的葡萄牙文化特色。在这轮谈判中，各项重大实质性问题陆续得到解决，最后就是审定《中葡联合声明》的协议文本了。

经过四轮会谈后，双方联合发表新闻公报，宣布两国已就澳门问题达成协议，并将于3月26日在北京举行草签联合声明的仪式，分别由中方代表团团长周南和葡方代表团团长梅迪纳进行草签。联合声明中包含正文和两个附件，中葡双方还交换了备忘录。

《中葡联合声明》的正文主要内容为：

中华人民共和国政府和葡萄牙共和国政府满意地回顾了两国建交以来两国政府和两国人民之间的友好关系的发展，一致认为，由两国政府通过谈判妥善解决历史遗留下来的澳门问题，有利于澳门的经济发展和社会稳定，并有助于进一步加强两国之间的友好合作关系，为此，经过两国政府代表团的会谈，同意声明如下：

一、中华人民共和国政府和葡萄牙共和国政府声明：澳门地区（包括澳门半岛、氹仔岛和路环岛，以下称澳门）是中国领土，中华人民共和国政府将于一九九九年十二月二十日对澳门恢复行使主权。

二、中华人民共和国政府声明，中华人民共和国根据“一个国家、两种制度”的方针，对澳门执行如下的基本政策：

（一）根据中华人民共和国宪法第三十一条的规定，中华人民共和国对澳门恢复行使主权时，设立中华人民共和国澳门特别行政区。

（二）澳门特别行政区直辖于中华人民共和国中央人民政府，除外交和国防事务属中央人民政府管理外，享有高度的自治权。澳门特别行政区享有行政管理权、立法权、独立的司法权和终审权。

（三）澳门特别行政区政府和澳门特别行政区立法机关均由当地人组成。行政长官在澳门通过选举或协商产生，由中央人民政府任命。担任主要职务的官员由澳门特别行政区行政长官提名，报中央人民政府任命。原在澳门任职的中国籍和葡籍及其他外籍公务（包括警务）人员可以留用。澳门特别行政区可以任用或聘请葡籍和其他外籍人士担任某些公职。

（四）澳门现行的社会、经济制度不变；生活方式不变；法律基本不变。澳门特别行政区依法保障澳门居民和其他人的人身、言论、出版、集会、结社、旅行和迁徙、罢工、选择职业、学术研究、宗教信仰和通信以及财产所有权等各项权利和自由。

（五）澳门特别行政区自行制定有关文化、教育和科技政策，并依法保护在澳门的文物。澳门特别行政区政府机关、立法机关和法院，除使用中文外，还可使用葡文。

（六）澳门特别行政区可同葡萄牙和其他国家建立互利的经济关系。葡萄牙和其他国家在澳门的经济利益将得到照顾。在澳门的葡萄牙后裔居民的利益将依法得到保护。

（七）澳门特别行政区可以“中国澳门”的名义单独同各国、各地区及有关国际组织保持和发展经济、文化关系，并签订有关协议。澳门特别行政区政府可以自行签发出入澳门的旅行证件。

（八）澳门特别行政区将继续作为自由港和单独关税地区进行经济活动。资金进出自由。澳门元作为澳门特别行政区的法定货币，继续流通和自由兑换。

（九）澳门特别行政区保持财政独立。中央人民政府不向澳门特别行政区征税。

（十）澳门特别行政区的社会治安由澳门特别行政区政府负责维持。

（十一）澳门特别行政区除悬挂中华人民共和国国旗和国徽外，还可使用区旗和区徽。

（十二）上述基本政策和本联合声明附件一所作的具体说明，将由中华人民共和国全国人民代表大会以中华人民共和国澳门特别行政区基本法规定之，并在五十年内不变。

三、中华人民共和国政府和葡萄牙共和国政府声明：自本联合声明生效之日起至一九九九年十二月十九日止的过渡时期内，葡萄牙共和国政府负责澳门的行政管理。葡萄牙共和国政府将继续促进澳门的经济发展和保持其社会稳定，对此，中华人民共和国政府将给予合作。

四、中华人民共和国政府和葡萄牙共和国政府声明：为保证本联合声明的有效实施并为一九九九年政权的交接创造妥善的条件，在本联合声明生效时成立中葡联合联络小组；联合联络小组将根据本联合声明附件二的有关规定建立和履行职责。

五、中华人民共和国政府和葡萄牙共和国政府声明：关于澳门土地契约和其他有关事项，将根据本联合声明附件的有关规定处理。

六、中华人民共和国政府和葡萄牙共和国政府同意，上述各项声明和作为本联合声明组成部分的附件均将付诸实施。

七、本联合声明及其附件自互换批准书之日起生效。批准书将在北京互换。本联合声明及其附件具有同等约束力。

两个附件分别为：《中华人民共和国政府对澳门的基本政策的具体说明》和《关于过渡时期的安排》。

由于中葡双方在双重国籍问题上无法达成一致，中葡双方还交换了备忘录，以下是中方备忘录的主要内容：

联系到今天签署的中华人民共和国政府和葡萄牙共和国政府关于澳门问题的联合声明，中华人民共和国政府声明：澳门居民凡符合中华人民共和国国籍法规定者，不论是否持有葡萄牙旅行证件或身份证件，均具有中国公民资格。考虑到澳门的历史背景和现实情况，在澳门特别行政区成立后，中华人民共和国政府主管部门允许原持有葡萄牙旅行证件的澳门中国公民，继续使用该证件去其他国家和地区旅行。上述中国公民在澳门特别行政区和中华人民共和国其他地区不得享受葡萄牙的领事保护。

葡方备忘录的主要内容如下：

联系到今天签署的葡萄牙共和国政府和中华人民共和国政府关于澳门问题的联合声明，葡萄牙共和国政府声明：凡按照葡萄牙立法，在一九九九年十二月十九日因具有葡萄牙公民资格而持有葡萄牙护照的澳门居民，该日后可继续使用之。自一九九九年十二月二十日起，任何人不得由于同澳门的关系而取得葡萄牙公民资格。

中葡双方代表团团长草签联合声明之前几个小时，即里斯本时间3月25日晚，葡萄牙总理席尔瓦向全国发表了电视讲话。他说："明晨3时，我们和中国谈判的关于澳门前途的协议将在北京草签。今日澳门是现代化的一个交汇点，也是葡萄牙在东方的一个橱窗。"他在谈到澳门过渡期和未来的中葡关系时说："我们对澳门未来13年的管理，对于实施协议，保护澳门的稳定、进步和发展至关重要。关于澳门前途的协议给人们带来巨大的希望，它为我们同东方，特别是同中国的关系开辟了前景。我们了解和尊重这个伟大的国家已近五个世纪。”[①]

4月13日，经过两国立法机构的批准，中葡《关于澳门问题的联合声明》在北京由中葡两国政府首脑正式签署。签字仪式在人民大会堂西大厅举行，100多名中外记者和澳门人士见证了这个具有重大意义的历史性时刻，澳门历史从此翻开了新的一页！

---

① 黄庆华：《中葡关系史（1513—1999）》，黄山书社，2006，第1189页。

过渡向新的时期

- 过渡期“三大问题”
- 政府批地和大型建设
- 兴建澳门国际机场
- 澳门基本法的起草与颁布
- 澳门历史翻开新的一页

1988年1月15日，《中葡联合声明》正式在北京换文，澳门正式进入过渡期。澳门回归祖国也进入了倒计时阶段。按照规定，联合声明生效之日起至1999年12月19日止这将近12年过渡时期内，葡萄牙政府须负责澳门的行政管理，继续促进澳门的经济发展和保持社会稳定，中方则给予合作。

这是中华人民共和国成立后，首次正式承认葡萄牙对澳门拥有管治权，以确保澳门在过渡期内繁荣稳定，这对中葡双方都有好处。从原则上讲，中方在过渡期内不能参与澳门的管理事务，但又要保证澳葡政府完全遵守《中葡联合声明》的规定。为此，中葡双方在联合声明生效时成立中葡联合联络小组，处理澳门过渡时期的各种事务，例如公务员本地化、中文合法化（后改为“中文官语化”）、法律本地化这“三大问题”（又称“三化”问题），还有澳葡政府土地批给、兴建国际机场和各项大型建设等等。

中葡联合联络小组双方人员如下：

中方组长是康冀民大使，成员有张祥霖（国务院港澳事务办公室副司长）、蔡思聪（新华社澳门分社社会工作部部长）、邵关福（中国驻葡萄牙大使馆参赞）、宓世衡（国务院港澳事务办公室参赞）。

葡方组长是西蒙斯大使（外交部行政领事司司长），成员有拉莫斯（外交部侨民国务秘书办公室主任）、耶苏斯（澳葡政府前经济协调政务司）、韦德霖（澳葡政府前行政政务司、葡萄牙社会党国会议员）、马托斯（外交部一等秘书）。

中葡土地小组中方组长是张祥霖（兼），成员有谢后和（国务院港澳事务办公室处长）、梁竟成（新华社澳门分社经济部高级研究员）。

中葡土地小组葡方组长是拉莫斯（兼），成员有里贝罗（澳葡政府工务暨房屋事务政务司办公室顾问）、罗札里奥（澳葡政府工务运输司司长）。

1989年2月15日，中葡联合联络小组正式进驻澳门，直至澳门回归后的2000年1月。近12年的过渡期内，澳门将面临很多具体实际问题，解决这些问题还需依靠中葡联合联络小组。

过渡期『三大问题』

在商谈解决澳门问题的过程中，葡萄牙对中方秉持着友好协商的态度，总体上较为配合。但在中葡联合联络小组内，由于双方对《中葡联合声明》的认识和理解不同，各自所站的立场和看问题的角度迥异，在一些涉及实际利益的问题上仍会发生争执。结果花了很大力气，才逐一解决澳门过渡时期的各种问题。

首先是实现“澳人治澳”的人才问题。

公务员本地化

在澳门管治权转移的过程中，公务员本地化是一个相当棘手的问题。

中葡联合联络小组第一任中方组长康冀民回忆，在葡萄牙的管治下，澳门一直实行总督负责制，总督是葡萄牙总统在澳门的代表，是由葡萄牙总统任命的。总督下设政务司，政务司下设司、厅、署、处、组、科。在《中葡联合声明》签署前，澳门署以上高级公务员绝大多数为葡萄牙派过来的官员；处、科级公务员多为土生葡人；中国人大多为勤杂人员，有少数晋升为科级。当时澳门人才非常缺乏，而《中葡联合声明》第二条第三款规定："澳门特别行政区政府和澳门特别行政区立法机关均由当地人组成。"即葡人不能再继续担任澳门主要官员，中国政府也不能派官员来接管澳门，而是实行"澳人治澳"。但是，培养人才不是一朝一夕的事，这就是要有长达12年的过渡期的原因之一。

康冀民回忆，当时许多葡方人员仍然抱着葡萄牙统治澳门时期的旧思想，葡方首任代表西蒙斯·柯埃略就是如此。

澳葡政府公务员的工资比葡萄牙公务员高四至五倍，澳葡总督的月薪比葡萄牙总统还高，吸引了很多葡萄牙人来澳门"掘金"。进入过渡期后，大批来自葡萄牙的官员进入澳葡政府行政、司法和立法机构，出任薪酬优厚的高官。一时间，来自葡萄牙的公务员不仅没有减少，反而急剧增多，各个公共机构也急剧膨胀。葡萄牙公务员挤占了大量澳葡政府的高级职位，本地人没有上位的机会，照这样下去，公务员本地化何时能够实现？

1988年4月11日，中葡联合联络小组第一次全体会议上，中方就提出要解决公务员本地化问题，葡方组长西蒙斯大使不同意这一提法。他说："在公务员中增加华人，是民族主义的提法。"

康冀民立即指出："目前澳门公务员主要都是葡萄牙人，这才是民族主义的表现，我们要求改变这不合理的状况，逐步增加本地华人在中高级公务员中的比例，是合理的，是为政权交接创造条件。"

会后葡方又说："公务员问题是个很敏感的问题，涉及国籍问题，进而会引起葡萄牙各政党在澳门问题上意见的分歧。"

经过反复辩论及说明，最终中葡双方于1989年就"公务员本地化"的提法达成协议，并于1991年在中葡联合联络小组下设"三大问题"工作小组（也叫专家小组）。其中，对于联络小组工作细则问题，西蒙斯大使说："联络小组只是交流情况，交换资料。没有必要制订联络小组工作细则，也没有必要签会谈纪要。"

康冀民反驳道："我们联络小组的主要职责是落实《中葡联合声明》，保证《中葡联合声明》的实施，保证澳门的平稳过渡，为政权交接创造条件。我们是代表两国政府进行磋商，要解决实际问题，而不是一个清谈俱乐部。我们代表团乘飞机，花这么多钱，跑这么远来，不是空谈的。"①

这一时期，仍有很多葡萄牙人通过各种渠道来澳门担任公职。官方统计资料显示，截至1992年底，澳葡政府52个司长或同级官员全部是葡萄牙人，其中澳门土生葡人只有8个；35个副司

---

① 骆伟健、江华、赵英杰：《康冀民委员访谈纪要》，载《澳门特别行政区基本法解析：立法背景和立法原意的探究》，社会科学文献出版社、澳门基金会，2020，第415页。

长和同级官员全部是葡萄牙人，澳门土生葡人只有9个；104个厅长级官员全部是葡萄牙人，土生葡人只有23个；96个处长级官员之中，只有一个是中国籍，其余全部是葡萄牙人。对此，澳门社会各界反应强烈，澳门主要中文报章经常抨击葡方这一不负责任的做法，爱国爱澳社团代表和立法会议员不断发声，呼吁澳葡当局尽快采取有效措施推进公务员本地化。

为什么中方特别重视解决这个问题呢？因为这直接影响到公务员队伍的稳定性，要确保政权交接不会出现各级人才“断层”。

康冀民后来回忆时说，这关系到澳门特区政府、司法、立法等工作人员的培养和法律本地化问题的解决，还关系到承认中国大学学历，使具有中国大学学历的人有机会进入公务员队伍。在此之前，葡方概不认可中国各大学的学历证书。

在强大的社会压力下，加上中方不断催促，1993年2月，澳葡总督韦奇立上任一年多以后，才向各个政务司发出关于《行政当局之本地化问题》文件，对行政人员本地化做出较明确的指示，澳门公务员本地化这才正式起步。澳葡政府推出公务员赴葡和赴华就读计划，对公务员进行语言和行政管理等方面的培训；增设助理职位，让本地新人熟悉行政运作。另外，又提拔一批华人出任司、厅、处级领导职务。①

这时，距离《中葡联合声明》生效已超过五年，过渡期差不

---

① 黄庆华：《中葡关系史（1513—1999）》，黄山书社，2006，第1205页。

多过去了一半时间了。最终经多方努力，澳门本地人才经过多年的培养和培训，在近12年的过渡期内逐步替换葡萄牙官员，公务员本地化得以逐步落实。

中文法律地位和法律本地化

葡萄牙人获准租居澳门之初，与中国官府往来的文书均以中文书写，葡人内部自治才使用葡文。葡萄牙人强占澳门之后，澳葡当局向广东官府递交的文书就改用葡萄牙文，很少附上中文译本。从此，中文在澳门失去了原有的法律地位，甚至被澳葡政府摒弃不用。然而，澳门居民绝大多数是华人，只有很少人懂一点葡语，能够阅读及书写葡萄牙文的人寥寥无几。中葡澳门前途问题谈判那几年，除了来自葡萄牙的高级官员基本上都接受过高等教育，澳门绝大部分公务员的文化程度都不过是中小学水平。有葡萄牙血统的土生葡人是澳门公务员的骨干，他们虽然会说流利的粤语，但多数人不能阅读及书写中文。

澳门的人口构成中虽然97%以上是华人，但社会制度基本上沿用葡萄牙的社会制度模式，澳门法律主要是葡萄牙法律的延伸和衍生，司法完全沿用葡萄牙那一套。在澳门，有一部分法律是葡萄牙专门为澳门制定的；还有一部分法律、法令、法规，是根据葡萄牙宪法和《澳门组织章程》赋予澳门总督和立法会的权力而制定的。

澳门回归后，当然不能再沿用葡萄牙的法律，但也不能完全放弃。《中葡联合声明》规定澳门“法律基本不变”，“基本”二字是留有余地的用词，其含义一是澳门由于历史原因和特殊性保留原有法律；二是对过时的或带有殖民主义色彩的以及与《澳门基本法》有抵触的条文，必须进行修订，而不是原封不动地搬过来成为澳门特区的法律。

但澳门当时法律类型繁杂、数量又多。经中葡联合联络小组反复研究，最终归纳出操作层面的三条标准，即符合《中葡联合声明》、与《澳门基本法》相衔接、符合澳门实际；以及五个步骤，即清理、分类、修订、翻译、过户。其中“过户”一词指原在澳门使用的葡萄牙法律“基本不变”，但判案时不能再称“依据葡萄牙什么法第几章第几条判案”，只能说按澳门特区某某法第几条规定判案，要由葡萄牙法转变为澳门特区法。

经过双方的共同努力，在法律翻译方面，完成了一大部分翻译工作。葡方于1998年初，先后向中方提交了1976年以后由澳门立法会制定的有效法律清单的中文译本及澳门总督颁布的有效法令清单中文译本，共计877页。在法律人才本地化方面，经过十多年努力，澳门已培养了双语法律人才100多人，其中在1999年回归前已有20多人进入司法官队伍，从而结束了几百年来澳门法院、检察院官员中没有本地人的不正常历史。

中国政府恢复在澳门行使主权，按照《中葡联合声明》规定，澳门特别行政区行政长官和主要官员由中央政府任命，行政和立法机关均由当地人组成，中文理所当然会成为澳门特别行政区的法定语文。《中葡联合声明》还有这样一条规定：“澳门特别行政区政府机关、立法机关和法院，除使用中文外，还可使用葡文。”这是基于对澳门过渡时期特殊情况的考虑，是对不懂中文的葡萄牙人和土生葡人的尊重和照顾，可见中方已展现出最大的诚意。

按照《中葡联合声明》规定，要“为保证联合声明的有效实施并为1999年政权的交接创造妥善的条件”。所以，进入过渡期后负起澳门全部管治责任的葡方，理应尽早把葡文法律翻译成中文，选派年轻公务员到内地进修中文，送中国留学生赴葡萄牙学习葡文。

然而，葡方所做的令人感到忧虑：他们花了很大力气在澳门中小学普及葡萄牙文，却没有投放资源让葡萄牙人和土生葡人学习中文，葡文法律翻译工作也差强人意。事实上，在葡萄牙人管治过的美洲、非洲和亚洲国家，例如巴西、莫桑比克、安哥拉、东帝汶等，葡萄牙语都成为当地的官方语文。他们以为在澳门也能实现这个目标。

可是，葡萄牙人似乎没有面对现实：他们在澳门四百多年，始终无法普及葡萄牙文，倒是土生葡人基本上都学会了粤语（汉语的一种方言）；在不到12年的过渡期内，就能让多数澳门居民掌握葡萄牙语言和文字？显然，这是一个不可能完成的任务。

关于法律本地化的问题，中葡联合联络小组中不时出现针锋相对的辩论。

葡方组长西蒙斯对中方组长康冀民说：“你们老提三大问题，像中文的法律地位问题，这是政治性问题还是技术性问题？”

康冀民答道："这既是政治性问题，也是技术性问题。中文是联合国确认的六大语种之一，然而在中国的领土，在小小的澳门就不被承认，这是政治歧视，你们还谈何民族平等？这就是政治性问题。澳门居民办一些事务性的事情，都必须用葡文书写，给他们造成极大的困难和麻烦，这也可以说是技术性问题。"

康冀民认为，这位葡方组长未能理解《中葡联合声明》，双方合作存在着障碍。后来，葡萄牙政府更换了西蒙斯。

康冀民当时既是全国人大常委会澳门基本法起草委员会委员，又是与葡方谈判的中葡联合联络小组中方组长。1990年8月28日双方大使会晤时，康冀民向葡方透露："如果葡方能够尽早将中文确定其法律地位，我可以建议把葡文列入《澳门基本法（草案）》中。在澳门可以继续使用葡文。但待《澳门基本法（草案）》公布后，你们再确认中文法律地位，为时已晚。"

此言不但言之有理，而且事关重大。

康冀民的意见引起了葡方的重视，他们对这一涉及葡文未来法律地位的提议表现出极大的兴趣，但一下子还拿不定主意。后来康冀民说："这样好不好，既然回到中国了，中文当然是主要的，葡萄牙文也是正式语言好不好，两个正式语言，但是中文是主要的，葡萄牙文也是正式语言。"

葡萄牙人听后认为这样好，就接受了。这一内容也写进了《澳门基本法》。

意识到法律双语化的重要性之后，葡萄牙人加快了法律本地化的步伐。

1991年12月31日，葡萄牙国会通过了关于中文法律地位问题的455号法令，刊登在葡萄牙《国家宪法报》上。在韦奇立出任澳督时期，澳葡政府成立了法律翻译办公室，聘请法律及语言专家清理与翻译堆积如山的葡文法律文件，培养双语法律人才，等等。

政府批地和大型建设

《中葡联合声明》正式签署后，投资者对澳门前途信心增强；加上内地改革开放逐步深化，进入过渡时期之初的澳门经济繁荣，房地产市场蓬勃。澳葡政府偶尔拿几块商业用地公开拍卖，往往会拍出天价。

如果不加以限制，澳葡政府可能在短期内把土地卖光。

澳葡政府的批地方式，主要有“协商批地”和“公开竞投”两种，“公开竞投”又分为“暗票竞投”及“公开拍卖”。长期以来，有七成土地是以“协商批地”方式批出的，余下多数是以“暗票竞投”方式批出，“公开拍卖”的方式只是偶尔为之。

当时澳葡政府的批地“溢价金”远低于市场价，故此很多商人都找澳葡政府协商批地，用于发展各种商业项目。在这种情况下，如果没有任何限制，澳葡政府很快就会把澳门现有的土地批售完毕。所以，根据《中葡联合声明》规定而设立的中葡土地小组，就负起监察澳葡政府土地批给的主要职责。

中葡土地小组的主要职责：一是就中葡双方关于处理澳门土地契约及有关事项的规定进行磋商。二是监察批出土地的数量和期限，以及批出土地所得收入的分配和使用情况；澳葡政府可按现行有关规定批出年期不超过2049年12月19日的新土地契约，并收取批约费用，新批出的土地（包括填海地和未开发土地）每年限于20公顷。

澳葡政府从新批和续批土地契约中所得的各项收入，在扣除开发土地平均成本后，由澳葡政府和日后的澳门特别行政区政府平分。属于澳葡政府所得的全部收入，包括上述扣除款项，用于澳门土地开发和公共工程。属于澳门特别行政区政府的土地收入，则作为澳门特别行政区政府的储备金，存入在澳门注册的银行。必要时，澳葡政府在征得中方同意后，也可将该项基金用于过渡时期的土地开发和公共工程。

小组未能取得一致意见的问题，则提交两国政府通过协商解决。澳门进入过渡期不久，1991年初发生了新口岸“七幅土地事件”，在港澳地区乃至里斯本引起了轩然大波！

“七幅土地事件”之前，澳葡政府和中方之间已就每年批地限额问题和卖地收入问题，多次发生争论。文礼治出任澳督时期，澳葡政府未经中葡土地小组审议，便宣布新口岸七幅土地将以“公开竞投”方式批出。但还未来得及完成竞投批给手续，澳葡政府便换届了。

按照《中葡联合声明》附件二规定，澳门每年的批地限额是20公顷，这“七幅土地”总共只有3.6公顷，并未超出20公顷的限额，故澳葡政府认为有权自行批出，不须经过土地小组审议。但中方反驳道，澳葡政府提出该年的批地要求是44公顷，超出《中葡联合声明》所规定限额逾倍，故所有批地个案都要经过土地小组审议，因为无法分清这“七幅土地”是否属于限额之内。

这“七幅土地”的底价共计6.6亿澳门元，平均每平方公尺1.8万元，远低于市场价。故此，尽管中方小组一再声明不会承认开投结果，仍有29份标书参加竞投。而澳葡政府又不顾中方的反对，于1991年3月28日如期拆标，宣布中标名单。对此，中方严肃地发表声明，不承认这“七幅土地”的法律效力。也就是说，这“七幅土地”的使用权在1999年12月20日就会失效；在这些土地上兴建的商业楼宇及住宅，使用期只有短短几年，有哪个投资者会购买这样的不动产？

末任澳督韦奇立面对这样的“烫手山芋”，最终选择废止有关“七幅土地”的旧批示，宣布“七幅土地”的开投无效。

兴建澳门国际机场

葡萄牙1974年“四二五”革命之后，陆续放弃了所有殖民地，却留下一个个烂摊子，名声不怎么好。澳门虽然不是殖民地，葡萄牙人毕竟在这块土地上居住了四百多年，希望留下一些纪念物和美好的回忆。

澳门过去只有水上飞机和直升机，时断时续地经营港澳两地的短途航线。若要到更远的地方如东南亚、欧美国家，只能乘船到香港启德机场乘搭民航航班；到内地则要取道广州白云机场。就连澳葡总督上任或葡萄牙高官访澳，都必须经过香港，转乘水翼船才能抵达澳门。

因此，临走前在澳门兴建一座国际机场，是葡萄牙人的愿望。

1987年3月，澳门国际机场办公室成立，为澳门民航局的前身。

1989年12月8日，澳督文礼治按下爆破氹仔鸡颈山的按钮，标志着澳门国际机场正式动工。

1993年，中国航空集团（澳门）有限公司（首任总经理吴才华）成立，这是中国民用航空总局属下中国航空集团有限公司在澳门设立的分支机构。其前身是澳门空运服务有限公司（总经理邓军），该公司初期有员工20余人，办公室设在约翰四世大马路。该公司提供与民用航空有关的服务，包括航空客货运输，航空器维修、租贷和销售，以及其他与航空运输业务有关的地面交通、宾馆等服务。该公司多年来积极推动及发展澳门的航空事业，参与了多项重大的航空运输投资，包括组建澳门航空股份有限公司、天大旅运（澳门）有限公司、澳门国际机场管理有限公司、天澳国际货运（澳门）有限公司等多家合资企业。

机场兴建过程中，曾相继出现供沙、融资和航机噪音影响珠海市区等问题，经中葡双方友好磋商，都先后获得解决。

1994年9月12日，澳门国际机场管理有限公司成立。该公司是承包澳门国际机场管理服务，包括监督机场操作与运行的一家合资企业。公司首期资金500万元，股东包括葡萄牙机场航管公司（ANA），占股51%；以及中国民航，占股49%（1999年12月20日澳门回归后，葡萄牙机场航管公司把2%的股份转给中国民航，中国民航随即成为澳门国际机场管理有限公司的最大股东）。澳门国际机场管理有限公司组成合约年限15年，此后每5年续约一次。每年由澳门国际机场专营股份有限公司根据其申报经营情况以及财政状况批给费用，前者有权根据其运作状况终止合约。

1994年9月13日，以澳门国际机场为基地的航空公司——澳门航空股份有限公司正式成立。该公司注册资本4亿澳门元，其中中国民用航空总局附属公司澳门空运服务有限公司占股51%，为最大股东；以葡国航空公司牵头的财团占股25%；澳门旅游娱乐有限公司占股14%；澳葡政府占股5%；此外，何厚铧及天观投资、吴福及吴福控股公司、澳门投资有限公司、世贸中心、澳门保险公司、葡龙石油有限公司分别占股0.25%、0.5%或1%不等。

1994年12月14日，奥格登机场服务公司（MASCOGDEN）成立。该公司是承包澳门国际机场的地勤、航空货运、飞机维修服务的专业性公司。初期投资3.5亿澳门元，在机场建造一个可容纳一架C类飞机的大型维修库。股东由澳门航空、澳门空运服务公司、美国奥格登公司、澳门格力投资公司、澳门中国旅行社及两位澳门私人投资者联合组成，新西兰籍的庄智琛任总经理。其中美国奥格登公司是全球最大的机场服务公司，在世界各地90多个机场参与服务。

1995年12月8日，位于澳门氹仔的澳门国际机场正式启用。在喧天的锣鼓声和热闹的爆竹声中，龙狮腾跃飞舞。中国国家副主席荣毅仁和葡萄牙共和国总统苏亚雷斯剪彩后，分别前往北京和台北的航班起飞，澳门遂成为海峡两岸分隔四十多年来首度实行“一机到底”间接通航的第一个中转站。由此，也翻开了澳门当代民航事业的新篇章。

澳门基本法的起草与颁布

为尽早使已在《中葡联合声明》中阐明的国家对澳门基本方针具体化和法律化，1988年4月13日，第七届全国人民代表大会第一次会议决定成立中华人民共和国澳门特别行政区基本法起草委员会，负责在深入调查和广泛咨询之后起草基本法。

1988年9月，第七届全国人大常委会第三次会议通过并公布澳门基本法起草委员会委员名单。48名成员之中，包括内地有关部门负责人14人、各界知名人士6人、法律界人士6人，澳门工商界、法律界、教育界、新闻界、宗教界、劳工界等各方面人士19人，另有内地驻澳机构负责人3人。根据澳门的实际情况，还安排了两位有葡萄牙血统的澳门居民参加基本法起草委员会。这样的安排，照顾到了澳门的各个方面、各个阶层，代表性比较广泛，可以更好地反映澳门各界人士的意见、要求和愿望，使起草的澳门特别行政区基本法能够更加符合澳门的实际情况。

澳门基本法起草委员会主任委员为姬鹏飞，副主任委员有：胡绳、王汉斌、马万祺、何鸿燊、雷洁琼、钱伟长、何厚铧、薛寿生、李后、周鼎（后改为郭东坡）；秘书长为鲁平，副秘书长为诸桦、胡厚诚（后改为宗光耀）。

澳门基本法起草委员的组成：

一、中共中央和国务院的有关部门负责人：姬鹏飞（国务院港澳事务办公室主任）、王汉斌（全国人大常委会副委员长）、项淳一（全国人大法律委员会副主任委员）、周南（外交部副部长）、郭丰民（外交部港澳事务办公室主任）、康冀民（外交部港澳事务办公室副主任、中葡联合联络小组中方组长）、李后（国务院港澳事务办公室副主任）、鲁平（国务院港澳事务办公室副主任）、诸桦（国务院港澳事务办公室司长）、李裕民（中国银行副行长）、周小川（对外经济贸易部部长助理）、武连元（中共中央统战部副部长）、李钟英（中共中央外事小组副秘书长）、孙琬钟（国务院法制局局长）、周鼎（新华社澳门分社社长）、柯正平（新华社澳门分社顾问）、胡厚诚（新华社澳门分社副社长）。

二、国内知名人士：雷洁琼（全国人大常委会副委员长）、胡绳（全国政协副主席）、钱伟长（全国政协副主席）、彭清源（民革中央副主席）、万国权（民建中央副主席）、经叔平（全国工商联副主席）。

三、法律专家：邵天任（外交部法律顾问）、肖蔚云（北京大学法律系教授）、吴建璠（中国社会科学院法学研究所教授）、王叔文（中国社会科学院法学研究所所长）、许崇德（中国人民大学法律系教授）、勇龙桂（港澳研究所名誉所长）。

四、澳门工商界：马万祺（澳门中华总商会会长）、崔德祺（澳门建筑置业商会会长）、何鸿燊（澳门旅游娱乐有限公司总经理）、曹其真（澳门纺织品有限公司总经理）、吴荣恪（澳门出入口商会会长）。

五、澳门金融界：何厚铧（澳门银行公会理事长）。

六、澳门法律界：宋玉生（澳门立法会主席、大律师，土生葡人）。

七、澳门教育界：薛寿生（澳门东亚大学校长）、毕漪汶（澳门中华教育会理事长）。

八、澳门专业界：廖泽云（澳门管理专业协会会长）、陈炳华（执业建筑师）。

九、澳门新闻界：赵汝能（《华侨报》社长）、李成俊（《澳门日报》社长）、黄汉强（澳门社会科学学会会长，《华侨报》副总编辑）。

十、澳门宗教界：林家骏（天主教澳门教区助理主教）。

十一、澳门医学界：饶不辱（澳门中华医学会理事长）。

十二、澳门劳工、社团界：刘焯华（澳门工联总会副理事长）、李康（澳门街坊总会副理事长）。

十三、其他：黎祖智（澳门基金会行政委员会主席，土生葡人）。

随后，1988年10月，为了在基本法起草过程中广泛征询澳门居民意见，起草委员会第一次全体会议决定委托在澳门的22位起草委员发起筹组一个具有广泛代表性的民间咨询组织——澳门基本法咨询委员会。1989年5月28日，澳门基本法咨询委员会在澳门正式成立，90名咨询委员代表着社会各阶层、各界别。

1989年5月初，起草委员会成立了基本法结构起草小组，11月中，起草委员会第三次全体会议决定成立中央和澳门特别行政区关系，居民基本权利和义务，政治体制，经济，文化和社会事务五个专题小组。为配合起草委员会工作，咨询委员会相继成立了基本法结构专责咨询小组和上述五个专题相关专责咨询小组，开展基本法的咨询工作。

基本法起草委员会和咨询委员会成立四年多来，先后进行了三次全面、公开的咨询活动。1989年10月，就《澳门基本法结构（草案）讨论稿》展开公开咨询；1991年7月，就《澳门基本法（草案）征求意见稿》展开为期四个月的公开咨询；1992年3月开始，就《澳门基本法（草案）》展开为期四个半月的公开咨询，广泛征求澳门居民和全国人民对澳门基本法的意见。

1993年1月15日，基本法起草委员会第九次全体会议修订、通过了《澳门基本法（草案）》，标志着基本法的起草和咨询工作已基本圆满完成。1993年3月31日，经第八届全国人民代表大会第一次会议审议通过，《中华人民共和国澳门特别行政区基本法》最后完成立法程序，由国家主席令第三号正式颁布。

澳门历史翻开新的一页

1998年4月26日，在第九届全国人民代表大会第二次全体会议上，审议并通过了澳门特别行政区筹备委员会成员名单。澳门特区筹委会的主要职能是筹组澳门特别行政区第一届政府、立法会和司法机关，包括制定第一届特区政府推选委员会和行政长官的具体办法，提出与平稳过渡有关的重大法律问题处置办法等等。100名筹委会成员中，内地委员40名，澳门委员60名（包括土生葡人）。1998年5月5日，澳门特区筹委会在人民大会堂正式成立，国务院副总理钱其琛担任筹委会主任委员，谢非、马万祺、廖晖、王启人、王英凡、何厚铧、吴福、曹其真、何鸿燊担任副主任委员。

当天中午，澳门特区筹委会负责人钱其琛等以及北京市市长贾庆林来到天安门广场东侧的中国历史博物馆门前，为“澳门回归祖国倒计时电子牌”举行揭幕仪式。在这块巨型的电子牌屏幕上，醒目的红色数字开始了跳动，每天都吸引了大批北京市民和国内外游客驻足，拍照留念，这里成了一个热门旅游景点。

1999年1月16日，全国人大澳门特区筹委会第五次全体会议通过了《中华人民共和国澳门特别行政区区旗、区徽使用暂行办法》。

1999年4月10日，澳门特区筹委会第七次全体会议上，以不记名投票和差额选举的方式，选举产生了185名第一届特区政府推选委员会委员，连同15名以特殊方式产生的委员，总共200名推选委员全部具有澳门永久居民身份。他们分别来自工商、金融、文化、教育、专业、劳工、社会服务、宗教等界别，以及澳门全国人大代表、全国政协委员及原政界人士。

1999年4月12日至17日，在澳门特别行政区行政长官参选报名期间，共有9名人士报名。其中汇业银行主席区宗杰和大丰银行总经理何厚铧两人获得足够的推选委员会委员提名，成为行政长官候选人。他们二人在报名参选的同时，不但辞去了推选委员会委员职务，还办理了放弃外国护照的手续。何厚铧的竞选政纲封面印着六个醒目的大字“中国心，澳门情”。

经特区筹委会主任委员会会议进行资格审查，推选委员会三次全体会议以不记名投票的方式选举，于5月15日选举产生了澳门特别行政区第一任行政长官人选，何厚铧以163票当选。这是有史以来，澳门人第一次行使自己的政治权利，选举产生自己的最高行政首长。

5月16日，特区筹委会在珠海举行的第四次全体会议上，确认了推选委员会5月15日的选举结果，同时通过了“关于报请国务院任命澳门特别行政区第一任行政长官的报告”。5月20日，国务院总理朱镕基主持召开国务院第四次全体会议，决定对澳门特别行政区第一任行政长官的任命，并且签署了国务院第264号令，任命何厚铧为中华人民共和国澳门特别行政区第一任行政长官，于1999年12月20日就职。

这期间，一首歌词感人、旋律优美的歌曲响彻华夏大地：

你可知“MACAU”不是我真姓，
我离开你太久了，母亲！
但是他们掳去的是我的肉体，
你依然保管我内心的灵魂。
那三百年来梦寐不忘的生母啊，
请叫儿的乳名，叫我一声“澳门”；
母亲啊，母亲，
我要回来，母亲，母亲！

中央电视台专门摄制的纪录片《澳门岁月》，安排在澳门回归前夕播映，让全国人民和无数海外华人热血沸腾，爱国热情高涨。《澳门岁月》主题曲《七子之歌》的歌词作者是著名爱国诗人闻一多，这首主题曲由李海鹰作曲，澳门女孩容韵琳领唱。

闻一多写《七子之歌》的时代，是内忧外患的1925年，其时帝国主义列强践踏着中国国土。74年后，《七子之歌》中的“七子”——香港、台湾、澳门、威海卫、广州湾、九龙、旅大，都先后脱离外国统治，20世纪即将结束之际，中国政府恢复在澳门行使主权。

1999年12月19日中午，国家主席江泽民及国务院总理朱镕基率领的中国政府代表团，乘坐专机抵达澳门国际机场，这是中国最高领导人首次踏足这块美丽而历尽沧桑的土地。

下午2时，内地赴澳门出席政权交接仪式及有关庆祝活动的观礼团，也乘坐飞机抵达澳门国际机场。观礼团由国务院港澳事务办公室副主任陈滋英担任团长，时任新华社澳门分社顾问的知名人士柯正平为顾问，观礼团成员由内地各省、自治区和直辖市的政府代表，以及与澳门事务有关部门负责人等组成。

下午5时，第127任澳葡总督韦奇立在澳门总督府进行最后一次降旗仪式，为政权移交仪式拉开序幕。

这是一个不眠之夜。全国各族人民和全球数以亿计的观众，通过电视直播共同见证了这个历史意义极其重大的时刻。

1999年12月19日子夜的澳门回归交接大厅里，正在进行澳门回归祖国的交接仪式。19日23时55分，中葡双方各三名护旗手入场，分别站立在主席台前左右两侧的旗杆下。

23时58分，整个交接大厅气氛庄严肃穆，在澳门飘扬了四百多年的葡萄牙国旗以及澳门市政厅旗，在葡萄牙国歌乐曲声中缓缓下降。

12月20日零点钟声刚刚敲响，中国人民解放军军乐队奏起了激昂的《义勇军进行曲》，中华人民共和国国旗和中华人民共和国澳门特别行政区区旗在澳门文化中心花园馆徐徐升起。

目睹这一历史镜头的中国人，无不心潮澎湃——葡萄牙管辖治理了四百多年的澳门终于回到了祖国母亲的怀抱！

零时5分，中华人民共和国主席江泽民走向镶嵌着中华人民共和国国徽的讲台前致辞，他动情地说：

> 今夜月明风清，波平如镜。中葡两国政府在这里举行庄严的澳门政权交接仪式，宣告中国政府对澳门恢复行使主权。历史将永远记住这一举世关注的重要时刻。从这一刻起，澳门的发展进入了一个崭新的时代。……澳门回归后，中国政府将坚定不移地贯彻执行“一国两制”“澳人治澳”、高度自治的方针。澳门特别行政区依法享有行政管理权、立法权、独立的司法权和终审权。澳门居民，不分种族和信仰，都是这片土地上的主人，平等地享有法律保障的各项权利和自由。

1999年12月20日，冬日的阳光普照濠江大地。

当天上午，中国人民解放军首批驻澳部队的军车，在鞭炮声与锣鼓声中隆隆入城。数以万计的澳门居民，手持鲜花与五星红旗，像过年过节那样，兴高采烈地夹道欢迎解放军。

从此，澳门进入实践“一国两制”“澳人治澳”和高度自治的新时代。

最后要提一笔的是：解放军进驻澳门履行防务职责之初，部队还来不及建设营房。时任中华总商会会长、著名爱国人士马万祺得知后，把刚刚建成的龙成大厦租借给解放军，作为驻澳部队的临时营房。龙成大厦是一座位于澳门市区的商业楼宇，毗邻许多商业机构和居民住宅。解放军首批驻澳部队官兵为了不打扰市民，取消了早晨吹军号的传统；官兵体能练习也没有操场，只能沿着楼梯跑上跑下。直至新成立的特区政府批出一块专用土地，解放军驻澳部队这才拥有了自己的营房。

结　语

在很多朋友眼中，澳门是个谜一般的城市。

澳门曾是中国唯一对外通商的口岸，是“东学西渐、中学西传”的文化交流重镇，被称为“海上丝绸之路的敦煌”，也是中国唯一合法开赌的城市。

明代戏剧家汤显祖的《牡丹亭》，与《西厢记》《窦娥冤》《长生殿》并列为中国四大古典戏剧。《牡丹亭》是虚构作品，却以写实的手法描绘华洋杂处的澳门，再现了彼时这个天朝异化之角的景象。

1557年，葡萄牙人正式定居澳门，其身份只是“租客”，每年要向中国政府交租纳税。第一次鸦片战争爆发后，清廷把香港岛割让给英国，葡人想趁火打劫，取得与英国人“同等待遇”。尽管清王朝此时已由盛而衰，但慑于朝野物议，没把澳门划给葡萄牙人。

葡萄牙在15至16世纪曾是海上强国，其后逐渐被西班牙和英国超越取代，长期在各大阵营的夹缝中生存。不得不说，澳葡政府还真是“走钢丝”的高手：在抗日战争时期，一方面迫于侵华日军的压力，在澳门禁止公开的反日宣传和抗日活动；另一方面又暗中与中共领导下的五桂山抗日游击队保持接触，借助抗日力量制衡嚣张跋扈的日伪势力。日军占领华南地区和香港后，在澳门周边的抗日武装，主要是中共领导下的五桂山抗日游击大队。这支抗日游击队的成员多数是广东人，包括来自中山、南海、顺德和港澳地区的热血青年。五桂山抗日游击大队与澳葡当局达成了秘密协议，游击大队可在澳门筹募经费、购买军需物资，甚至把伤病员送到澳门镜湖医院接受诊治。在中共地下党组织领导下，澳门市民和各行各业商人都动员起来，纷纷加入抗日筹款、运送军需物资支持内地抗战的行列；许多澳门青年还参加游击队上前线与日军作战，血洒疆场。

从土地革命时期开始，港澳地区是中央红色秘密交通线上的重要节点，使得中共中央与各个苏区之间的红色血脉得以延续，中共在此搜集情报、筹募资金、购买及输送苏区紧缺物资，与全国各地红军、各苏区乃至海外的共产主义机关联络。广州起义失败后，叶挺将军赴欧洲一段时间后，于1932年返国，居住在澳门贾伯乐提督街76号。大革命时期入党的秘密党员柯麟医生，受中共中央委派到澳门照顾叶挺夫妇及其子女，直至叶挺将军从澳门奔赴抗日最前线，担任新四军军长。此后，柯麟以医生身份留在澳门从事党的秘密工作，以其精湛的医术、独特的人格魅力，赢得不同阶层人士的认同和爱戴，巧妙地让政商界朋友对中国共产党政策和主张加深了解。

1941年12月太平洋战争爆发，日军攻陷了香港，澳门成为唯一的“孤岛”，其在红色秘密交通线中的角色更为紧要。这里要特别一提笔者服务多年的《大众报》。这家中文日报于1933年

7月创刊，至今已超过90个春秋。抗战期间，《大众报》的前辈陈少伟、陈大白等联合发起组织“澳门学术界音乐界体育界戏剧界救灾会”（简称“澳门四界救灾会”），成为抗战时期澳门开展活动最多、影响最大的一个团体。为什么称“救灾”呢？当时，日军基于多种原因未占领澳门，只是把澳门包围了，在澳门设置特务机关。葡萄牙人慑于日寇淫威，宣布澳门为“中立区”，禁止所有抗日活动和抗日宣传。爱国居民于是只能打着“救灾”的旗号，开展抗日救亡工作。在中华民族最危险的时候，澳门各阶层民众团结一致，有钱出钱，有力出力，默默而又自觉地支持“救灾”即抗战工作。积极参与“救灾”的各阶层爱国人士，在山河破碎、民族危亡之际，无论男女老幼，不分宗教信仰和党派，大家站在了同一条阵线上。那么，在澳门筹募的“救灾善款”、装船偷运往内地的物资，到底是送给哪支抗日武装的呢？那么多参与者初时可能尚不大清楚，但随着时间推移，慢慢就心中有数了——在珠江口战场与日本侵略者周旋的，只有中国共产党领导下的抗日游击队！在强敌包围、日伪鹰犬四伏的残酷环境中，柯麟等共产党人虽然没有公开打出党的旗号，却透过出色的工作，让大批澳门工商界人士和各阶层居民团结在中共周围。1952年，柯麟奉党组织之命返回广州担任中山医学院院长。但共产党人在澳门的爱国火种并没有熄灭，而是越烧越旺，终于在十五年后出现燎原之势。

1966年“一二·三”事件爆发后，澳葡政府在与台湾当局保持“外交”关系的情况下，宣布取缔国民党在澳门所有机构和团体，禁止在澳门从事反对中华人民共和国的敌对行为。此后，澳门便有“半个解放区”之称，爱国华人代表担任立法议员、立法会副主席、市政厅副主席、咨询会委员等要职。澳葡当局施政，必须听取华人代表的意见和建议。

在这种特殊的政治环境中，1979年中葡两国正式建交。由于不存在主权争议，1986年中葡两国就澳门前途问题进行的外交谈判，只谈了四轮，澳门的回归之路铺平。爱国爱澳力量长期占主导地位。1987年中葡两国政府正式签署关于澳门前途问题的联合声明，1999年12月20日澳门回归祖国，实现“一国两制”“澳人治澳”和高度自治。

澳门虽然一度处于澳葡政府的管治下，在这块中西文化交汇之地上的民众却始终保持一颗赤子之心。这是什么原因？要回答这个问题并不容易，如果您读完这部《澳门传》，相信会从中找到答案。

主要参考资料

史料汇编

［元］脱脱等撰：《宋史》，中华书局，1977年。

《浦江赵氏家谱》。

中国第一历史档案馆、澳门一国两制研究中心选编：《澳门历史地图精选》，华文出版社，2000年。

《明英宗实录》。

《明世宗实录》。

［明］张卤辑：《皇明制书》下卷，日本古典研究会影印本，1967年。

［明］王圻纂辑：《续文献通考》。

［明］陈子龙等选辑：《明经世文编》，中华书局，1997年。

［清］屈大均：《广东新语》，中华书局香港分局，1974年。

［明］黄佐纂修：《（嘉靖）广东通志》。

［明］叶权、王临亨、李中馥撰，凌毅点校：《贤博编、粤剑编、原李耳载》，中华书局，1987年。

《清实录》。

广东省地方史志编委会办公室、广州市地方志编委会办公室编：《清实录广东史料》，广东省地图出版社，1995年。

［清］赵尔巽等撰：《清史稿》，中华书局，1977年。

［清］陆元鼎编：《各国立约始末记》，台湾华文书局，1968年。

商衍鎏：《清末广东的赌——闱姓》，载中国人民政治协商会议广东省委员会文史资料研究委员会编《广东文史资料》第一辑，1961年。

元邦建、袁桂秀编著：《澳门史略》，香港中流出版社，1988年。

台湾“中央”研究院近代史研究所编：《澳门专档》，台湾“中央”研究院近代史研究所，1992—1996年。

汤开建、吴志良主编：《澳门宪报中文资料辑录（1850—1911）》，澳门基金会，2002年。

南京图书馆古籍部编：《澳门问题史料集》，中华全国公共图书馆文献微缩复制中心，1999年。

故宫博物院明清档案部编：《清末筹备立宪档案史料》（全二册），中华书局，1979年。

中国社会科学院近代史研究所编，张海鹏主编：《中葡关系史资料集》（上、下卷），四川人民出版社，1999年。

中国第一历史档案馆、澳门基金会、暨南大学古籍研究所合编：《明清时期澳门问题档案文献汇编》（全六卷），人民出版社，1999年。

汤开建、陈文源、叶农主编：《鸦片战争后澳门社会生活纪实》，花城出版社，2001年。

刘芳辑，章文钦校：《葡萄牙东波塔档案馆藏清代澳门中文档案汇编》，澳门基金会，1999年。

陈翰笙主编：《华工出国史料汇编》第一辑，中华书局，1980年。

陈翰笙主编：《华工出国史料汇编》第四辑，中华书局，1981年。

吴志良、郑德华主编：《中国地域文化通览·澳门卷》，中华书局，2014年。

吴志良、汤开建、金国平主编：《澳门编年史》，广东人民出版社，2009年。

［清］田明曜修，陈沣等纂：《（光绪）香山县志》。

［清］陈梦雷编：《古今图书集成》，中华书局、巴蜀书社，1985年。

朱沛莲编著：《清代鼎甲录》，台湾中华书局，1968年。

汪文炳、张丕基总纂，厉式金主修：《香山县志续编》，香山黄映奎墨宝楼，1923年刊刻。

东山县地方志编纂委员会编：《东山县志》，中华书局，1994年。

［清］梁尚举撰：《赵氏家庙碑记》，载佚名《家乘略钞》，澳门历史档案馆藏本。

邓开颂、吴志良、陆晓敏主编：《粤澳关系史》，中国书店，1999年。

［美］费正清、刘广京编：《剑桥中国晚清史（1800—1911年）》，中国社会科学出版社，1985年。

著述

戴裔煊：《〈明史·佛郎机传〉笺正》，中国社会科学出版社，1984年。

［清］印光任、张汝霖原著，赵春晨校注：《澳门纪略校注》，澳门文化司署，1992年。

［清］郭嵩焘著：《郭嵩焘日记》，湖南人民出版社，1981年。

［清］张之洞著，苑书义、孙华峰、李秉新主编：《张之洞全集》，河北人民出版社，1998年。

［清］辜鸿铭著，黄兴涛译：《辜鸿铭文集》，海南出版社，1996年。

［清］徐世昌辑：《清诗汇》，北京出版社，1996年。

［清］汪康年著，上海图书馆编：《汪康年师友书札》，上海古籍出版社，1986年。

郑观应著，夏东元编：《郑观应集》，上海人民出版社，1982年。

刘禺生著，钱实甫整理：《世载堂杂忆》，中华书局，1960年。

汤开建：《天朝异化之角：16—19世纪西洋文明在澳门》，暨南大学出版社，2016年。

万明：《中葡早期关系史》，社会科学文献出版社，2001年。

汤开建：《委黎多〈报效始末疏〉笺正》，广东人民出版社，2004年。

费成康：《澳门四百年》，上海人民出版社，1988年。

郑炜明、黄启臣：《澳门宗教》，澳门基金会，1994年。

黄庆华：《中葡关系史（1513—1999）》，黄山书社，2006年。

金国平：《中葡关系史地考证》，澳门基金会，2000年。

胡根：《澳门近代博彩业史》，广东人民出版社，2009年。

魏建猷：《第二次鸦片战争》，上海人民出版社，1955年。

樊百川：《清季的洋务新政》，上海书店出版社，2003年。

黄启臣、庞新平：《明清广东商人》，广东经济出版社，2001年。

梁嘉彬：《广东十三行考》，广东人民出版社，1999年。

陈锋：《清代军费研究》，武汉大学出版社，1992年。

周志初：《晚清财政经济研究》，齐鲁书社，2002年。

刘伟：《晚清督抚政治——中央与地方关系研究》，湖北教育出版社，2003年。

冯承钧：《西力东渐史》，香港龙门书店，1970年。

骆伟健、江华、赵英杰：《澳门特别行政区基本法解析：

立法背景和立法原意的探究》，社会科学文献出版社、澳门基金会，2020年。

报刊

《林广志受托整理赵氏家谱文稿史料》，《澳门日报》2022年2月14日。

倪明：《黄埔千年古码头 海丝万里不扬波》，《广州日报》2022年7月27日A6版。

李向玉：《澳门圣保禄学院关闭时间之辨识》，澳门《行政》杂志总第49期。

金国平、吴志良：《抗战时期澳门未沦陷之谜》，《澳门公共行政杂志》2001年第14期。

彭家礼：《19世纪开发西方殖民地的华工》，《世界历史》1980年第1期。

汤开建、赵殿红：《明末清初天主教在江南的传播与发展》，《社会科学》2006年第12期。

19世纪《澳门地扪宪报》，澳门历史档案馆馆藏文献。

叶农：《澳葡殖民政府早期政治架构的形成与演变》，《暨南学报（哲学社会科学版）》2004年第4期。

陈文源：《明朝中国海商与澳门开埠》，《中国史研究》2018年第2期。

费成康：《重评澳门在东西方文化交流中的地位》，《学术月刊》1993年第8期。

林广志：《清代澳门望厦赵氏家族事迹考述》，《澳门历史研究》2004年第3期。

赵新良：《赵氏家庙兴建始末考》，《澳门历史研究》2008年第11期。

曹改平：《福建移民与澳门早期开发》，《牡丹江师范学院学报（哲学社会科学版）》2011年第3期。

何汉威：《清末广东的赌博和赌税》，台湾“中央”研究院历史语言研究所集刊第66本第2分，1995年6月。

何汉威：《清末广东的赌商》，台湾“中央”研究院历史语言研究所集刊第67本第1分，1996年3月。

何汉威：《广东进士赌商刘学询》，台湾“中央”研究院历史语言研究所集刊第73本第2分，2002年6月。

译著

［瑞典］龙思泰著，吴义雄等译，章文钦校注：《早期澳门史》，东方出版社，1997年。

［英］阿绮波德·立德著，王成东、刘皓译：《穿蓝色长袍的国度》，时事出版社，1998年。

［葡］萨安东著，金国平译：《葡萄牙在华外交政策（1841—1854）》，葡中关系研究中心、澳门基金会，1997年。

［葡］费尔南多·科雷亚·德·奥利维拉著，杨立民、王燕平译：《葡中接触五百年》，纪念葡萄牙发现事业澳门地区委员会、东方基金会，1999年。

［葡］徐萨斯著，黄鸿钊、李保平译：《历史上的澳门》，澳门基金会，2000年。

［葡］潘日明著，苏勤译：《殊途同归》，澳门文化司署，1992年。

［葡］马楂度著，舒建平、菲德尔合译：《勘界大臣马楂度葡中香港澳门勘界谈判日记（1909—1910）》，澳门基金会，1999年。

金国平编译：《西方澳门史料选萃（15—16世纪）》，广东人民出版社，2005年。

［法］费赖之著，冯承钧译：《在华耶稣会士列传及书目》，中华书局，1995年。